A Greve no Direito Brasileiro

• Decisão do STF sobre a greve no serviço público

• Ações judiciais cabíveis — EC n. 45/04

• Atuação do Ministério Público do Trabalho

CB131996

1ª edição — 2006

2ª edição — 2009

3ª edição — 2011

RAIMUNDO SIMÃO DE MELO

Procurador Regional do Trabalho. Mestre e Doutor em Direito das Relações Sociais pela PUC/SP. Pós-graduado em Direito do Trabalho pela Faculdade de Direito da USP. Especialista em Relações Coletivas de Trabalho pela OIT (Suíça e Itália). Professor--coordenador da disciplina meio ambiente do trabalho do curso de pós-graduação na Faculdade de Direito de São Bernardo do Campo. Professor convidado nos cursos de pós-graduação lato sensu *em Direito na FGV/SP, PUC-COGEAE/SP e Mackenzie, entre outras faculdades de Direito. Membro da Escola Superior do Ministério Público da União. Membro da Academia Nacional de Direito do Trabalho. Ordem do Mérito Judiciário dos TRTs das 2ª e 15ª Regiões. Autor de livros e artigos nas áreas do Direito Ambiental, do Direito do Trabalho e do Processo do Trabalho.*

A GREVE NO DIREITO BRASILEIRO

3ª edição

- DECISÃO DO STF SOBRE A GREVE NO SERVIÇO PÚBLICO
- AÇÕES JUDICIAIS CABÍVEIS — EC N. 45/04
- ATUAÇÃO DO MINISTÉRIO PÚBLICO DO TRABALHO

LTR® 75

EDITORA LTDA.
© Todos os direitos reservados

Rua Jaguaribe, 571
CEP 01224-001
São Paulo, SP — Brasil
Fone (11) 2167-1101

Produção Gráfica e Editoração Eletrônica: R. P. TIEZZI
Projeto de Capa: FÁBIO GIGLIO
Impressão: ASSAHI GRÁFICA E EDITORA
LTr 4348.0
Março, 2011

Visite nosso site:
www.ltr.com.br

Dados Internacionais de Catalogação na Publicação (CIP)
(Câmara Brasileira do Livro, SP, Brasil)

Melo, Raimundo Simão de

A greve no direito brasileiro / Raimundo Simão de Melo. — 3. ed. — São Paulo : LTr, 2011.

Bibliografia

ISBN 978-85-361-1694-5

1. Direito do trabalho — Brasil 2. Greves e "lockouts" — Brasil I. Título.

11-01234 CDU-34:331.89(81)

Índices para catálogo sistemático:

1. Brasil : Direito de greve : Direito do trabalho 34:331.89(81)
2. Brasil : Greves e "lockouts" : Direito do trabalho 34:331.89(81)

Sumário

Capítulo II — Ações Judiciais Sobre o Direito de Greve

Capítulo III — Atuação do Ministério Público do Trabalho nas Greves

Apresentação

Em pouco mais de um ano se esgotou a 2ª edição deste livro, o que me surpreendeu, pois se trata de um tema que não é muito discutido nos bancos das faculdades, como deveria, e, por isso, não desperta nos alunos maior interesse em se aprofundarem sobre ele. Todavia, parece-me que a necessidade diária dos operadores do direito do trabalho os tem impulsionado a estudar o tema, sobretudo os aspectos práticos que interessam aos trabalhadores e empregadores que se deparam com as greves e precisam resolvê-las o mais rápido possível, quer pela negociação coletiva, quer por meio de uma decisão dos tribunais trabalhistas, encontrando nesta obra subsídios que os ajudam. O nosso objetivo foi e continua sendo exatamente este: analisar a greve não somente na teoria, que, aliás, é muito interessante, mas também, nos seus complexos aspectos práticos. Estou, pois, compensado com o resultado até aqui atingido.

Há algum tempo um fato me chamou a atenção e provocou em mim a vontade de estudar, refletir e conhecer melhor o fenômeno da greve. Tal ocorreu quando eu ainda estava na Faculdade de Direito, no segundo ano, no efervescer da ditadura militar. Naquela época praticamente não se fazia greve, porque a repressão contra qualquer movimento popular era certa. Também pouco se discutia sobre o instituto da greve, pois o seu autor poderia ser considerado um subversivo. Ingenuamente fiz uma pergunta ao professor de Direito do Trabalho, apenas querendo entender o que significava e como se fazia uma greve. Era curiosidade de estudante. A resposta foi seca e por pouco não fui expulso da sala de aulas. Os anos se passaram, o curso terminou e eu nada sabia sobre a greve. Recém-formado, então, trabalhando num sindicato, de repente fui convocado por um diretor daquela entidade para acompanhá-lo na negociação de uma greve. Chegando na empresa, observei, com interesse, os trabalhadores, de braços cruzados, os quais afirmaram categoricamente que só voltariam ao trabalho quando o patrão atendesse as reivindicações salariais resistidas pela empresa. Em seguida, sentamos à mesa de negociação com o presidente da empresa (um senhor de origem alemã), extremamente aborrecido e nervoso, porque dizia ele que desde que estava no Brasil aquela empresa não havia enfrentado uma greve. Na época não era comum o diálogo negocial entre patrões e empregados; ninguém tinha prática de negociação coletiva. Mas a necessidade fez com que negociássemos diretamente, um dia inteiro, até que ao entardecer conseguimos levar uma proposta que, por fim, foi aprovada pelos trabalhadores. Era um conflito social que se resolvia, com a volta da harmonia entre o capital e o trabalho. Ainda vivíamos no regime militar, com a greve regida pela Lei n. 4.330/64, que na prática negava o exercício de manifestação pelos trabalhadores. Isso eu e o diretor do sindicato explicamos para aqueles grevistas, que, mesmo sabendo que o movimento era ilegal, afirmaram que independentemente de qualquer coisa somente encerrariam a paralisação se atendidas as reivindicações formuladas. Então, compreendi, na prática, que independentemente de ser um direito ou uma liberdade, de ser proibida ou regada pelo ordenamento jurídico, a greve é um fato social.

Depois disso, como advogado, atuei num grande número de greves, ora negociando soluções para os conflitos diretamente entre as partes, ora perante os tribunais do trabalho. Finalmente, com uma visão um pouco diferente, mais ampla, como membro do Ministério Público, passei a conviver com a greve como um instrumento de defesa dos trabalhadores, mas também causador de incômodos e prejuízos aos direitos indisponíveis da sociedade. Tarefa, diga--se a bem da verdade, um tanto quanto difícil, porque o Ministério Público, que antes de 1988 atuava muito mais como um braço do Estado repressor das greves, hoje tem a incumbência de defender a ordem jurídica, o Estado Democrático de Direito e os interesses indisponíveis da sociedade (CF, art. 127). Cabe-lhe, portanto, temperar e harmonizar essas atribuições para, de forma equilibrada e sem preconceitos, fazer valer os direitos em conflito: dos trabalhadores, dos empregadores e da sociedade. Hoje, com certa vivência e acumulada experiência, concluí que era o momento de expor as minhas ideias sobre o controvertido instituto da greve. Eis, portanto, a razão deste trabalho.

O livro é composto de três Capítulos e de dois Anexos.

No Capítulo primeiro, tratei do direito material da greve. Fiz um esboço evolutivo do instituto na lei brasileira desde 1890 até 1988, quando a Constituição Federal a reconheceu como um direito fundamental dos trabalhadores, a quem compete decidir sobre o seu exercício e sobre os direitos a serem por ela defendidos. Discorri sobre controvertidos temas, como, entre outros, a greve nas atividades essenciais, a greve no serviço público, a greve política e de solidariedade e a chamada greve ambiental (com relação a essa, de forma pioneira, tratei dos requisitos específicos para o seu exercício).

A partir da 2ª edição acrescentei ao capítulo primeiro o item 7.1 e subitens seguintes para analisar a importante e histórica decisão do Supremo Tribunal Federal no Mandado de Injunção n. 712-8 a respeito do direito de greve dos servidores públicos civis. Por importante essa decisão, transcrevi o inteiro teor do voto do Min. Relator Eros Roberto Grau no Anexo II. Agora nesta 3ª edição procurei esclarecer importante questão tratada pelo STF no MI n. 712-8 sobre a competência judicial para resolver os conflitos de greve envolvendo os servidores públicos civis estatutários, transcrevendo e comentando, para tanto, decisão recente da Corte Suprema proferida na Reclamação n. 6.568.

No Capítulo segundo, analisei as ações judiciais sobre o direito de greve numa visão pós-moderna, com base na EC n. 45/04, que ampliou a competência da Justiça do Trabalho para apreciar e julgar os conflitos de greve, incluídos os juízes de primeira instância. Por necessário, também enfrentei a controvertida questão do *comum acordo* para ajuizamento do Dissídio Coletivo, na forma da nova redação do § 2º do art. 114 da Constituição Federal.

No Capítulo terceiro, discorri sobre a atuação do Ministério Público do Trabalho nos conflitos de greve, quer na esfera extrajudicial, quer perante o Poder Judiciário. Isso numa nova visão, na qual o órgão ministerial, ao contrário da postura anterior, atualmente, também como defensor do Estado Democrático de Direito, em algumas situações atua não contra a greve, mas pela validade do referido direito, que, como qualquer outro, deve ser respeitado quando exercido regularmente.

No Anexo I, transcrevi *ipsis literis* a importante e histórica sentença da Justiça Militar, da época do regime de exceção vivido no País, por meio da qual foram condenados, com base na Lei de Segurança Nacional, vários dirigentes sindicais e trabalhadores, pela participação na histórica greve dos metalúrgicos do ABC paulista. Aquele movimento marcou uma nova era do sindicalismo brasileiro e motivou a importante mudança no regime sindical implementado pelo constituinte de 1988.

No Anexo II, incluí a legislação pertinente ao direito de greve, para facilitar e agilizar a atividade do leitor.

Com isso, espero provocar no leitor e nos doutrinadores mais reflexão sobre o direito de greve no Brasil, porque, como observo, poucos são os escritos a respeito do tema e muitos ainda são os preconceitos e incompreensões sobre a greve no Brasil. Entendo, finalmente, que a greve deve ser tratada como um direito e não como um delito; que o direito de greve, por mais importante que seja, como um direito fundamental de manifestação dos trabalhadores, não é um direito absoluto, pois, no seu exercício, devem os trabalhadores respeitar também os direitos constitucionalmente assegurados aos cidadãos; que a greve deve ser exercida pelos trabalhadores com responsabilidade; que a greve deve ser compreendida como um instrumento de equilíbrio entre capital e trabalho e como indispensável nas modernas relações de trabalho.

Introdução

O objetivo deste trabalho é analisar a questão pertinente à greve, desde a primeira incursão do tema no direito positivo brasileiro, com o Código Penal de 1890, até os dias de hoje, em face do que prevê a Constituição Federal, de 5 de outubro de 1988. Passou-se por vários momentos, da época em que a greve era considerada como delito e ato antissocial, contrário aos interesses nacionais, ao capital e ao trabalho, até o presente estágio, em que a Constituição Federal da República do Brasil a consagrou como um direito de manifestação dos trabalhadores, portanto, um direito fundamental de índole democrática. Identificam-se na pesquisa vários preconceitos que ainda estão arraigados na cultura do povo brasileiro sobre a greve como instrumento de defesa de direitos, consagrado nas nações civilizadas como um direito do cidadão trabalhador.

A análise do tema, após uma breve verificação histórica no direito anterior, teve como fundamento para o momento atual o art. 9º e incisos da Constituição Federal e a Lei n. 7.783/89. O desafio desta obra, diante das dificuldades que se enfrenta no dia a dia com relação ao exercício do direito de greve, é introduzir uma nova discussão a respeito do tema, considerando-o não mais como um delito ou ato atentatório aos interesses nacionais, ao capital e ao trabalho, mas, ao contrário, como um instrumento democrático indispensável para o aprimoramento das relações de trabalho, desde que utilizado sob o pálio da responsabilidade. Procurou-se oferecer algo novo na perspectiva de desmistificá-lo e inseri-lo no ordenamento jurídico como mais um direito do cidadão num regime de Estado Democrático de Direito. Os objetivos fundamentais da pesquisa empreendida são de ordem geral e de ordem específica.

No *geral*, almejou-se dar impulso contributivo a uma nova construção doutrinária e jurisprudencial sobre o direito de greve num novo contexto constitucional e social em que vive o nosso país, para que bem compreendam os trabalhadores, os empregadores e a sociedade sobre a sua importância nas modernas relações de trabalho.

No *específico*, visou-se chamar a atenção para que esse importante instrumento seja usado adequadamente, mediante responsabilidades dos seus agentes, respeitando-se os demais direitos assegurados aos cidadãos no plano jurídico-constitucional, especialmente quando a paralisação ocorre nos serviços e atividades essenciais.

A pesquisa mais utilizada foi a bibliográfico-doutrinária, por opção, predominantemente no ordenamento jurídico pátrio. Por outro lado, a vivência de mais de três décadas com as questões ora analisadas levou-me necessariamente a reflexões empíricas, buscando, inclusive, subsídios na jurisprudência dos tribunais trabalhistas e do STF.

O trabalho contém três Capítulos e dois Anexos, a seguir resumidos.

Capítulo I — O direito de greve. Neste Capítulo, foi abordado o instituto da greve no mundo e na lei brasileira (até 1988 e após 1988). As greves no ABC paulista na década de 1970, como marco histórico do instituto no Brasil, mereceram especial destaque, inclusive no aspecto criminal, ante a influência em seguida sofrida pelo constituinte de 1988. A partir de então, a análise legal concentrou-se na Constituição Federal de 1988, abordando os seguintes pontos: o conceito, formas, interesses tutelados pela greve e oportunidade de exercício; a greve política e de solidariedade; a greve no serviço público e importante decisão do STF no Mandado de Injunção n. 712-8, que estabeleceu regulamentação provisória para a greve dos servidores públicos civis até que o Congresso Nacional faça uma lei específica para o caso; a greve de policiais e nos serviços e atividades essenciais. Igualmente foram analisados os limites ao direito de greve; a proteção contra atos antissindicais por motivo de greve; a posição da OIT sobre o instituto; os requisitos para o exercício regular desse direito; os direitos e deveres dos grevistas; os efeitos da greve nos contratos individuais de trabalho; o abuso do direito de greve; as responsabilidades decorrentes do exercício irregular do referido direito e formas de reparação; a greve na vigência de instrumento normativo; a greve ambiental, esta como instrumento de defesa da vida; e, finalmente, o *lockout* e consequências nos contratos de trabalho.

Capítulo II — Ações judiciais sobre o direito de greve. Foi realizada abordagem específica sobre ação de Dissídio Coletivo de greve (legitimidade ativa para a ação; competência para conciliação e instrução; competência para julgamento; conteúdo da decisão judicial nas greves no serviço público; ordens judiciais de urgência; multas/cominações aplicadas pelo Poder Judiciário; defesa no Dissídio Coletivo de greve; revelia e confissão; greve abusiva e apreciação das reinvidicações; a questão do Dissídio Coletivo *de comum acordo* (Dissídio Coletivo de natureza econômica; Dissídio Coletivo de greve; Dissídio Coletivo Jurídico e Dissídio Coletivo de manutenção de cláusulas anteriores); natureza jurídica e efeitos da sentença; decisões nas sentenças normativas. Também mereceram importantes reflexões as novas ações judiciais sobre o exercício do direito de greve com base na Emenda Constitucional n. 45/04 (para assegurar o cumprimento das atividades inadiáveis da comunidade; para desocupação de estabelecimentos; para assegurar o direito de greve e de reparação dos prejuízos anormais dela decorrentes).

Capítulo III — Atuação do Ministério Público do Trabalho nas greves. Por ser imprescindível, foram abordados importantes aspectos da atuação do Ministério Público com relação à greve, como o novo papel institucional do órgão nas relações de trabalho, levando-se em conta a atuação extrajudicial (investigando, mediando/conciliando e agindo como árbitro). Na atuação judicial, foram vistos os relevantes aspectos do Dissídio Coletivo de greve nas atividades essenciais (quem pode ajuizá-lo, os pedidos que podem ser feitos, a forma de atuação e a competência judicial para julgamento das demais ações decorrentes da greve).

Finalmente, existem três Anexos. O primeiro, com importante decisão histórica sobre o direito de greve, por meio da qual dirigentes sindicais foram processados e condenados com base na Lei de Segurança Nacional da época da ditadura militar. O segundo, com as decisões do STF e voto vencedor no Mandado de Injunção n. 712-8, que estabeleceu regulamentação provisória sobre o exercício do direito de greve pelos servidores públicos civis até que o Congresso Nacional faça uma lei específica sobre o tema, como exige a Constituição Federal no art. 37, inc. VII. O terceiro, indicando os principais dispositivos constitucionais e legais a respeito do direito de greve na atualidade, para facilitar consulta rápida do leitor.

CAPÍTULO I

O DIREITO DE GREVE

1. A GREVE NO MUNDO

Como anota Carlos Henrique Bezerra Leite[(1)], os mais importantes registros históricos do exercício da greve no mundo são os seguintes: no século XIII a.C., quando os trabalhadores se recusaram a trabalhar nas construções de túmulos de faraós, protestando contra irregularidades no pagamento de salários e o tratamento desumano que recebiam; em Roma, no Baixo Império, começaram a existir paralisações do trabalho no setor público e em atividades essenciais, que logo foram reprimidas mediante disciplina legal; no regime das corporações de ofício, antes da Revolução Francesa de 1789, ocorreram movimentos de paralisação de trabalhadores, considerados como infrações penais graves; na França, por meio da Lei *Le Chapelier*, houve proibição de todas as formas de agrupamento profissional que tivessem por objetivo a defesa de interesses coletivos dos trabalhadores; na Inglaterra, entre 1799 e 1800, as coalizões de trabalhadores que tiveram por objetivo pressionar os patrões por aumentos salariais ou melhores condições de trabalho foram consideradas como crime contra a coroa inglesa.

Foi somente em 1825, na Inglaterra, e em 1864, na França, que as coalizões de trabalhadores por melhores condições de trabalho deixaram de ser consideradas como crime, embora a greve propriamente dita ainda continuasse como um delito.

(1) *A greve como direito fundamental*, p. 13/14.

Tais movimentos, como ressalva Bezerra Leite, não podem ser considerados tipicamente como greve, porque, naquela época, ainda não havia uma estrutura de relações de trabalho; o que existia era um sistema social escravista e servil. Em greve, propriamente dita, só se pode falar a partir da Revolução Industrial, quando então surge o trabalho assalariado, como ocorreu com os movimentos sindicais dos ingleses, marco inicial da história da greve. É certo que todos esses movimentos foram de extrema importância no caminho da sedimentação da greve como direito, porque decorreram da manifestação natural (como importante fato social) dos trabalhadores, como forma de proteção dos seus interesses corporativos.

A partir desses movimentos, especialmente com a Revolução Industrial, é que as manifestações dos trabalhadores começam a merecer reflexões doutrinárias na busca de uma conceituação do instituto. A greve, então, passa a ser conceituada, conforme o regime jurídico de cada país, como delito, como liberdade, como fato social e como direito. Hoje, em quase todos os países de regime democrático, a greve recebe natureza jurídica de um direito, como reconhece a Organização Internacional do Trabalho — OIT.

Observa-se que, salvo raras exceções, até o final do século XIX, a greve era uma atividade ilícita (de caráter criminoso) ou, no mínimo, uma atividade proibida e sancionada penalmente em muitos países, o que ocorreu até a metade do século XX. A partir de então, a greve passou a ser reconhecida internacionalmente como um direito dos trabalhadores, tendo sido consagrado no Pacto Internacional de Direitos Econômicos, Sociais e Culturais das Nações Unidas em 1966, hoje amparado pelos órgãos da Organização Internacional do Trabalho — OIT (Comitê de Liberdade Sindical, desde 1952, e Comissão de Peritos em aplicação de Convenções de Recomendações, desde 1959)[(2)], formando um corpo de princípios gerais da liberdade sindical proclamados pela OIT, como serão vistos no decorrer deste trabalho.

Portanto, atualmente, o princípio do direito de greve como meio de ação das organizações sindicais acha-se reconhecido de uma maneira praticamente universal, não obstante existam problemas e reclamações perante a OIT, sendo os mais comuns: imposição de sanções penais aos participantes de greves ilegais, exigências de maiorias excessivas para declarar a greve, proibição de greve de funcionários públicos que não exercem funções de autoridade em nome do Estado, mobilização compulsória de trabalhadores em greve e até mesmo proibição da greve em serviços não essenciais.

---

(2) O Comitê de Liberdade Sindical é um órgão tripartite do Conselho de Administração da OIT, que tem por função examinar queixas por violação dos direitos sindicais. A Comissão de Peritos é composta de juristas independentes e tem por função o controle regular e o cumprimento das Convenções da OIT pelos países que as ratificaram.

2. *A GREVE NA LEI BRASILEIRA*

2.1. ATÉ 1988

A história evolutiva da greve no Brasil está estreitamente relacionada com o modelo de liberdade e autonomia sindicais reinantes, sendo certo que sempre esteve permeada por preconceitos, como consequência inerente ao sistema atrasado e corporativista de relações de trabalho implementado no País desde o Brasil colônia.

A primeira lei brasileira a tratar do instituto da greve foi o Código Penal de 1890, que considerava crime o seu exercício, punindo o autor com pena de 1 a 3 meses de detenção.

A Constituição Federal de 1937 foi a primeira Lei Maior a cuidar do tema, estabelecendo, no art. 139, que a greve e o *lockout* são declarados recursos antissociais, nocivos ao trabalho e ao capital e incompatíveis com os superiores interesses da produção nacional.

A Constituição de 1946 dizia, no art. 158, que "é reconhecido o direito de greve, cujo exercício a Lei regulará".

Na Carta de 1967, elaborada durante o regime de ditadura militar, estabelecia o art. 158 que "a Constituição assegura aos trabalhadores os seguintes direitos, além de outros que, nos termos da lei, visem à melhoria, de sua condição social:... XXI — greve, salvo o disposto no art. 157, § 7º" (art. 157, § 7º: "Não será permitida greve nos serviços públicos e atividades essenciais, definidas em lei").

A Emenda Constitucional de 1969 repetiu a Constituição de 1967, no art. 165.

Enquanto isso, o Código Penal de 1940 punia a greve seguida de perturbação da ordem pública ou contrária ao interesse coletivo. Na redação atual, o Código Penal brasileiro, no art. 201, estabelece o seguinte:

> Participar de suspensão ou abandono coletivo de trabalho, provocando a interrupção de obra pública ou serviço de interesse coletivo:
>
> Pena — detenção, de seis meses a dois anos, e multa.

Várias foram as leis e decretos-leis que trataram sobre o exercício da greve. A Lei n. 35/35 considerou a greve como delito. A Consolidação das Leis do Trabalho — CLT, na redação original, também considerou a greve como delito (arts. 723 e 724).

A Lei n. 4.330/64 permitia a greve nas atividades normais, embora mediante muitas restrições, que, na prática, tornavam quase impossível o seu exercício. A greve política e de solidariedade eram proibidas. Essa lei, como se sabe, foi promulgada logo em seguida à decretação do golpe militar de 1964 e representou a real filosofia daquele regime ditatorial, consubstanciado, no âmbito das relações de trabalho, em muitas ocupações e intervenções de sindicatos, cassações e punições de dirigentes sindicais e ativistas, como represálias aos movimentos trabalhistas. Essa lei foi expressa ao proibir qualquer greve que não se destinasse à tutela de interesses profissionais vinculados ao contrato de trabalho.

O Decreto-Lei n. 1.632/78 e a Lei n. 6.620/78 — Lei de Segurança Nacional — proibiram a greve nos serviços públicos e essenciais.

Durante o regime de Ditadura Militar vivido a partir de 1964, as principais disposições legais ordinárias sobre a greve, que a restringiam e incriminavam os seus participantes, eram as seguintes:

Lei n. 4.330/64 — Lei de Greve:

> Art. 4º A greve não pode ser exercida pelos funcionários e servidores da União, Estados, Territórios, Municípios e autarquias, salvo se se tratar de serviço industrial e o pessoal não receber remuneração fixada por Lei ou estiver amparado pela legislação do trabalho.
>
> (...)
>
> Art. 22. A greve será reputada ilegal:
>
> I — se não atendidos os prazos e as condições estabelecidas nesta lei;
>
> II — se tiver por objeto reivindicações julgadas improcedentes pela Justiça do Trabalho em decisão definitiva, há menos de 1 (um) ano;
>
> III — se deflagrada por motivos políticos, partidários, religiosos, sociais, de apoio ou solidariedade, sem quaisquer reivindicações que interessem, direta ou legitimamente, à categoria profissional;
>
> IV — se tiver por fim alterar condição constante de acordo sindical, convenção coletiva de trabalho ou decisão normativa da Justiça do Trabalho em vigor, salvo se tiverem sido modificados substancialmente os fundamentos em que se apoiam.
>
> (...)
>
> Art. 29. Além dos previstos no Título IV da parte Especial do Código Penal, constituem crimes contra a organização do trabalho:
>
> I — promover, participar ou insuflar greve ou *lockout* com desrespeito a esta lei;
>
> II — incitar desrespeito à sentença normativa da Justiça do Trabalho que puser termo à greve ou obstar a sua execução;
>
> III — deixar o empregador, maliciosamente, de cumprir decisões normativas da Justiça do Trabalho, ou obstar a sua execução;
>
> IV — incitar à greve ou *lockout*, ou aliciar participantes quando estranhos à profissão ou atividades econômicas;

V — onerar a despesa com dívidas fictícias ou de qualquer modo alterar maliciosamente os lançamentos contábeis para obter majoração de tarifas ou preços;

VI — adicionar aos lucros ou fazer investimentos com os rendimentos obtidos com revisão tarifária ou aumento de preços especificamente destinados a aumentos salariais de empregados;

VII — praticar coação para impedir ou exercer a greve;

Pena: Reclusão de 6 (seis) meses a 1 (um) ano e multa de Cr$ 5.000,00 (cinco mil cruzeiros) a Cr$ 100.000,00 (cem mil cruzeiros). Ao reincidente aplicar-se-á a penalidade em dobro.

Parágrafo único. Os estrangeiros que infringirem as prescrições desta Lei serão passíveis de expulsão do território nacional a juízo do Governo.

Art. 30. Aplicam-se, no que couber, as disposições desta Lei à paralisação da atividade da empresa por iniciativa do empregador (*lockout*).

Decreto-Lei n. 1.632/78 (Proibia a greve em serviço público e nas atividades essenciais).

Art. 3º Sem prejuízo das sanções penais cabíveis, o empregado que participar de greve em serviço público ou atividade essencial referida no art. 1º incorrerá em falta grave, sujeitando-se às seguintes penalidades, aplicáveis individual ou coletivamente, dentro do prazo de 30 (trinta) dias do reconhecimento do fato, independentemente de inquérito:

I — advertência;

II — suspensão de até 30 (trinta) dias;

III — rescisão do contrato de trabalho, com demissão, por justa causa.

[...]

Art. 5º Sem prejuízo da responsabilidade penal, será punido com advertência, suspensão, destituição ou perda de mandato, por ato do Ministro do Trabalho, o dirigente sindical ou de conselho de fiscalização profissional que, direta ou indiretamente, apoiar ou incentivar movimento grevista em serviço público ou atividade essencial.

Art. 6º Incorre em falta grave, punível com demissão ou suspensão, o funcionário público que participar de greve ou para ela concorrer.

Lei n. 6.620/78 — Lei de Segurança Nacional

Art. 27. Impedir ou dificultar o funcionamento de serviços essenciais, administrados pelo Estado ou executados mediante concessão, autorização ou permissão.

Pena: reclusão, de 2 a 12 anos.

[...]

Art. 36. Incitar:

[...]

II — à desobediência coletiva às leis.

Pena: reclusão, de 2 a 12 anos.

Art. 37. Cessarem funcionários públicos, coletivamente, no todo, ou em parte, os serviços a seu cargo.

Pena: detenção, de 8 meses a 1 ano.

2.2. As greves no ABC paulista na década de 1970 como novo marco histórico

2.2.1. Reflexos do golpe militar de 1964 na organização dos trabalhadores

O golpe militar de 1964 significou a mais intensa e profunda repressão política que a classe trabalhadora enfrentou na história do País nos últimos tempos. A estratégia militar do golpe de 31 de março, iniciado a partir de Juiz de Fora, Minas Gerais, considerava os movimentos operário e popular como uma das principais forças políticas sociais capazes de se oporem e resistirem aos golpistas. As ocupações militares e as intervenções atingiram cerca de 2.000 entidades sindicais em todo o País. Suas direções foram cassadas, presas e exiladas, e o regime militar passou a nomear pessoas de sua confiança para substituírem as lideranças legítimas eleitas pelos trabalhadores(3).

Com isso, os trabalhadores perderam força e organização, não conseguindo mais fazer greves para defender os interesses das respectivas categorias. Para piorar a situação dos trabalhadores, foi promulgada, em 1964, a Lei n. 4.330 (Lei de Greve), a qual não proibia a greve, mas criava tantos requisitos (empecilhos), que, na prática, era praticamente impossível o seu atendimento, levando a Justiça do Trabalho a declarar a ilegalidade dos movimentos, como regra geral.

Em 1968, considerado como ano das mobilizações, intensificaram-se os protestos contra a ditadura militar. Em março daquele ano, houve o brutal assassinato do estudante Edson Luiz pela polícia. No Rio de Janeiro, em 1975, foram assassinados os presos políticos Vladimir Herzog e Manoel Fiel Filho, o que contribuiu para a realização de grandes manifestações estudantis apoiadas por parcela significativa da sociedade. Enquanto isso, os trabalhadores metalúrgicos, em Osasco/SP e Contagem/MG, fizeram importantes e significativas greves, com ocupação de fábricas, embora duramente reprimidos pela polícia da ditadura militar.

---

(3) OLIVA, Aloízio Mercadante; RAINHA, Luís Flávio *et al*. *Imagens da luta*: 1905-1985. p. 124.

Em meados dos anos 1970, portanto, o País começou a viver os primeiros sinais da crise econômica, levando o regime militar a perder base social de apoio, enquanto a sociedade civil se levantou e começou a reestruturar-se e a manifestar-se politicamente pela redemocratização do País. Nessa época, foram importantes as manifestações e protestos estudantis, os movimentos contra a carestia, o custo de vida e em defesa das liberdades democráticas e pela anistia dos muitos cidadãos brasileiros punidos, presos e expulsos do país.

2.2.2. As greves de 1978

Começa a articulação em São Bernardo do Campo/SP de uma nova proposta sindical, com o reingresso da classe trabalhadora no cenário político. Em setembro de 1977, o Sindicato dos Metalúrgicos de São Bernardo do Campo e Diadema desencadeou importante campanha pela reposição salarial dos 34,1% de inflação que teriam sido omitidos pelo Governo Federal dos índices oficiais(4). Em 21 de abril de 1978, Luiz Inácio Lula da Silva é reconduzido ao segundo mandato como presidente do sindicato e, em solenidade oficial de posse, diante de autoridades civis e militares, denuncia o diálogo proposto pelo governo e conclama os trabalhadores a partirem para a luta por melhores condições de vida e de trabalho, tomando, assim, nova e importante atitude política no trilhar de uma liderança sindical que se inicia(5).

Começaram, então, algumas mobilizações e até parciais paralisações, como as que ocorreram nas ferramentarias da Ford e da Mercedes-Benz. Todavia, foi no dia 12 de maio de 1978 que os trabalhadores da Saab-Scânia entraram verdadeiramente em greve. Adentraram na fábrica, vestiram os macacões, bateram os cartões de ponto e cruzaram os braços diante das máquinas. Explicando a eclosão daquele movimento, de certa forma espontâneo e inesperado, um dos líderes dos trabalhadores na empresa, Gilson Menezes, assim se manifestou:

---

(4) Tratava-se de uma reivindicação de pelo menos parte dos salários perdidos pelos trabalhadores graças à manipulação de dados estatísticos pelo governo em 1973 e descoberta quatro anos depois, como retrata Antônio Possidônio Sampaio, em *Lula e a greve dos peões,* p. 28.

(5) Denunciada a manipulação, Lula passou mais de três meses dialogando com a classe patronal, tentando encontrar uma fórmula capaz de repor aos salários os 34,1% retirados dos trabalhadores por meio da subestimação do custo de vida. Convencido de que os patrões estavam dispostos ao diálogo, mas só para assuntos diversos da reposição, em 21 de abril de 1978, ao ser empossado pela segunda vez na presidência do sindicato, reiterou a inutilidade do diálogo e repetiu aos trabalhadores o que antes já lhes havia dito: "vocês sabem o que fazer". E, no mês seguinte, cerca de cinquenta mil trabalhadores cruzaram os braços, conseguindo, assim, recuperar parte dos salários. Mas isso não bastava. Agora, os trabalhadores, depois de longo período de luta, se conscientizaram de que precisavam reivindicar não só salários, mas também outras conquistas sociais e, para alguns deles, um espaço político (Cf. SAMPAIO, Antônio Possidônio. *Lula e a greve dos peões,* p. 28).

> A greve nasceu de uma decisão espontânea do pessoal do diurno da ferramentaria. O pessoal do noturno estava saindo, quando o turno do dia entrou e não ligou as máquinas. Ninguém começou a trabalhar. Não se ouvia o menor barulho na fábrica. Eram sete horas da manhã do dia 12 de maio. Uma sexta-feira. Todo mundo marcou o cartão, mas ninguém trabalhou. Das sete até as oito horas nós ficamos de braços cruzados do lado das máquinas sem fazer nada. Às oito horas chegou o gerente geral. (...) Achou estranho, mas não pensou que era uma paralisação. Não entendeu nada, como também jamais poderia imaginar que ocorreria uma greve. Foi uma surpresa.(6)

Embora essa greve tenha sido uma decisão autônoma dos trabalhadores da fábrica, sem a realização de uma assembleia prévia para a sua aprovação, é certo que o seu resultado decorreu da estratégia da categoria, que por meio do sindicato se vinha articulando(7). Como explica Júlio de Grammont(8), "na verdade, a greve na Scânia não foi por acaso e muito menos espontânea, como estrategicamente Lula dizia na época, para ludibriar a ditadura. Foi planejada, apesar da débil organização do chão da fábrica, explicada pela completa falta de experiência em greve dos seus líderes".

Esse movimento de massas, que a indústria automobilística viu eclodir, pela sua dimensão, marcou o ressurgimento da ação reivindicatória grevista no Brasil, depois de uma década de resistência operária(9). Essa greve(10), mesmo que não tenha rendido importantes conquistas para os trabalhadores, marcou, certamente, uma conquista política para a classe trabalhadora, como início de novos movimentos. Não se tratou de uma greve geral, embora várias empresas da categoria também tenham aderido à paralisação.

2.2.3. As greves de 1979

Em 1979, mais bem preparados, os metalúrgicos do ABC entraram em greve. Assim, "no dia 13 de abril de 1979, a partir de zero hora, os metalúrgicos de São Bernardo e Diadema deflagraram a primeira greve geral de uma categoria trabalhista na história recente do sindicalismo. Esta greve foi o

---

(6) ANTUNES, Ricardo. *A rebeldia do trabalho...*, p. 13.

(7) Não se falava claramente em greve, ante as circunstâncias reinantes de perseguição e punição por qualquer coisa. Mas era comum se dizer: a única linguagem que os patrões entendem é "máquinas paradas" e "vocês sabem o que fazer" na hora certa.

(8) *Os subversivos*, p. 25.

(9) ANTUNES, Ricardo. *Op. cit.*, p. 26.

(10) Em 1978, havia uma compreensível timidez política, diante da truculência do regime militar, em assumir publicamente as manifestações operárias. Tanto é que dirigentes do sindicato e o próprio Lula evitavam a palavra greve. Usava-se paralisação. Greve estava mais para uma luta político-ideológica, ideia plantada pela ditadura militar (GRAMMONT, Júlio de. *Os subversivos*, p. 26).

primeiro grande movimento de massas da classe operária depois de 1964, na forma de uma greve fora da fábrica, com piquetes, por tempo indeterminado e com a realização de grandes assembleias"[11].

Tratou-se de um movimento diferente daquele do ano anterior, com inovações nas formas de luta, muita criatividade e uma clara ruptura com a experiência sindical do passado. A greve, dessa vez, espalhou-se por todo o ABC paulista, envolvendo as principais empresas do ramo metalúrgico, e não tinha prazo para terminar. Iniciaram-se as grandes assembleias no famoso Estádio de Vila Euclides. O governo e os patrões endureceram. A Justiça do Trabalho julgou a greve ilegal e o Ministério do Trabalho decretou, em 23 de março de 1979, a intervenção nos Sindicatos de São Bernardo, Santo André e São Caetano do Sul, afastando os dirigentes sindicais dos seus respectivos cargos.

A ditadura tinha de provocar uma derrota dos metalúrgicos do ABC. Para alcançar seu objetivo, não poupou nada e ninguém. Decretaram a intervenção no sindicato, encheram o ABC de espiões, tropa de choque, helicópteros do Exército, brucutus, e espancaram milhares de trabalhadores. Censuraram a imprensa, e a poderosa Rede Globo abriu espaço para Mário Garnero, diretor da Volks, no Jornal Nacional, para que só ele falasse. Contra a sua vontade, a repórter que foi entrevistá-lo negou-se a aparecer na tela e foi mais longe, tirou de seus dedos os anéis para "nunca" ser identificada com aquela trapaça[12].

Intensificou-se, com isso, o confronto com o aparato repressivo do Estado e, ao contrário da previsão ditatorial, as intervenções nos sindicatos acirraram os ânimos da massa operária e os dias seguintes foram marcados por confrontos abertos entre os operários e a polícia do Estado, que reprimia para valer.

As ruas do ABC transformaram-se em verdadeiro palco de guerra, pois a polícia atacava e os trabalhadores se defendiam como podiam (com paus, pedras, barricadas, etc.) ou simplesmente se escondiam onde era possível. Mas em qualquer lugar em que estivessem, se vistos, eram arrastados e espancados, como ocorreu em pensões ao redor do Sindicato dos Metalúrgicos de São Bernardo. As assembleias foram proibidas no Estádio de Vila Euclides e passaram a ser feitas no Paço Municipal e depois na Igreja Matriz de São Bernardo do Campo. Em certo dia, quando tomado o Paço Municipal pelas tropas de choque da polícia, que fez um verdadeiro cinturão ao redor da massa de trabalhadores, estes, orientados pelos líderes provisórios do movimento[13],

(11) OLIVA, Aloízio Mercadante *et al. Imagens da luta:* 1905-1985, p. 162.

(12) GRAMMONT, Júlio de. *Os subversivos*, p. 27.

(13) Dois dias antes, o governo havia decretado intervenção nos sindicatos e afastado os diretores, que, desorientados, estavam escondidos tentando encontrar formas de encaminhamento do movimento. Mas logo reassumiram as lideranças, de fato, porque estavam afastados dos cargos sindicais e, portanto, proibidos de atuar.

o prefeito de São Bernardo, Dr. Tito Costa, e o Arcebispo de Santo André, Dom Cláudio Humes, depois de rezarem de mãos dadas e cantarem o Hino Nacional, passaram a escrever, com seus próprios corpos, a palavra DEMOCRACIA, que não pôde ser concluída devido à ação repressora da polícia. Aquilo foi um recado ao País, para explicar o motivo da luta[14]. Mesmo assim, a greve durou 15 dias, terminando em 27 de março de 1979.

Sem experiência e condições para continuar a greve, os trabalhadores acabaram por aceitar a suspensão do movimento, concordando com uma proposta de trégua de 45 dias para negociação de um acordo, especialmente sobre o aumento de produtividade. Mesmo relutantes, os trabalhadores aceitaram o pedido de "voto de confiança" proposto pela diretoria do sindicato, na pessoa do então presidente Luiz Inácio Lula da Silva[15].

Antônio Possidônio Sampaio[16] transcreveu com precisão trecho do discurso de Lula, de certa forma enfraquecido, que se encontrava afastado do sindicato, naquele momento nas mãos do interventor do Ministério do Trabalho, para convencer os trabalhadores a suspenderem a greve e aceitarem uma trégua de 45 dias; nesse período seria negociado um acordo sobre as reivindicações obreiras: "E uma coisa importante, companheiros, outra coisa importante que eu quero assumir na frente de todos vocês, que estiveram com a gente durante todo esse tempo: é de que se eu e minha diretoria fracassarmos, eu venho aqui, no meio de vocês, e me retiro, de uma vez por todas, como representante de vocês. Então, o pedido que eu faço para vocês é um favor, é um voto de confiança que eu peço a vocês, para não dizerem que nós somos radicais, nós vamos aceitar o pedido do governo. Vamos voltar a trabalhar. E se não for cumprido o nosso pedido, nós paramos. Eu assumo o compromisso com vocês: eu mesmo decreto a greve outra vez. O que nós precisamos provar às autoridades, à opinião pública em geral e aos empresários é que nós estamos conscientes daquilo que queremos. É que nós somos maduros o suficiente e que nós vamos voltar a trabalhar e que nós, se não formos atendidos, todos nós já sabemos o que fazer de manhã e faremos tudo outra vez. Eu quero pedir a vocês, e isso peço em nome pessoal e em nome da minha diretoria: quero, para que tudo isso seja possível, companheiros, nós vamos dar uma demonstração ao Brasil e ao mundo — nós vamos voltar ao trabalho amanhã. Nós vamos receber o nosso pagamento integral dia 10. E eu tenho certeza absoluta de que até o dia 10 de maio, que é o dia do primeiro pagamento com aumento, nós já receberemos o pagamento com o aumento. Alguns trabalhadores começaram a deixar o estádio visivelmente contrariados. E o líder continua...".

---

(14) GRAMMONT, Júlio de. *Os subversivos,* p. 27.
(15) SAMPAIO, Antônio Possidônio. *Lula e a greve dos peões,* p. 108.
(16) *Idem.*

Em seguida, aceita a proposta de suspensão da greve e de uma trégua por 45 dias, que incluía o compromisso de não haver demissões pelo prazo de 120 dias por motivos de participação na greve[17], a intervenção nos Sindicatos foi suspensa pelo Ministério do Trabalho e as diretorias afastadas retornaram aos seus postos. Conforme mais tarde escreveu Júlio de Grammont[18], "não pegou bem aquela saída. Temos que reconhecer que foi o mais acertado para o momento. Mas foi um recuo, avaliou depois Osmar Mendonça, o Osmarzinho, um dos líderes. Naquela assembleia, ficou a impressão de que a diretoria estava trocando a luta pelo fim da intervenção no sindicato".

2.2.4. As greves de 1980

Em 1980, de forma bem mais organizada, os metalúrgicos do ABC paulista novamente entram em greve no dia 1º de abril, que para eles não era um simples "dia da mentira". "Sabia-se que a greve que viria a ser deflagrada teria que ser organizada para ser mantida até onde os trabalhadores desejassem, independentemente da repressão policial, ocupação dos locais das assembleias, intervenção no Sindicato, prisão dos dirigentes sindicais, etc. (...) Tudo isso redundou numa greve geral realizada sem piquetes e mantida por 41 dias, apesar da intervenção no Sindicato, prisões de diretores e ativistas e fortíssima repressão policial e militar sobre os trabalhadores"[19].

A greve ocorreu mais ou menos assim: em São Bernardo do Campo, 90% da categoria aderiu à greve e, no seu primeiro dia, como tudo era esperado e foi preparado pelo governo e pelos patrões, foi instaurado um processo de dissídio coletivo perante o Tribunal Regional do Trabalho de São Paulo (2ª Região), que naquele mesmo dia promoveu uma audiência de conciliação, frustrada, e, no final da tarde, entrando pela noite, julgou o processo[20]. De forma inusitada, por maioria de votos, o TRT decidiu pela não apreciação da

---

(17) Mas, mesmo diante daquele clima de enfraquecimento e certa desconfiança na proposta da diretora, os trabalhadores aprovaram o retorno ao trabalho. Dia 31 de março, data comemorativa do 15º aniversário do golpe de 1964, o jornal *A Vanguarda*, de São Bernardo, destacava em manchete de primeira página: depois do acordo, a traição: demissões. E informava: "Horas após a assembleia onde mais de 80 mil metalúrgicos decidiram pela volta ao trabalho, os empresários quebraram o acordo no qual dentro de 120 dias nenhum operário seria demitido por ter participado do movimento de paralisação. O item desrespeitado pela classe empresarial, em especial os proprietários de indústrias de médio e pequeno porte, deixava entre os dois primeiros dias de volta ao trabalho um saldo de aproximadamente 500 demitidos.

(18) *Os subversivos*, p. 27.

(19) OLIVA, Aloízio Mercadante *et al. Op. cit.*, p. 180.

(20) Talvez tenha sido o mais rápido julgamento de um conflito coletivo de trabalho no Brasil. É realmente inusitado pensar que em um único dia se ajuíze uma ação, a parte contrária conteste, o Ministério Público se manifeste, o relator e revisor estudem o processo e elaborem o seus votos e os demais juízes tenham condições de votar. Sem falar na desobediência ao devido processo legal, pois, evidentemente, restou negado o amplo (e mínimo) direito de defesa.

legalidade da greve, declarou-se incompetente[21] para tanto e apreciou as reivindicações dos trabalhadores, negando as mais importantes, como a estabilidade, o delegado sindical e a redução da jornada de trabalho, entre outras, e algumas cláusulas que já haviam sido aceitas pelo patronato nas negociações da data-base.

Com essa decisão, vários sindicatos do interior decretaram o retorno ao trabalho, principalmente porque foi concedido um razoável índice de produtividade (7% para quem recebia até três salários mínimos e 6% para as demais faixas salariais). Os metalúrgicos do ABC continuaram em greve, porque havia organização interna e o movimento era realmente dotado de uma estrutura precisa e de uma organização capaz de dar continuidade ao movimento, mesmo diante da mais intensa investida dos patrões e do governo, como de fato ocorreu. Assim, foi estruturado um comando de greve, com 16 operários que substituiriam os membros da diretoria do Sindicato, se necessário fosse, como também, de fato, veio a ocorrer com a prisão daqueles. Também foi criado um fundo de greve para garantir respaldo material aos trabalhadores em greve. Mas não demorou muito, um dos três Sindicatos da região, o de

(21) Por interessante e oportuno, transcrevo os principais argumentos declinados pelo Relator do processo (Proc. TRT-DC-58/80), Juiz Rubens Ferrari, sobre a radical mudança de entendimento a respeito do julgamento de greves com base na Lei n. 4.330/64: "De mister assinalar, nesse passo, e como parênteses necessário, que embora revestido de notoriedade, por vir mencionado no processo e dele se ocupar o farto noticiário da imprensa falada e escrita, ainda assim não se tem, a respeito, informes mais esclarecedores quanto às condições em que o movimento eclodiu, de molde a permitir juízo seguro. O presente dissídio, aliás, vem primado pela celeridade, posto que, num só dia, foi ajuizado, instruído e julgado. A se julgar, pois, pelo que dos autos consta, seria objetivamente impraticável um entendimento envolvendo o tema greve, calcado em suporte consistente e isento de dúvidas. Abstraída, porém, a discussão sobre esse ângulo, dada a premência de uma solução, situando o debate nos termos em que é colocado pelas suscitadas e pelo Douto Procurador, não se vê como chegar à reclamada declaração de ilegalidade da greve, malgrado se reconheça que a propósito lavra controvérsia. Assim porque, *data venia* de quantos perfilham interpretação diversa, do texto disciplinador do direito de greve, a Lei n. 4.330, de 1º de junho de 1964, nada existe a permitir a declaração pretendida. Após dar o conceito e extensão do instituto e fixar os pressupostos para o seu exercício, o referido diploma deixa claro em seu art. 23 que, 'caso não se efetive a conciliação prevista no art. 11, o Ministério Público do Trabalho ou o representante local do Ministério Público comunicará a ocorrência ao presidente do respectivo Tribunal Regional do Trabalho, instaurando-se o dissídio coletivo, nos termos previstos na Consolidação das Leis do Trabalho'."

Vale dizer, por isso, que a intervenção do Judiciário Trabalhista há de ficar restrita ao processamento de uma lide coletiva destinada a estabelecer normas e condições de vigência futura, afastada a qualificação de fato pretérito ou declaração abstrata de prática faltosa ou ilegal. Orientação, de resto, que a jurisprudência mais atual vem proclamando, como dá conta recente julgado do Colendo Tribunal Superior do Trabalho (Proc. TST-RO-DC-470/79), em que foi relator o Eminente Ministro Coqueijo Costa. "Do exposto, salta à evidência que, à luz do estatuído na Lei n. 4.330/64, falece autoridade a esta Justiça para a declaração questionada. O próprio texto define a greve reputada ilegal, ao mesmo tempo alinha as sanções disciplinares e penais derivadas das infrações dela oriundas, deixando aos tribunais, unicamente, a competência para o julgamento do dissídio coletivo e a apreciação das penalidades enumeradas no art. 27, aqui envolvendo tarefa típica ao dissídio individual... De tudo isso tenho em que não compete à Justiça do Trabalho, *in casu*, declarar se ocorre greve legítima ou ilegítima".

São Caetano do Sul, considerado dócil e subserviente ao governo, convenceu os trabalhadores a voltar ao trabalho, restringindo-se a paralisação aos Sindicatos de São Bernardo e Santo André.

Por considerar a continuidade da greve uma afronta à decisão do Tribunal Regional do Trabalho, o Ministério Público do Trabalho, na pessoa do seu Procurador Regional à época, ajuizou novo dissídio coletivo (Processo TRT DC n. 64/80) e pediu que o Tribunal invalidasse o primeiro julgamento e decretasse a ilegalidade do movimento, o que de fato aconteceu em 14 de abril de 1980, numa decisão de quinze votos contra onze. Com isso, o movimento operário atingiu maior intensidade e, em 17 de abril daquele ano, o Ministério do Trabalho decretou intervenção nos Sindicatos de São Bernardo e Santo André, destituiu as respectivas diretorias e cassou os direitos sindicais dos seus diretores, entre eles, o Lula. Em seguida, vários deles foram presos, entre eles Luiz Inácio Lula da Silva, e diversos líderes do movimento e representantes de associações liberais, como registra Ricardo Antunes[22].

Após a intervenção, Lula fez a seguinte declaração, ilustrativa da maneira como tão bem havia sido preparado o movimento: "O governo não pode intervir nas casas de 142.000 metalúrgicos para obrigar os operários a voltarem ao trabalho (...). Os metalúrgicos já sabem como proceder agora, pois desde a primeira assembleia nós já contávamos com a possibilidade da intervenção e preparamos os trabalhadores para isso. A intervenção não muda o quadro nem altera o ânimo dos trabalhadores"[23].

A partir daí, os trabalhadores colocaram como condição para retorno ao trabalho o atendimento das reivindicações aprovadas, a libertação dos líderes presos e o fim da intervenção nos Sindicatos, o que foi reforçado com um impecável ânimo com a manifestação operária do dia 1º de maio de 1980, considerada uma das maiores manifestações de trabalhadores já vistas no país, embora, inicialmente, proibida pela polícia. Estimou-se uma multidão de 150.000 pessoas, representando uma importante vitória sobre a ditadura militar, com a participação da solidariedade do movimento popular. Após a saída de cena da diretoria do Sindicato, cassada e presa (a maioria dos diretores), a greve passou a ser dirigida pelo comando de greve[24], levando-a à duração histórica de 41 dias. Mas, já cansados, os trabalhadores resolveram terminá-la numa assembleia geral realizada no dia 11 de maio, na Igreja Matriz de São Bernardo do Campo, com a seguinte mensagem:

---

(22) *A rebeldia do trabalho,* p. 74.

(23) *Folha de S. Paulo,* 18.4.1980.

(24) Mesmo preso no DOPS, Lula, como líder máximo dos trabalhadores, continuou a transmitir orientações sobre o destino do movimento, o que fazia por meio dos seus advogados e outras poucas pessoas que o visitavam. Aliás, é interessante notar que Lula ficou preso exatamente 41 dias, igual período de duração da greve.

A GUERRA CONTINUA... Amanhã, 12 de maio, celebramos uma data histórica para os metalúrgicos de São Bernardo do Campo e Diadema. Fundado em 12 de maio de 1959, nosso sindicato completa 21 anos de existência, atingindo a plenitude de sua maioridade política. Foi também no dia 12 de maio de 1978 que, depois de catorze anos de silêncio, estourou o primeiro grito de revolta da classe trabalhadora, com a greve da Scânia. Pois bem, em pleno vigor de uma greve que já dura 40 dias, mais organizados do que nunca, fortes e conscientes, amanhã voltaremos às fábricas. Que os patrões e o governo saibam: atrás de cada máquina, eles terão um trabalhador em guerra; voltamos apenas para evitar a repressão da polícia do governo face a face e desarmados; a guerra continua porque em nossos corações e em nossa alma carregamos a ira dos justos e uma eterna sede de justiça![25]

Ficou uma importante reflexão sobre o papel das greves ora analisadas, naquele excepcional momento histórico em que vivia o País. Na época, foi feita a seguinte observação pelo então prefeito de São Bernardo do Campo, Tito Costa, sobre as greves do ABC: "Os operários estavam fazendo um movimento reivindicatório justo, e eles não admitiam nenhuma interferência para a baderna no movimento. Eu penso que esse episódio está contribuindo de maneira muito séria, e talvez decisiva, para a abertura. O começo da abertura é de baixo para cima e não de cima para baixo. Não como uma dádiva, mas como uma conquista... eu vejo isso como uma expectativa mais otimista possível, porque a gente sente que um segmento muito importante da nossa comunidade — não apenas a classe médica, os intelectuais, mas os trabalhadores — está sabendo que a partir desse fato e desse comportamento é que nós temos que ver com muito otimismo o amadurecimento do Brasil. É claro que nós temos aí várias dificuldades até de diferença de regiões no País. Mas, partindo daqui, do ABC, a região mais importante da Grande São Paulo, do Estado de São Paulo, em termos de produção, de produtividade, isto é um fato altamente auspicioso e muito alentador".

Quando os operários metalúrgicos na Scânia cruzaram os braços, eles não imaginavam a subversão da ordem e das leis da ditadura que estavam fazendo e o caminho que estavam abrindo para o futuro da democracia no Brasil. Primeiro, pelo efeito imediato de garantir, na marra, o direito de manifestação dos trabalhadores no Brasil. Depois, por recolocar o operário como um dos atores na luta política[26].

Observa-se do exposto que as greves ocorridas no ABC paulista em pleno regime de exceção, na década de 1970, e depois espalhadas por diversas

---

(25) OLIVA, Aloízio Mercadante *et al. Imagens da luta:* 1905-1985, p. 202.

(26) GRAMMONT, Júlio de. *Os subversivos,* p. 31.

categorias e regiões do País, não tiveram apenas papel reivindicatório trabalhista. Buscava-se, além disso, enfrentar e romper com o regime de ditadura militar e criar ambiente político propício para a redemocratização do País. Por isso, não obstante a repressão intensa promovida pelo regime ditatorial existente à época, houve importante avanço rumo à democracia e à liberdade sindical, com o reconhecimento, finalmente, do direito de greve, de forma ampla, na Constituição de 1988 (art. 9º). "Concebidos nas greves, o ABC gerou filhos, líderes anônimos que se multiplicaram pelo País afora. Muitos assumiram tarefas importantes nas comissões de fábricas, CIPAS e na comissão de mobilização. É inegável o papel desempenhado por Meneguelli, Vicentinho, Avamileno e Guiba à frente do sindicato..., mas Lula ainda é a grande expressão destes vinte anos de construção da democracia no Brasil. Operário da luta, liderou o combate direto à ditadura. Foi cassado, preso e ainda é discriminado e perseguido. Como um torneiro-mecânico, desafiou o poder e mudou a história com uma nova ideia de sindicalismo no Brasil"(27).

Também merece lembrar que dos movimentos grevistas do ABC paulista nasceram a CUT — Central Única dos Trabalhadores e o PT — Partido dos Trabalhadores, partido este que tinha como tarefa reorganizar os trabalhadores politicamente num partido voltado verdadeiramente para a defesa dos interesses obreiros(28).

2.2.5. A condenação de Lula e de outros dirigentes sindicais em razão da greve de 1980

Poucos dias depois do retorno ao trabalho, com o fim da greve, os dirigentes sindicais e ativistas presos foram soltos. Entre eles estava o líder máximo do movimento, Luiz Inácio Lula da Silva, que; juntamente com outros dirigentes e ativistas, foi processado e condenado pela Justiça Militar Federal (2ª Auditoria Militar, Processo n. 9/80), com base na Lei de Segurança Nacional (Lei n. 6.620/78, art. 36, inciso II). Uns receberam pena de reclusão de 3 anos e 6 meses (Luiz Inácio Lula da Silva, Djalma de Souza Bom, Enilson Simões de Moura, Rubens Teodoro de Arruda); outros foram condenados a 2 anos e 6 meses (José Maria de Almeida, Osmar Santos de Mendonça, Juraci Batista Magalhães, Manoel Anísio Gomes e Gilson Luiz Correia de Menezes); dois deles foram condenados a 2 anos (Nelson Campanholo e Wagner Lino Alves); foram absolvidos por insuficiência de provas José Cicote e José Timóteo da Silva.

Luiz Inácio Lula da Silva, e outros dirigentes sindicais, ativistas e representantes de entidades da sociedade civil, depois de ficarem presos (Lula

---

(27) GRAMMONT, Júlio de. *Os subversivos*, p. 25.

(28) Até então, tinha-se o bipartidarismo, com a ARENA, que era o partido do governo, e o MDB, que aglutinava a oposição brasileira.

e outros dirigentes ficaram por 41 dias no DOPS), foram processados e condenados pelos seguintes motivos: a greve eclodiu em 1º de abril de 1980. Nesse mesmo dia, o Tribunal Regional do Trabalho de São Paulo (2ª Região) julgou o dissídio coletivo (Processo n. 58/80) instaurado pela FIESP (Federação das Indústrias do Estado de São Paulo) e apreciou as reivindicações dos trabalhadores, mas, numa decisão histórica e inusitada para o momento, não declarou a ilegalidade do movimento, por se considerar incompetente para tanto. A greve continuou e o Ministério Público do Trabalho ajuizou novo dissídio coletivo (Processo n. 64/80), pedindo a ilegalidade da greve, declarada pelo TRT. O movimento prosseguiu até 5.5 em Santo André e até 11.5 em São Bernardo do Campo, o que contrariava os arts. 22, inciso IV, e 25, inciso III, da Lei n. 4.330/64 (Lei de Greve).

Assim, foram eles acusados de insuflarem/instigarem movimento grevista ilegal. Teriam, então, extravasado os objetivos reivindicatórios trabalhistas em flagrante desafio ao governo, às instituições nacionais e às autoridades constituídas, com prejuízos à paz social, à prosperidade, à segurança e à economia nacionais. Tudo se constituiria num atentado à segurança nacional.

Na decisão, argumentou-se que, após afrontarem o Tribunal Regional do Trabalho pelo descumprimento das decisões proferidas, o ABC paulista virou uma praça de guerra. O caso teria ultrapassado o âmbito de meras reivindicações trabalhistas para transformar-se em atentado político, incitamento à desobediência coletiva e às leis, além de fazerem os seus responsáveis propaganda subversiva, tudo em afronta à Lei de Segurança Nacional (Lei n. 6.620/78, arts. 36, inciso II, e 42, incisos I a IV).

A primeira greve, segundo a decisão da Justiça Militar Federal, tinha aspecto reivindicatório salarial, enquanto a segunda era contra a decisão do TRT e, assim, era mais ilegal ainda, porque houve um desafio a um dos Poderes constituídos do Estado. Ademais, como provado nos autos, os acusados badalaram que o acórdão do TRT não tinha força obrigatória, porque não transitado em julgado e, de forma subversiva, foi dito (pelo Alemão, Enilson Simões) que até a decisão do TST teria de passar pelo prévio exame da assembleia sindical! Também teria havido violência de imagem falada e escrita para desmoralizar o Tribunal Regional do Trabalho e a sua decisão. Igualmente houvera incitamento a ações violentas contra aqueles que não queriam aderir à greve, mediante piquetes violentos, com agressões físicas e morais. O próprio Lula teria mandado tratar "os fura-greve" com maior rigor. A conclusão da aludida Auditoria foi no sentido de que houvera perturbação à paz e à ordem pública.

Foram chamados a depor como testemunhas de defesa importantes políticos de renome, como os senadores Teotônio Vilela e Orestes Quércia e os deputados Federais Ulysses Guimarães, Fernando Morais e outras importantes personalidades do mundo social, cujos depoimentos, no entanto, não receberam maior relevância na decisão da Auditoria Militar.

Outro fato importante de se notar é que os acusados assumiram deliberadamente, e até mesmo com ênfase, o propósito de romper com o Estado de Direito da época, afirmando categoricamente a defesa da greve após as decisões do TRT, sendo tal defesa uma das principais acusações contra os mesmos. Somente dois deles (José Timóteo da Silva e José Cicote) negaram as acusações e os fatos contra eles imputados e, curiosamente, foram absolvidos.

A seguir, transcrevo alguns dos mais importantes e fortes argumentos lançados na sentença da Justiça Militar para fundamentar a condenação dos acusados:

Luiz Inácio Lula da Silva: "Não adianta nada intervir em nosso sindicato ou destituir a diretoria. Com intervenção ou sem intervenção a luta continua. *E a greve só vai acabar quando todas as nossas reivindicações forem atendidas*" (...). "Esses patrões vão ver que um dia eles terão que se ajoelhar aos nossos pés".

Djalma de Souza Bom: "... usou da palavra em diversas assembleias sindicais, e sempre no sentido de que os metalúrgicos deviam continuar em greve, inclusive depois que o TRT declarou a ilegalidade da greve".

Enilson Simões de Moura: "Depois da intervenção federal no sindicato, manifestou-se em outras assembleias, no sentido de que 'a greve continuava sendo justa e necessária'. O revolucionarismo desse acusado vai ao ponto de afirmar em Juízo — e isso é, sem dúvida, subversivo — que até mesmo uma decisão do Tribunal Superior do Trabalho, julgando o recurso das partes contra a decisão do TRT, também deveria sofrer o prévio exame da assembleia sindical, que sobre ele 'tomaria posição'".

Gilson Luiz Correia de Menezes: "Posso garantir a vocês: Lula, na prisão, está animado com a nossa decisão de continuar a luta até a vitória. Voltar a trabalhar agora é trair Lula e os demais companheiros que arriscaram a pele por nós... A greve pode durar 40, 60 ou 100 dias. *Só voltaremos ao trabalho com a vitória garantida*".

José Maria de Almeida: "No depoimento policial de fl. 93, que não foi retificado em Juízo, esclarece o acusado ter participado de vários piquetes 'para distribuir panfletos e explicar a situação', o que fez até depois da declaração de ilegalidade da greve (até 17 de abril de 1980), incidindo, portanto, na conduta punível".

Osmar Santos de Mendonça: "No dia seguinte ao da aludida decisão do TRT, usou da palavra perante a assembleia grevista afirmando 'que a categoria devia permanecer em greve, apesar daquela decisão'... guerra é guerra... preparem-se para a luta prolongada".

Rubens Teodoro de Arruda: "Esse acusado declara, em Juízo, que assumiu, 'de fato', a presidência do Sindicato de S. Bernardo, após a intervenção federal, em seguida à prisão de Luiz Inácio... até ser preso... era o responsável pelas ações e atitudes do sindicato".

Juraci Batista Magalhães: "... estamos em guerra prolongada. Obrigaram o TRT a se reunir e a julgar de novo (*sic*); mesmo assim continuaremos firmes".

Manoel Anísio Gomes: "Os companheiros que estão presos no DOPS (...) podem ter a certeza de que jamais os trabalhadores metalúrgicos de São Bernardo e Diadema trairão (*sic*) aquilo que foi decidido no dia 1º de abril.... A luta continua. É hora de avançar, é hora de ir às ruas e conquistar as praças".

Nelson Campanholo: "Acrescenta que presidiu as assembleias, em S. Bernardo, a partir de 22 de abril, quando Lula e outros diretores foram presos. Portanto, está confessado em juízo o comportamento delituoso".

Wagner Lino Alves: "Nós viemos dizer que nós teremos que nos manter mais firmes do que nunca, agora.... Para cada um que for preso, outros subirão para tomar a palavra, outros subirão para orientar a massa".

José Timóteo da Silva: "... nega a imputação, bem como os fatos que o inquérito policial lhe atribui...".

José Cicote: "... se exime de qualquer responsabilidade ou participação na conduta delituosa dos demais...".

Depois, em segundo grau de jurisdição, todos os condenados foram absolvidos.

Mas as coisas continuaram ruins para as lideranças sindicais, pois o remédio contra as greves era a intervenção nos sindicatos e cassação dos seus dirigentes. Só com a Nova República, a partir de 1985, com a eleição indireta pelo Colégio Eleitoral de Tancredo Neves para a Presidência da República (que não tomou posse em razão da doença que o acometeu e da morte em seguida) e a posse de José Sarney, que designou Almir Pazzianotto Pinto(29) para a pasta do Ministério do Trabalho, iniciou-se um importante

(29) Almir Pazzianotto Pinto era um dos mais atuantes advogados de defesa dos trabalhadores nas greves, perante os Tribunais do Trabalho. Assim, conhecedor da problemática, logo que assumiu o Ministério do Trabalho adotou como primeiros atos a anistia dos trabalhadores punidos em razão de participação em movimentos trabalhistas a suspensão das intervenções nos sindicatos,

abrandamento da repressão sindical, mediante anistia de dirigentes sindicais e a suspensão e interrupção das intervenções nos sindicatos.

2.3. Após 1988

Um novo modelo de relação de trabalho foi implementado pela Constituição de 1988. Ao Estado é vedado intervir e interferir na organização sindical (art. 8º, inciso I: a lei não poderá exigir autorização do Estado para a fundação de sindicato, ressalvado o registro no órgão competente, vedadas ao Poder Público a interferência e a intervenção na organização sindical). A partir da Constituição Federal de 1988, a greve é admitida de forma ampla, como direito dos trabalhadores em geral. Ela é proibida apenas em relação aos servidores públicos militares. Passa-se, também, a admitir a greve no serviço público, mediante lei, e, nos serviços e atividades essenciais, com restrições consistentes no atendimento das necessidades inadiáveis da população.

Estabelece o art. 9º da Constituição Federal que "é assegurado o direito de greve, competindo aos trabalhadores decidir sobre a oportunidade de exercê-lo e sobre os interesses que devam por meio dele defender. § 1º A Lei definirá os serviços ou atividades essenciais e disporá sobre o atendimento das necessidades inadiáveis da comunidade. § 2º Os abusos cometidos sujeitam os responsáveis às penas da lei".

O art. 37 da Lei Maior garante ao servidor público o direito à livre associação sindical (inciso VI) e o direito de greve, o qual será exercido nos termos e nos limites definidos em lei específica (inciso VII). Essa lei ainda não foi elaborada. Enquanto isso, a greve no serviço público é admitida de forma ampla, podendo a referida lei estabelecer limites para o seu exercício, levando em conta que o serviço público é essencial à população.

Somente para o militar, e isso de forma explícita, o art. 142 da Constituição (inciso IV) proibiu a sindicalização e o direito de greve.

É com base nesses dispositivos constitucionais que o presente trabalho será desenvolvido daqui para a frente, considerando-se, ainda, a Lei n. 7.783/89, que regulamentou o exercício do direito de greve nas atividades privadas e essenciais.

Todavia, ressalto que não será tarefa fácil, mesmo teoricamente, adotar esse novo viés constitucional e filosófico sobre o direito de greve no Brasil, uma vez que, historicamente, a tendência sempre foi a criminalização da greve,

---

passando a contribuir de forma decisiva para a normalidade nas relações trabalhistas e para os trabalhos do constituinte, o que culminou com a liberdade sindical e o direito de greve na Constituição de 1988.

pois como diz Christiano Fragoso, "No Brasil, tais criminalizações decorreram da necessidade de controle penal das massas trabalhadoras, recém-libertadas do regime de escravidão ou compostas de imigrantes com experiência de lutas trabalhistas. Mesmo sem lei, as greves no Império já eram punidas na prática; e, quanto a escravos, pelo poder punitivo privado. Os grevistas foram, junto com outros desclassificados urbanos, os alvos principais do poder punitivo da Primeira República, que tratava a questão social como caso de polícia. As ditaduras têm terrível pendor para a criminalização extensa da greve e de condutas a ela ligadas (o que está demonstrado, no Brasil do Estado Novo e da ditadura militar). Ainda que as reivindicações fossem meramente trabalhistas, os grevistas foram, historicamente, criminalizados como criminosos, primeiramente anarquistas, depois comunistas e, depois como agentes da guerra psicológica interna"[30].

3. A GREVE NA CONSTITUIÇÃO FEDERAL DE 1988

Enquanto o sistema jurídico brasileiro anterior a 1988 discriminou a greve e a considerou como delito e recurso antissocial, nocivo ao trabalho e ao capital e incompatível com os superiores interesses da produção nacional, a Constituição Federal de 1988 representou uma verdadeira revolução com relação ao direito de manifestação operária, considerando a greve como um direito fundamental do trabalhador, eliminando, assim, qualquer discussão prática sobre a sua natureza jurídica (se um fato social, uma liberdade ou direito).

Com efeito, estabelece o art. 9º:

> É assegurado o direito de greve, competindo aos trabalhadores decidir sobre a oportunidade de exercê-lo e sobre os interesses que devam por meio dele defender.
>
> § 1º A lei definirá os serviços ou atividades essenciais e disporá sobre o atendimento das necessidades inadiáveis da comunidade.
>
> § 2º Os abusos cometidos sujeitam os responsáveis às penas da lei.

O art. 37, que trata sobre o servidor público civil, reza:

> Inciso VI — É garantido ao servidor público civil o direito à livre associação sindical;
>
> Inciso VII — O direito de greve será exercido nos termos e limites definidos em lei específica.

O art. 142, no inciso IV, diz que ao militar são proibidas a sindicalização e a greve.

---

(30) *Repressão penal da greve.* Uma experiência antidemocrática, p. 457/458.

Eis, em termos constitucionais, o novo tratamento sobre o direito de greve no Brasil.

Como se observa, o Brasil viveu, até pouco tempo (1988), um regime de antiliberdade sindical. A liberdade sindical veio, embora relativamente(31), com a chamada Constituição Cidadã (art. 8º e incisos), que, como passo importante, vedou a intervenção e interferência do Estado na organização sindical e concedeu aos trabalhadores, como decorrência lógica, o direito de greve (art. 9º). Esta, que até então era praticamente proibida (de acordo com a Lei n. 4.330/64), além de ser considerada como prática antissocial e como delito, passou a ser considerada como um direito fundamental do cidadão trabalhador.

A liberdade de organização sindical tem como importante corolário o direito de greve, como forma de manifestação dos trabalhadores, algo indispensável nos regimes democráticos (Estado Democrático de Direito), como instrumento de equilíbrio indispensável entre o capital e o trabalho. Na relação capital--trabalho, é a greve o correlato da negociação coletiva. É um instrumento de pressão de que dispõem os trabalhadores para se oporem à recusa patronal em negociar melhores condições de trabalho. Os dois institutos integram o campo maior dos direitos coletivos dos trabalhadores consagrados na Constituição Federal, porquanto, sem greve, a negociação coletiva, tão propalada, priorizada e incentivada pela Carta de 1988, não teria expressão de validade e efetividade.

Assim, a Constituição reconhece expressamente as convenções coletivas de trabalho (art. 7º, inciso XXVI), a obrigatoriedade de participação dos sindicatos nas negociações coletivas (art. 8º, inciso VI) e o direito de greve (art. 9º).

Assim, consagra José Afonso da Silva que "a greve não é um simples direito fundamental dos trabalhadores, mas um direito fundamental de natureza instrumental e desse modo se insere no conceito de garantia constitucional, porque funciona como meio posto pela Constituição à disposição dos trabalhadores, não como bem aferível em si, mas como um recurso de última instância para a concretização de seus direitos e interesses"(32).

4. Conceito de greve

Conceituar o instituto da greve não é tarefa fácil, o que deverá ser feito a partir da legislação de cada País.

---

(31) Na opinião abalizada de José Francisco Siqueira Neto (*Direito do trabalho & democracia*, p. 179), o legislador constituinte brasileiro restringiu as formas de interferências do Poder Público na organização sindical, mas não consagrou a Liberdade Sindical nos moldes do Direito Internacional do Trabalho.

(32) *Curso de direito constitucional positivo*, p. 269.

De acordo com José Augusto Rodrigues Pinto, "a greve é o direito de prejudicar, uma vez que traz prejuízo econômico imediato ao empregador, frustrando-lhe o lucro. E implica prejuízo mediato à sociedade, dependendo da dimensão e da amplitude da atividade econômica do empregador"(33).

Para Arnaldo Süssekind, "a greve pode corresponder a dois fenômenos sociais distintos: a) a insubordinação concertada de pessoas interligadas por interesses comuns, com a finalidade de modificar ou substituir instituições públicas ou sistemas legais; b) pressão contra empresários, visando ao êxito da negociação coletiva sobre aspectos jurídicos, econômicos ou ambientais do trabalho. Na primeira hipótese, existe uma manifestação sociopolítica (*sic*) de índole revolucionária; e na segunda, se trata de um procedimento jurídico-trabalhista a ser regulamentado, seja por Lei (sistema heterônomo) ou por entidades sindicais de cúpula (sistema autônomo)"(34).

Na lição de Trueba Urbina, lembrada por Francisco Osani de Lavor(35), "es la suspención coletiva de labores, cuyo objeto fundamental es mejorar las condiciones o el rendimiento económico del trabajo, o de ambos a la vez".

Arion Sayão Romita sustenta que "a greve é uma abstenção coletiva do trabalho deliberada por uma pluralidade de trabalhadores (do setor privado ou público) para a obtenção de um fim comum"(36).

Para a lei brasileira — Lei n. 7.783/89 —, "considera-se legítimo exercício do direito de greve a suspensão coletiva, temporária e pacífica, total ou parcial, de prestação pessoal de serviços a empregador".

Dir-se-á que, independentemente de ser um direito, é a greve um fato social, uma liberdade pública consistente na suspensão do trabalho, quer subordinado ou não, com o fim de se obter algum benefício de ordem econômica, social ou humana. É, em suma, o direito de não trabalhar e de, com isso, causar prejuízo ao patronato/tomador de serviços e, nos serviços e atividades essenciais, também à coletividade. O prejuízo de que se fala é aquele decorrente da paralisação normal do trabalho e do exercício regular do direito de greve. É esse o prejuízo suportável e não indenizável da greve, porque se não causar prejuízo não servirá ela para pressionar o empregador a negociar as reivindicações resistidas. De outro lado, os prejuízos decorrentes do uso truculento da greve, da sabotagem e de outros meios ilícitos, podem justificar a responsabilização civil, criminal e trabalhista dos seus autores. Por exemplo, uma greve em serviço essencial, sem atendimentos das atividades inadiáveis da comunidade, pode levar à condenação dos responsáveis pelo pagamento

---

(33) *Direito sindical e coletivo do trabalho,* p. 292.

(34) *Responsabilidade pelo abuso do direito de greve,* p. 37.

(35) *A greve no contexto democrático,* p. 12 e ss.

(36) *Direitos sociais na Constituição e outros estudos,* p. 244.

de uma indenização coletiva voltada à recuperação dos bens lesados. Se, a pretexto de exercer o direito de greve, alguém, de má-fé, danificar o patrimônio e bens da empresa, pode esta pedir em juízo uma indenização pelos prejuízos sofridos.

É claro, como se viu, que a lei ordinária brasileira define a greve como um direito de suspensão coletiva do trabalho contra um empregador, definição essa que restringe tal direito, contrariando o quanto disposto na Constituição Federal, como se verá ao se tratar do verdadeiro alcance desse instituto.

De qualquer maneira, observa-se também, no que concerne aos conceitos trazidos à tona, que a greve não se destina apenas à defesa restrita de direitos trabalhistas, mas também se presta à tutela de outros direitos de natureza social e ambiental, como sustenta com razão e indiscutível autoridade Arnaldo Lopes Süssekind[37].

4.1. Formas de greve

De acordo com Oscar Ermida Uriarte[38], "na prática, o exercício do direito de greve cada vez mais se 'atipifica' tanto em nosso País como no mundo inteiro. E não só como estratégia de maximização do dano e minimização do 'custo', mas também como estratégia de adaptação flexível do exercício da greve à flexibilização empresarial e produtiva".

Desse modo, para o referido autor, existem cada vez mais novas formas de ações coletivas constituídas por comunicados, cartazes, murais ou painéis, emblemas, braceletes, lenços, etc. Também são importantes as declarações públicas, conferências de imprensa, assembleias informativas, o silêncio ou barulho num breve espaço de tempo, concentrações internas, piquetes externos, boicote contra o empregador ou outras empresas subprestadoras ou compradoras e a negativa de prestação de horas extras e realização de serviços para diretores da empresa.

Quanto à greve propriamente dita, além da forma tradicional de paralisação total ou parcial do trabalho, por prazo indeterminado, são aceitas outras modalidades, como a não colaboração, o trabalho regimental, a greve de zelo (o capricho do trabalho é a tônica), a greve tartaruga (trabalha-se vagarosamente), a greve de braços cruzados (os trabalhadores adentram o estabelecimento e simplesmente cruzam os braços perante os postos de serviço), a greve ativa (consiste em acelerar exageradamente o ritmo de trabalho), a ocupação dos locais de trabalho, que normalmente é utilizada em

---

(37) *Responsabilidade pelo abuso do direito de greve,* p. 37.

(38) *A greve:* o direito e a flexibilidade, p. 110.

situações de alta conflitualidade, a greve relâmpago (trabalhadores param por alguns minutos ou horas ou dias e voltam ao trabalho), a greve de advertência (suspensão do trabalho por algumas horas), as miniparalisações, a greve por tempo determinado, a greve intermitente (a cada dia num setor da empresa), a greve nevrálgica ou greve-trombose (greve em determinado setor estratégico, cuja inatividade paralisa os demais setores; serve como modelo o caso da paralisação do setor de ferramentaria numa metalúrgica, onde, por exemplo, se iniciaram as greves dos metalúrgicos do ABC na Scânia, em São Bernardo do Campo, em 1978).

5. Interesses tutelados pela greve e oportunidade para o seu exercício

O Comitê de Liberdade Sindical e a Comissão de Peritos da OIT têm rejeitado a tese de que o direito de greve deva limitar-se aos conflitos de trabalho suscetíveis de finalizar uma convenção coletiva de trabalho apenas. Para esses órgãos, as reivindicações a se defender com a greve podem ser de três categorias: a) as de natureza trabalhista, que buscam garantir ou melhorar as condições de trabalho e de vida dos trabalhadores; b) as de natureza sindical, que buscam garantir e desenvolver os direitos das organizações sindicais e de seus dirigentes; c) as de natureza política, que têm por fim, embora indiretamente, a defesa dos interesses econômicos e sociais dos trabalhadores.

Quanto às duas primeiras categorias, não há problemas especiais, porquanto não se põe em dúvida a legitimidade do instrumento da greve para tal fim. Com relação à última categoria, de fato, existem divergências, que devem ser resolvidas pelo bom-senso.

Como afirma Antônio Monteiro Fernandes[39], basta, para restringir o direito de greve, defini-lo.

É o que tem acontecido entre nós após 1988, pois, embora a Constituição Federal tenha reconhecido esse direito como um direito amplo e fundamental do trabalhador genericamente considerado, a doutrina trabalhista, e mais especialmente a jurisprudência, tem procurado restringir o seu uso a partir da definição que lhe deu o art. 2º da Lei n. 7.783/89, que a direciona ao empregado e ao empregador na relação estrita trabalhista.

Enquanto o art. 9º da Constituição Federal diz que a greve é um direito do trabalhador e a ele compete decidir sobre a oportunidade de exercê-lo e sobre o direito a ser tutelado, a referida lei regulamentadora restringe o seu exercício à tutela de direitos apenas trabalhistas, quando se refere à paralisação

(39) Notas e comentários à Lei n. 65/77. Lisboa: Almedina, p. 17, *apud* RODRIGUES PINTO, José Augusto. *Op. cit.*, p. 294.

de serviço de empregador (art. 1º). Observe-se, nesse sentido, a seguinte manifestação doutrinária:

> A locução "interesses", não acompanhada da qualificação desses interesses, é ambígua. Pode-se pensar, com razão, que tais interesses são os que podem ter o cidadão comum, enquanto membro da comunidade social. Mas esses interesses não podem ser outros senão os do trabalhador enquanto sujeito de um contrato de trabalho, membro do pessoal de uma empresa. Há de se distinguir entre trabalhador enquanto cidadão e cidadão enquanto trabalhador. Interpretação contrária poderia chegar até à afirmação de que a greve defende interesses de todo tipo, sejam trabalhistas, sejam políticos. Se recorrermos à interpretação sistemática, o apoio à conclusão que circunscreve a greve à defesa de interesses profissionais apresenta-se mais consistente.(40)

Mas, *data venia*, uma lei ordinária não pode mudar a essência de um direito assegurado pela Lei Maior — o direito de greve —, no caso, sem restrição, que depois de muitos anos de ditadura militar, em que tal instituto foi negado aos trabalhadores, numa verdadeira aclamação do desejo da sociedade reprimida, faz incluir, no seu texto, esse direito fundamental.

É claro, por outro lado, que não se trata a greve de um direito absoluto, porque tal não existe num Estado Democrático de Direito, em que os direitos do cidadão devem conviver harmoniosamente, sendo que a greve representa um dos aspectos mais importantes da liberdade sindical reconhecida pelo art. 8º da Constituição Federal, como prega a melhor doutrina.

A respeito, ensina José Afonso da Silva, em posição contrária àquela que restringe o direito de greve aos aspectos estritamente trabalhistas: "A Constituição assegura o direito de greve, por si própria (art. 9º). Não o subordina a eventual previsão em lei. É certo que isso não impede que a Lei defina os procedimentos do seu exercício, como exigência de assembleia sindical que a declare, de *quorum* para decidi-la e para definir abusos e respectivas penas. Mas a Lei não pode restringir o direito mesmo, nem quanto à oportunidade de exercê-lo nem sobre os interesses que, por meio dele, devam ser defendidos. Tais decisões competem aos trabalhadores, e só a eles. Diz-se que a melhor regulamentação do direito de greve é a que não existe. Lei que venha a existir deverá ser de proteção do direito de greve, não deve ir no sentido de sua limitação, mas de sua garantia e proteção. Quer dizer, os trabalhadores podem declarar greves reivindicatórias, objetivando a melhoria das condições de trabalho, ou greves de solidariedade, em apoio a outras categorias ou grupos

---

(40) BARROS, Cássio Mesquita de. *Responsabilidade civil do sindicato na greve*, p. 34.

reprimidos, ou greves políticas, com o fim de conseguir as transformações econômico-sociais que a sociedade requeira, ou greves de protestos"[41] (grifamos).

Esclarecedora também é a lição de Fábio Konder Comparato, ao analisar o alcance do direito de greve na atual Constituição, assim afirmando: "A única restrição admissível de uma liberdade constitucional só pode advir da própria Constituição"[42].

Ainda sobre o tema, manifesta-se Carlos Henrique Bezerra Leite, quando enfatiza: "Sem embargo da cizânia doutrinária existente, afigura-se-nos que a Constituição não estabelece qualquer limitação sobre a oportunidade e os interesses que podem ser defendidos por intermédio da greve (...)"[43].

Na lição de Luiz Alberto David Araújo e Vidal Serrano Nunes Júnior: "O direito de greve consiste na proteção de interesses, de qualquer natureza, e na reivindicação de direitos por meio de uma ação coletiva, afinada a uma mesma finalidade dos trabalhadores envolvidos, que, para tanto, utilizam-se da paralisação do trabalho como mecanismo básico de pressão contra o patronato. Vige, nesse sentido, o princípio de que, na medida em que a Constituição assegurou o direito de greve, compete aos trabalhadores 'decidir sobre a oportunidade de exercê-lo e sobre os interesses que devam por meio dele defender' (CF, art. 9º)"[44].

6. *Greve política e de solidariedade*

A Lei n. 4.330/64 (art. 22) proibia expressamente a greve política e de solidariedade ou de apoio, nos seguintes termos: "A greve será reputada ilegal: III — se deflagrada *por motivos políticos,* partidários, religiosos, sociais, *de apoio ou solidariedade,* sem quaisquer reivindicações que interessem, direta ou legitimamente, à categoria profissional" (grifo do autor).

A Constituição de 1988 não trata expressamente do tema, mas diz que "é assegurado o direito de greve, competindo aos trabalhadores decidir sobre a oportunidade de exercê-lo e sobre os interesses que devam por meio dele defender" (art. 9º, *caput*). Nessa mesma linha é a Lei n. 7.783/89 (art. 1º), que apenas proíbe o *lockout* (art. 17).

O tema é complexo, e seu entendimento deve decorrer da interpretação e alcance do art. 9º, acima transcrito. A respeito da questão, Amauri Mascaro

---

(41) *Op. cit.*, p. 268.

(42) Artigo publicado na *Folha de S. Paulo,* de 2.6.1989, *apud* COELHO, Elaine D'Avila. *Embargos, interdição e greve em face do meio ambiente do trabalho.* Monografia de conclusão do módulo Direito Ambiental II, da PUC/SP, 1995, p. 55.

(43) *A greve como direito fundamental,* p. 38.

(44) *Curso de direito constitucional,* p. 168.

Nascimento, com a sua reconhecida autoridade, apresenta a seguinte manifestação: "A Lei n. 7.783, de 28 de junho de 1989, não tem um dispositivo expresso, autorizante ou proibitivo, da greve de solidariedade e, ao declarar que compete aos trabalhadores decidir sobre os interesses a defender através da greve, não impede que a paralisação tenha por finalidade o apoio à reivindicação de outros trabalhadores, com os quais o interesse dos grevistas se mostrar vinculado de algum modo que beneficie os seus respectivos contratos de trabalho, portanto quando afetar diretamente o interesse profissional daqueles que a promovam ou mantenham. Não poderia a Lei n. 7.783 vedar a greve de solidariedade sem atritar-se com a Constituição Federal (art. 9º), que preserva a decisão dos trabalhadores sobre o tipo de motivação que desejam defender pela greve (...). Não há uma literal vedação da Lei n. 7.783, de 1989, à greve política, e sob esse ângulo da análise explícita de textos, a Lei n. 4.330, de 1964, a proibiu; a Constituição Federal de 1988 é silente e a mesma orientação é seguida pela Lei ordinária que a regulamenta, com o que há, em tese, duas ordens de interpretações que podem ser feitas, uma restritiva e outra não (...). Embora aparentemente simplista a solução do problema quanto à admissibilidade ou não da greve política, permanecem todas as dificuldades próprias da questão. A greve exclusivamente política é vedada pela lei, como a greve contra as instituições da República, sendo diferente a greve político-trabalhista, de conteúdo profissional, hipótese em que, se a pretensão pode ser exercitável perante empregador e, com este, objeto de negociação, não há proibição legal. O problema não está, portanto, centralizado na polaridade entre greve política, de um lado, e greve trabalhista, de outro, mas na caracterização de cada greve, se eminentemente política ou se também trabalhista".

A doutrina portuguesa, cuja Constituição influenciou o constituinte brasileiro de 1988 a respeito do direito de greve, assim se manifesta sobre esse importante tema: "A caracterização constitucional do direito à greve como um dos direitos e garantias significa, entre outras coisas: *a*) um direito subjetivo negativo, não podendo os trabalhadores ser proibidos ou impedidos de fazer greve, nem podendo ser compelidos a pôr-lhe termo; *b*) eficácia externa imediata em relação a entidades privadas, não constituindo o exercício do direito de greve qualquer violação do contrato de trabalho, nem podendo as mesmas entidades neutralizar ou aniquilar praticamente esse direito; *c)* eficácia imediata, no sentido de direta aplicabilidade, não podendo o exercício deste direito depender da existência de qualquer Lei concretizadora"[(45)].

Desse modo, pode-se afirmar que, conforme o disposto no art. 9º da Constituição Federal, o direito de greve, embora não seja um direito absoluto e irrestrito, está assegurado de forma ampla aos trabalhadores para a defesa

(45) CANOTILHO, José Joaquim Gomes; MOREIRA, Vital. *Constituição da república portuguesa anotada*, p. 309.

dos seus interesses, quer trabalhistas *stricto sensu*, quer profissionais *lato sensu*, aqui considerados aqueles que constituem o chamado piso vital mínimo do cidadão, consagrados no art. 6º da Constituição Federal. Entendimento contrário é, a nosso ver, incompatível com a norma constitucional.

Portanto, como a lei não proíbe, são admitidas as greves políticas e de solidariedade ou protesto, desde, porém, que voltadas para a defesa de interesses trabalhista-profissionais, mesmo que *lato sensu* como exemplo da primeira, pode-se imaginar uma greve-protesto dos trabalhadores contra a política econômica empreendida pelo governo, com claros e graves prejuízos para os trabalhadores, com diminuição do ritmo de crescimento econômico e consequente desemprego em massa.

São hipóteses de greve de solidariedade: uma paralisação de trabalho empreendida por trabalhadores de uma filial em apoio a uma greve dos trabalhadores da matriz, cujas reivindicações, sequencialmente, serão encampadas pelos empregados de uma filial, quando estes terão legitimidade para paralisar suas atividades em solidariedade aos companheiros de trabalho daquela; esse exemplo igualmente se aplica ao caso de empresas distintas, mas que os pleitos dos trabalhadores grevistas interessem àqueles que a eles se solidarizam; protesto dos trabalhadores pela demissão dos seus representantes — como forma de retaliação em razão de sua firme atuação — nas negociações coletivas após o encerramento.

Quanto à greve puramente política, a OIT entende que esta não está abrangida pelos princípios da liberdade sindical (Convenção n. 87, art. 10). Todavia, "o Comitê concluiu que os interesses profissionais e econômicos que os trabalhadores defendem com o direito de greve abrangem não só a conquista de melhores condições de trabalho ou as reivindicações coletivas de ordem profissional, mas 'englobam também a busca de soluções para as questões de política econômica e social' (*ibidem*, § 479). Na mesma ordem de ideias, o Comitê tem observado que os trabalhadores e suas organizações deveriam poder manifestar seu descontentamento com questões econômicas e sociais que guardem relação com os interesses dos trabalhadores, num âmbito mais amplo que os dos conflitos de trabalho susceptíveis de resultar numa determinada convenção coletiva (*ibidem*, § 484). A ação dos trabalhadores deve, portanto, limitar-se a expressar um protesto e não ter por objetivo perturbar a tranquilidade pública" (OIT, 1979, § 450). Nesse sentido, o Comitê de Liberdade Sindical tem considerado que a declaração de ilegalidade de uma greve nacional de protesto contra as consequências sociais e trabalhistas da política econômica do governo e sua proibição constituem grave violação da liberdade sindical" (OIT, 1996, § 493)[46].

---

(46) GERMIGON, Bernard; ODERO, Alberto; GUIDO, Horacio; URIARTE, Oscar Ermida. *A greve: o direito e a flexibilidade*, p. 23.

No tocante à greve de solidariedade, em estudo geral de 1983, a Comissão de Peritos da OIT a definiu ("a greve que se insere em outra empreendida por outros trabalhadores") e estimou que uma proibição geral pode ser abusiva, razão pela qual os trabalhadores devem poder recorrer a tais ações, desde que legal a greve inicial que apoiam (OIT, 1983b, § 217), posição essa assumida também pelo Comitê de Liberdade Sindical (OIT, 1987, §§ 417 e 418).

7. *Greve no Serviço Público*

Como sabido, nos regimes constitucionais e legais anteriores a 1988, os servidores públicos não tinham direito à organização sindical e, em consequência, ao exercício do direito de greve, como se observa dos dispositivos constitucionais e legais a seguir transcritos em notas de rodapé[47].

Foi a Carta de 1988 que pela primeira vez lhes assegurou tais direitos, dizendo, no art. 37, incisos VI e VII, que é garantido ao servidor público civil o direito à livre associação sindical e que o direito de greve será exercido nos termos e limites definidos em lei específica[48].

Essas disposições, no entanto, são restritas aos servidores públicos civis, porque, com relação aos servidores militares, o constituinte deu outro tratamento, como será visto a seguir.

A partir dessas dicções constitucionais, duas correntes procuram explicar sobre o direito de greve dos servidores públicos.

A primeira sustenta que se trata de um direito de eficácia limitada, que, por isso, somente poderá ser exercido mediante lei que estabeleça os seus contornos, pois a norma constitucional não é autoaplicável, entendimento esse acompanhado por decisão do STF, embora, em caso concreto, sem efeito vinculativo, assim vazada:

> EMENTA: Mandado de Injunção Coletivo — Direito de greve do servidor público civil — Evolução desse direito no constitucionalismo brasileiro — Modelos normativos no direito comparado — Prerrogativa jurídica assegurada pela Constituição (art. 37, VII) — Impossibilidade de seu exercício antes da edição

---

(47) Constituição Federal de 1967 — Art. 157, § 7º: "Não será permitida greve nos serviços públicos e atividades essenciais, definidas em lei."
Lei n. 4.330 (Lei de Greve) — Art. 4º: "A greve não pode ser exercida pelos funcionários e servidores da União, Estados, Territórios, Municípios e autarquias, salvo se se tratar de serviço industrial e o pessoal não receber remuneração fixada por lei ou estiver amparado pela legislação do trabalho".
Lei n. 6.620/78 (Lei de Segurança Nacional) — Art. 37: "Cessarem funcionários públicos, coletivamente, no todo, ou em parte, os serviços a seu cargo. Pena: detenção, de 8 meses a 1 ano."

(48) Na redação original, referia-se a Constituição à lei complementar, o que foi alterado pela Emenda Constitucional n. 19, que tratou sobre os direitos dos servidores públicos.

de Lei Complementar — Omissão legislativa — Hipótese de sua configuração — Reconhecimento do estado de mora do Congresso nacional — Impetração por entidade de classe — Admissibilidade — *Writ* concedido. Direito de greve no serviço público: O preceito constitucional que reconheceu o direito de greve ao servidor público civil constitui norma de eficácia meramente limitada, desprovida, em consequência, de autoaplicabilidade, razão pela qual, para atuar plenamente, depende da edição da Lei complementar exigida pelo próprio texto da Constituição. A mera outorga constitucional do direito de greve ao servidor público civil não basta — ante a ausência de autoaplicabilidade da norma constante do art. 37, VII, da Constituição — para justificar o seu imediato exercício. O exercício do direito público subjetivo de greve outorgado aos servidores civis só se revelará possível depois da edição da Lei Complementar reclamada pela Carta Política. A Lei complementar referida — que vai definir os termos e os limites do exercício do direito de greve no serviço público — constitui requisito de aplicabilidade e de operatividade da norma inscrita no art. 37, VII, do texto constitucional. Essa situação de lacuna técnica, precisamente por inviabilizar o exercício do direito de greve, justifica a utilização e o deferimento do mandado de injunção. A inércia estatal configura-se, objetivamente, quando o excessivo e irrazoável retardamento na efetivação da prestação legislativa — não obstante a ausência, na Constituição, de prazo prefixado para a edição da necessária norma regulamentadora — vem a comprometer e a nulificar a situação subjetiva de vantagem criada pelo texto constitucional em favor dos seus beneficiários.(49)

Com a decisão *supra*, o Supremo Tribunal Federal reconheceu a inércia do Congresso Nacional, mas nada fez no sentido de efetivar o direito constitucional de greve do servidor público, como lhe incumbia. Com isso, não só inviabilizou o exercício desse direito para o servidor público, como também tornou "letra morta" o inovador instituto da injunção, que tinha como finalidade, na visão do constituinte, tornar efetivos direitos constitucionais não regulamentados por inércia do Congresso Nacional. Em tais hipóteses, a função do Judiciário é "criar" uma regulamentação específica para o caso concreto, até que o direito seja regulamentado por lei, como queriam os ministros cujos votos foram vencidos.

É uma pena que tão importante instituto não tenha tido aceitação no nosso sistema jurisprudencial, no qual há tamanha carência de regulamentação de importantes preceitos constitucionais que até hoje não saíram do papel. É exatamente o exemplo do direito de greve do servidor público, que até o momento, 13 anos depois de promulgada a Carta Magna, não foi regulamentado, e tudo indica, não há empenho e vontade política para que tal aconteça.

Por outro lado, a segunda corrente, à qual me filio, sustenta que os preceitos constitucionais sobre a greve do servidor público civil são de eficácia

(49) MI-20/DF, Rel. Min. Celso de Mello, DJ de 22.11.1996, Tribunal Pleno, p. 45.690.

contida, com incidência imediata, devendo este exercer tal direito, enquanto não aprovada a lei específica, aplicando, por analogia, a Lei de Greve n. 7.783/89. Essa lei, não obstante trate da greve na atividade privada, contém regulamentação específica sobre as greves em atividades essenciais, o que guarda certa compatibilidade com os serviços públicos de natureza essencial. Essa aplicação analógica tem respaldo na Lei de Introdução ao Código Civil brasileiro (art. 6º), no art. 126 do CPC e, em especial, no art. 8º da CLT, que autoriza o Juiz do Trabalho a julgar por analogia, por equidade e outros princípios e normas gerais de direito, principalmente do direito do trabalho, e, ainda, de acordo com os usos e costumes e o direito comparado.

Nesse sentido, é a respeitável lição de Arnaldo Süssekind: "Afigura-se-nos, *data venia* da Excelsa Corte, que da norma constitucional, por ser de eficácia contida, e não programática, resulta o direito de greve dos servidores públicos. A Lei a que alude o art. 37, VII, da Constituição, poderá estabelecer limitações; nunca, porém, negar o direito, o qual, por conseguinte, já existe. Daí termos escrito nas 'Instituições de Direito do trabalho' que a Lei n. 7.783 citada 'poderá ser invocada por analogia nas greves de servidores públicos, naquilo que não for incompatível com a natureza e os objetivos do serviço público'"[(50)].

Concluindo importante trabalho a respeito do tema, assim se posicionaram Enoque Ribeiro dos Santos e Juliana Araújo Lemos da Silva[(51)]: "Por derradeiro, com relação ao direito de greve do servidor público civil previsto no art. 37, inciso VII, da Constituição Federal, entendemos ser perfeitamente exercitável não apenas pelo empregado público das empresas públicas e sociedades de economia mista que desenvolvem atividades econômicas, mas extensíveis ao funcionário público (estatutário), já que se trata de uma norma de eficácia contida ou restringível. Vale dizer, a nosso ver, o direito de greve dos servidores públicos, tanto dos empregados públicos como dos funcionários públicos (estatutários), tem aplicabilidade plena, integral, imediata, que, todavia, poderá ter sua eficácia ou alcance reduzido, no futuro, pelo advento de uma lei específica infraconstitucional".

Entendo ser essa a posição mais correta, porque se trata o direito de greve de um direito fundamental, cuja interpretação das normas pertinentes deve, ao contrário de restringir o direito, buscar a sua concretização, extensão, ampliação e aplicação imediata, como estabelece o § 1º do art. 5º da Constituição[(52)] e ensina a praxe interpretativa constitucional.

---

(50) SÜSSEKIND, Arnaldo. *Direito constitucional do trabalho*, p. 434.

(51) *Direito de greve do servidor público como norma de eficácia contida*, p. 606.

(52) Art. 5º, § 1º: "As normas definidoras dos direitos e garantias fundamentais têm aplicação imediata".

Assim, enquanto não for promulgada a lei específica[53] a que se refere o art. 37, inciso VII, da Constituição, o servidor público civil poderá exercer o direito de greve, aplicando-se, por analogia, a referida Lei n. 7.783/89. Caso contrário, estar-se-á negando esse direito fundamental do cidadão, assegurado pela Lei Maior. Por oportuno, cabe salientar que a única hipótese em que o constituinte quis negar esse direito o fez expressamente, como é o caso do servidor público militar (art. 142, inciso IV)[54].

7.1. Decisão do STF no Mandado de Injunção n. 712-8 sobre o direito de greve no serviço público

7.1.1. Considerações sobre o Mandado de Injunção

Estabelece a Constituição Federal, no inciso LXXI do art. 5º, que "conceder-se-á mandado de injunção sempre que a falta de norma regulamentadora torne inviável o exercício dos direitos e liberdades constitucionais e das prerrogativas inerentes à nacionalidade, à soberania e à cidadania".

O mandado de injunção é uma ação constitucional garantidora dos direitos, prerrogativas e liberdades criados pela Constituição Federal de 1988. Esse remédio constitucional representou uma das mais importantes inovações voltadas para a tutela jurisdicional no tocante aos direitos e garantias fundamentais.

Com relação aos direitos sociais dos trabalhadores, a Constituição de 1988 foi ampliativa, configurando o que Norberto Bobbio denominou de multiplicação de direitos[55].

Para que esses direitos fossem efetivados, o constituinte criou o mandado de injunção para suprir a inércia do Congresso Nacional ou de outros órgãos públicos em regulamentar os vários direitos fundamentais e, com isso, evitar as intermináveis discussões sobre a eficácia das normas constitucionais (eficácia limitada, contida ou meramente programática), procurando, com isso, dar aplicabilidade ao disposto no § 1º do art. 5º na Norma Constitucional, que diz terem aplicação imediata as normas garantidoras dos direitos fundamentais.

---

(53) A lei específica a que se refere a Constituição é uma lei ordinária a ser feita pelo Congresso Nacional para regulamentar o exercício do direito de greve de todo o servidor público (federal, estadual e municipal), levando em conta as peculiaridades inerentes aos serviços prestados à população. Essa lei poderá, a exemplo da Lei n. 7.783/89, no tocante às atividades e serviços essenciais, criar condições para o exercício do direito de greve no serviço público, atentando para a essencialidade da maioria das atividades prestadas.

(54) Não concordo com o entendimento segundo o qual somente os servidores regidos pela CLT podem fazer greve, mediante aplicação da Lei n. 7.783/89, pois, para mim, como já salientado, trata-se de um direito fundamental, de aplicação imediata (CF, art. 5º, § 1º), sem distinção em face da relação jurídica mantida com o ente público.

(55) *A era dos direitos*, p. 40/64.

Não obstante a vontade do constituinte e a importância do novo instituto, esse, até pouco tempo, não vinha tendo um adequado desenvolvimento e aplicação prática, quer por desinteresse da doutrina, quer em face das restrições que lhe eram impostas pela jurisprudência do STF, que apenas reconhecia a mora do Congresso Nacional ou de outros órgãos públicos incumbidos da regulamentação requerida, mas não estabelecia a necessária e provisória normatização do direito ou liberdade que se pretendia dar efetividade.

É que ainda há certa divergência de entendimentos sobre o conteúdo da decisão judicial no mandado de injunção.

De um lado, sustenta-se que deve o Poder Judiciário apenas declarar a inexistência de norma regulamentadora, ou seja, a inércia do Poder Legislativo ou do órgão competente para a regulamentação, e comunicar aos mesmos essa declaração para que seja promovida a elaboração da norma que permita o exercício do direito buscado.

De outro lado, preleciona-se que, além do reconhecimento da mora pelo órgão competente, o conteúdo da decisão judicial deve implicar a outorga direta e efetiva do direito reclamado, mediante regulamentação provisória da norma respectiva para o caso concreto.

Entendo que o segundo posicionamento é o mais consentâneo com o texto constitucional do inciso LXXI do art. 5º, que diz:

> conceder-se-á mandado de injunção sempre que a falta de norma regulamentadora torne inviável o exercício dos direitos e liberdades constitucionais e das prerrogativas inerentes à nacionalidade, à soberania e à cidadania.

Isto porque o objetivo do constituinte de 1988, ao criar o instrumento constitucional do mandado de injunção, foi dar efetividade, de forma concreta e imediata, aos direitos fundamentais ou liberdades criados pela Constituição Federal.

Sem menoscabo de entendimentos noutro sentido, a primeira corrente, como é fácil concluir, equipara o mandado de injunção à ação direta de inconstitucionalidade por omissão, a qual tem por objeto reconhecer no Congresso Nacional ou em outro órgão competente para a regulamentação requerida a sua inércia ou omissão, estabelecendo prazo para a criação da norma regulamentadora (CF, art. 103, § 2º), de forma abstrata, no mesmo sentido no qual se inclinava o entendimento da mais alta Corte Judiciária brasileira.

Foi o que ocorreu, por exemplo, no Mandado de Injunção n. 20-DF, em que se discutia sobre o exercício do direito de greve dos servidores públicos civis, nos termos do que dispunha o art. 37, inc. VII, da Constituição Federal. Apreciando aquela ação, reconheceu o Supremo Tribunal Federal — STF —

o direito de greve dos servidores públicos, porém, referido direito poderia ser exercido somente nos termos e nos limites definidos em lei complementar, que, com a alteração introduzida pela Emenda Constitucional n. 19/98, passou a ser lei específica (lei ordinária) e não mais complementar, como antes. Eis a ementa da aludida decisão:

> EMENTA: "Mandado de Injunção Coletivo. Direito de greve do servidor público civil. Evolução desse direito no constitucionalismo brasileiro. Modelos normativos no direito comparado. Prerrogativa jurídica assegurada pela Constituição (art. 37, VII). Impossibilidade de seu exercício antes da edição de Lei Complementar. Omissão legislativa. Hipótese de sua configuração. Reconhecimento do estado de mora do Congresso Nacional. Impetração por entidade de classe. Admissibilidade. *Writ* concedido. Direito de greve no serviço público. O preceito constitucional que reconheceu o direito de greve ao servidor público civil constitui norma de eficácia meramente limitada, desprovida, em consequência, de autoaplicabilidade, razão pela qual, para atuar plenamente, depende da edição da lei complementar exigida pelo próprio texto da Constituição. A mera outorga constitucional do direito de greve ao servidor público civil não basta — ante a ausência de autoaplicabilidade da norma constante do art. 37, VII, da Constituição — para justificar o seu imediato exercício. O exercício do direito público subjetivo de greve outorgado aos servidores civis só se revelará possível depois da edição da Lei Complementar reclamada pela Carta Política. A lei complementar referida — que vai definir os termos e os limites do exercício do direito de greve no serviço público — constitui requisito de aplicabilidade e de operatividade da norma inscrita no art. 37, VII, do texto constitucional. Essa situação de lacuna técnica, precisamente por inviabilizar o exercício do direito de greve, justifica a utilização e o deferimento do mandado de injunção. A inércia estatal configura-se, objetivamente, quando o excessivo e irrazoável retardamento na efetivação da prestação legislativa — não obstante a ausência, na Constituição, de prazo prefixado para a edição da necessária norma regulamentadora — vem a comprometer e a nulificar a situação subjetiva de vantagem criada pelo texto constitucional em favor dos seus beneficiários." (STF-MI-20/DF, Relator Min. Celso de Mello, Tribunal Pleno, DJ de 22.11.1996, p. 45690)

A decisão do STF, no caso, foi prolatada por maioria de votos, contra o entendimento da minoria que pretendia estabelecer uma regulamentação própria e provisória para o exercício do direito fundamental de greve dos servidores públicos, aplicando, por analogia, e até que o Congresso se desincumbisse da sua tarefa, a Lei n. 7.783/89, que regulamenta o direito de greve na atividade privada. No entanto, esse entendimento foi superado pela maioria dos ministros do STF, que apenas reconheceu a inércia do Congresso Nacional, cujo comando decisório restou inócuo, porque, como se sabe, depois de quase vinte anos de vigência da Constituição Federal, até hoje não houve a mencionada regulamentação do direito de greve para os servidores públicos civis.

Com essa decisão, o STF perdeu importante oportunidade para atribuir ao mandado de injunção o seu verdadeiro papel, qual seja, o de conferir efetividade concreta aos direitos fundamentais. Bastaria, à época, como constou do voto vencido da minoria dos ministros, que, por analogia, se reconhecesse provisoriamente como norma regulamentadora do direito de greve dos servidores públicos a mencionada Lei n. 7.783/89, com algumas alterações, levando-se em conta as peculiaridades e características do serviço público, que requer sempre a sua continuidade, atendendo, assim, as necessidades da população.

Dessa forma, criar-se-iam as condições necessárias para o efetivo exercício daquele direito, o que consubstancia a real função do Poder Judiciário no julgamento do remédio constitucional ora analisado.

A normatização feita pelo STF vigoraria apenas enquanto não houvesse a regulamentação legal pelo Congresso Nacional, o que seria muito mais adequado socialmente, uma vez que, de um lado estaria o Poder Judiciário assegurando a efetividade de um direito fundamental do cidadão — o direito de greve — e, de outro, evitando as "selvagerias" ocorrentes em muitos movimentos grevistas de servidores públicos, que exercem o direito de greve à margem do ordenamento jurídico, com incalculáveis prejuízos para as atividades ou serviços públicos destinados à coletividade.

Tal não representaria qualquer invasão no que toca à atividade do Poder Legislativo, porquanto a atuação judicial normativa está autorizada pela própria Constituição Federal, que, em caráter excepcional, atribui poder "legiferante" a outros Poderes que não o Legislativo. Exemplo clássico é o poder normativo atribuído à Justiça do Trabalho para criar, modificar e extinguir normas e condições laborais. Em sentido contrário, tem-se o Poder Legislativo "julgando", embora em caráter também excepcional, os crimes de responsabilidade do Presidente e do Vice-Presidente da República, dos Ministros de Estado, do Advogado-Geral da União, do Procurador-Geral da República e dos Ministros do Supremo Tribunal Federal (art. 52, incs. I e II da CF). Assim, não haveria de se falar, aqui, em ofensa ao princípio da independência e harmonia entre os Poderes da República Federativa do Brasil, como previsto pelo art. 2º da Constituição Federal.

Talvez reconhecendo a pouca utilidade desse entendimento, o STF tem emitido decisões mais recentes concedendo prazo aos Poderes ou órgãos competentes para estabelecerem a regulamentação do direito invocado, sob pena de, após esse prazo, e na sua inércia, o autor do mandado de injunção poder ajuizar ação buscando diretamente usufruir o direito não regulamentado.

A ementa a seguir transcrita ilustra esse entendimento, de certa forma evolutivo da posição do STF:

> EMENTA: "MANDADO DE INJUNÇÃO. Mandado de injunção conhecido, em parte, e nessa parte deferido, para declarar-se o estado de mora em que se encontra o Congresso Nacional, a fim de que, no prazo de 6 meses, adote ele as providências legislativas que se impõem para o cumprimento da obrigação de legislar decorrente do art. 195, § 7º, da Constituição, sob pena de, vencido esse prazo sem que essa obrigação se cumpra, passar o requerente a gozar da imunidade requerida." (STF, Pleno, MI n. 232, Rel. Min. Moreira Alves, DOU 27.3.1992, p. 3.800)

Embora haja algum progresso nesse entendimento do STF, reconhecendo ao autor do Mandado de Injunção, no caso, o direito de ajuizar ação indenizatória contra a União Federal ou outro ente público, diante da omissão dos mesmos na elaboração da norma regulamentadora, no prazo assinado na decisão, mencionado entendimento ainda constitui restrição que inviabiliza o exercício concreto e efetivo dos direitos fundamentais, uma vez que, depois de percorrer os caminhos da ação constitucional do mandado de injunção, deverá o interessado submeter-se à *via crucis* de uma outra ação, agora ordinária, para fazer valer o seu direito.

Assim, preconizo que a finalidade constitucional do mandado de injunção é obter, por meio de uma decisão judicial, as condições necessárias para a implementação imediata do direito reclamado, mediante a fixação provisória da normatização respectiva, até que seja feita a regulamentação adequada e definitiva por quem de direito.

Nessa linha evolutiva, apreciando sobre a questão da proporcionalidade do aviso prévio, o STF julgou procedente pedido formulado em mandado de injunção para declarar a mora legislativa do Congresso Nacional na regulamentação do direito ao aviso prévio proporcional previsto no art. 7º, XXI, da CF, e para determinar a comunicação da decisão a esse órgão (CF: "Art. 7º São direitos dos trabalhadores urbanos e rurais (...) XXI — aviso prévio proporcional ao tempo de serviço, sendo no mínimo de trinta dias, nos termos da lei"). Na espécie, tratava-se de mandado de injunção impetrado contra o Banco do Brasil por empregado que trabalhou por mais de 20 anos na empresa e que, dispensado sem justa causa, recebeu apenas o pagamento de trinta dias de aviso prévio. Ressaltou-se que a simples existência de projetos de lei referentes à matéria debatida não seria causa suficiente para afastar a mora. Reconheceu-se, ademais, que, não fosse o pedido da inicial, limitado a requerer a comunicação ao órgão competente para a imediata regulamentação da norma, seria talvez a oportunidade de reexaminar a posição do Supremo Tribunal Federal em relação à natureza e à eficácia do mandado de injunção, nos termos do que foi decidido no Mandado de Injunção n. 695/MA (rel. Min. Sepúlveda Pertence, DOU 1º.3.2007).

Em casos recentes (Mandados de Injunção ns. 670 e 712), apreciando a questão do exercício do direito de greve dos servidores públicos civis, o STF concluiu o julgamento de dois mandados de injunção coletivos impetrados por Sindicatos dos Servidores públicos. O objetivo dos autores era assegurar o exercício do direito de greve aos integrantes das categorias por eles representadas, bem como que fosse suprida a lacuna legislativa, mediante a regulamentação do direito de greve no serviço público. Após muitos debates, a maioria dos ministros do Supremo Tribunal Federal — STF decidiu que dispositivos da Lei de Greve (Lei n. 7.783/89), que rege o exercício da greve dos trabalhadores da iniciativa privada, também se aplicam, por analogia, às greves no serviço público, desde que com adaptações (supressões, acréscimos e alterações), levando-se em conta certas peculiaridades do serviço público.

A maioria formada durante o julgamento acompanhou o voto do ministro Eros Grau, relator do Mandado de Injunção n. 712-8, que estabeleceu que a Lei n. 7.783/89 "não se presta, sem determinados acréscimos, bem assim algumas reduções do seu texto, a regular o exercício do direito de greve pelos servidores públicos".

O Supremo Tribunal Federal, por maioria de votos, nos termos do voto do ministro Relator, conheceu dos mandados de injunção e propôs a solução para a omissão legislativa com a aplicação da Lei n. 7.783/89, no que couber, vencidos, parcialmente, os Senhores Ministros Ricardo Lewandowski, Joaquim Barbosa e Marco Aurélio, que limitavam a decisão à categoria representada pelo sindicato e estabeleciam condições específicas para o exercício das paralisações.

Com efeito, o entendimento até então restritivo mudou com a recente decisão emitida pelo STF no Mandado de Injunção n. 712-8, por meio da qual a Corte Suprema reconheceu a mora do Congresso Nacional e estabeleceu a necessária normatização para o exercício do direito de greve pelos servidores públicos civis, como será visto nos itens seguintes.

Os principais e mais importantes pontos debatidos na decisão do Mandado de Injunção n. 712-8 serão a seguir analisados.

7.1.2. Legitimidade ativa dos sindicatos para impetrar Mandado de Injunção

A legitimidade ativa *ad causam* do sindicato impetrante foi reconhecida com base em consolidada jurisprudência do STF, a partir do julgamento dos Mandados de Injunção ns. 342 e 362, considerando-se irrelevante, para o efeito de justificar a admissibilidade da ação coletiva, o fato de inexistir previsão constitucional a respeito.

7.1.3. Eficácia do direito fundamental de greve dos servidores públicos

A Constituição do Brasil reconhece expressamente aos servidores públicos civis o direito de greve (art. 37, VII). Entendido esse direito como norma de eficácia limitada, o texto normativo constitucional depende da emissão de normatividade futura, que lhe integre eficácia, dando-lhe capacidade de execução. Reclama-se, portanto, para fins de plena incidência do preceito, atuação legislativa que dê concreção ao comando positivado no texto da Constituição.

Afirmou-se na decisão ora comentada que a natureza do mandado de injunção é de uma ação declaratória, indagando-se, a propósito, se se presta a Corte Suprema, quando se trate da apreciação de mandado de injunção, a emitir decisões desnutridas de eficácia, como as que vinham sendo emitidas após a criação desse remédio constitucional pela Constituição Federal de 1988, as quais reconheciam a mora do órgão regulamentador (Congresso Nacional ou outro órgão público), mas não estabeleciam a necessária e provisória normatização para a concretização imediata do direito criado pela Constituição Federal.

Para o STF, a greve, como um poder de fato, é a arma mais eficaz de que dispõem os trabalhadores como meio para obtenção de melhoria em suas condições de vida, pelo que deve receber concreção imediata — sua autoaplicabilidade é inquestionável — como direito fundamental de natureza instrumental.

7.1.4. Peculiaridades e continuidade do serviço público

Diferentemente da greve nas atividades privadas, o art. 37, inciso VII, da Constituição Federal consubstancia norma especial, estabelecendo que “o direito de greve será exercido nos termos e limites definidos em lei específica”. Isso se explica porque na relação estatutária não se manifesta tensão entre trabalho e capital, como no campo das atividades econômicas, quando a greve coloca em risco os interesses egoísticos do capital. Na greve no serviço público há oposição direta entre os interesses dos trabalhadores e o interesse social, o interesse dos cidadãos que necessitam da prestação do serviço público, cuja continuidade há de ser assegurada em benefício do todo social.

Por isso, afirmou o relator do voto vencedor, Min. Eros Grau, que a Lei n. 7.783/89 não se presta, sem determinados acréscimos e algumas reduções do seu texto, a regular o exercício do direito de greve pelos servidores públicos. Essa lei, elaborada para regular o exercício do direito de greve nas atividades privadas, para ser aplicada no serviço público reclama, em certos pontos, regulação peculiar, porque serviços públicos, voltados ao atendimento de necessidades inadiáveis da coletividade, são atividade própria do Estado.

7.1.5. Finalidade do Mandado de Injunção

Quanto ao instituto do mandado de injunção, adotou o relator do processo, ministro Eros Grau, a doutrina do Professor José Ignácio Botelho de Mesquita, o qual ressalta que "É princípio assente em nosso direito positivo que, não havendo norma legal ou sendo omissa a norma existente, cumprirá ao juiz decidir o caso de acordo com a analogia, os costumes e os princípios gerais do direito (Lei de Introdução ao Cód. Civil, art. 4º; Cód. Proc. Civil, art. 126). Assim, o que pode tornar inviável o exercício de algum direito, liberdade ou prerrogativa constitucionalmente assegurados não será nunca a 'falta de norma regulamentadora' mas, sim, a existência de alguma regra ou princípio que proíba ao juiz recorrer à analogia, aos costumes ou aos princípios de direito para suprir a falta de norma regulamentadora. Havendo tal proibição, configura-se a hipótese de impossibilidade jurídica do pedido, diante da qual o juiz é obrigado a extinguir o processo sem julgamento de mérito (Cód. Proc. Civil, art. 267, VI), o que tornará inviável o exercício do direito, liberdade ou prerrogativa assegurados pela Constituição. (...) O mandado de injunção destina-se, apenas, à remoção do obstáculo criado pela omissão do poder competente para a norma regulamentadora. A remoção desse obstáculo se realiza mediante a formação supletiva da norma regulamentadora faltante. É este o resultado prático que se pode esperar do julgamento do mandado de injunção. ... Trata-se apenas de dar remédio para omissão do poder competente. ... O que cabe ao órgão da jurisdição não é, pois, constranger alguém a dar cumprimento ao preceito constitucional, mas, sim, suprir a falta de norma regulamentadora, criando, a partir daí, uma coação da mesma natureza daquela que estaria contida na norma regulamentadora".

No caso particular da greve, que é um instrumento utilizado pelos trabalhadores na relação entre capital e trabalho, tem aplicação, ainda, o art. 8º da CLT, assim vazado:

> As autoridades administrativas e a Justiça do Trabalho, na falta de disposições legais ou contratuais, decidirão, conforme o caso, pela jurisprudência, por analogia, por equidade e outros princípios e normas gerais de direito, principalmente do direito do trabalho, e, ainda, de acordo com os usos e costumes, o direito comparado, mas sempre de maneira que nenhum interesse de classe ou particular prevaleça sobre o interesse público.

Como se observa do exposto, seguindo uma lição basilar de direito, o STF afirmou o uso da analogia e dos demais instrumentos que a legislação brasileira disponibiliza ao aplicador do direito para solucionar os conflitos sociais nos casos de falta de lei específica para a situação concreta, tanto nos casos individuais como nos coletivos.

Assim, quer por meio de mandado de injunção ou de outra medida judicial, está o juiz ou outro aplicador do direito autorizado a dar efetividade ao direito de greve dos servidores públicos civis, mesmo sem a necessária regulamentação legal. Esse direito, ressalte-se, já foi criado pela Constituição Federal e somente precisa ser regulamentado pelo Congresso Nacional, levando-se em conta as peculiaridades do serviço público. Evidentemente, é melhor que tal se dê de forma geral, como foi feito na decisão ora comentada.

7.1.6. Alcance da normatização emitida no Mandado de Injunção n. 712-8

No tocante ao alcance da norma supletivamente formulada pelo tribunal, de maneira didática e prática, esclareceu o STF que ela abrange não apenas o caso concreto submetido ao tribunal, mas a totalidade dos casos semelhantes, embora entre sujeitos diferentes, posto que a atividade normativa é dominada pelo princípio da isonomia, que exclui a possibilidade de se criarem tantas normas regulamentadoras diferentes quantos sejam os casos concretos submetidos ao mesmo preceito constitucional. Assim, no que tange às hipóteses de outras impetrações futuras que versem situações análogas, a elas deve ser estendida, por despacho monocrático do relator, essa mesma regulação, nos termos do disposto no art. 21 do Regimento Interno da Corte Suprema.

Afirmou o STF que a sua função, no caso do mandado de injunção, é normativa e não legislativa, formulando a própria norma aplicável ao caso, pois o Poder Judiciário, no mandado de injunção, produz norma ao interpretar o direito na sua totalidade, cuja normatização se incorpora ao ordenamento jurídico, que doravante será interpretado e aplicado, semelhantemente ao que ocorre com a súmula vinculante, que, editada, atuará como texto normativo a ser interpretado e aplicado nos casos concretos do dia a dia.

Isto posto, decidiu o Tribunal que a norma, na amplitude que a ela deve ser conferida no âmbito do aludido mandado de injunção, compreende o conjunto integrado pelos arts. 1º ao 9º, 14, 15 e 17 da Lei n. 7.783/89, com as alterações necessárias ao atendimento das peculiaridades da greve nos serviços públicos, as quais foram introduzidas no art. 3º e seu parágrafo único, no art. 4º, no parágrafo único do art. 7º, no art. 9º e seu parágrafo único e no art. 14.

7.1.7. O conteúdo da normatização emitida pelo STF no Mandado de Injunção n. 712-8

A seguir, reproduz-se a nova regulamentação provisória do direito de greve dos servidores públicos, com as alterações introduzidas pelo STF, em destaque.

> Art. 1º É assegurado o direito de greve, competindo aos trabalhadores decidir sobre a oportunidade de exercê-lo e sobre os interesses que devam por meio dele defender.

Parágrafo único. O direito de greve será exercido na forma estabelecida nesta Lei.

Art. 2º Para os fins desta Lei, considera-se legítimo exercício do direito de greve a suspensão coletiva, temporária e pacífica, *parcial*, de prestação pessoal de serviços a empregador.

Art. 3º Frustrada a negociação ou verificada a impossibilidade de recursos via arbitral, é facultada a *cessação parcial* do trabalho.

Parágrafo único. A entidade patronal correspondente ou os empregadores diretamente interessados serão notificados, com antecedência mínima de *72 (setenta e duas)* horas, da paralisação.

Art. 4º Caberá à entidade sindical correspondente convocar, na forma do seu estatuto, assembleia geral que definirá as reivindicações da categoria e deliberará sobre a *paralisação parcial* da prestação de serviços.

§ 1º O estatuto da entidade sindical deverá prever as formalidades de convocação e o *quorum* para a deliberação, tanto da deflagração quanto da cessação da greve.

§ 2º Na falta de entidade sindical, a assembleia geral dos trabalhadores interessados deliberará para os fins previstos no *caput*, constituindo comissão de negociação.

Art. 5º A entidade sindical ou comissão especialmente eleita representará os interesses dos trabalhadores nas negociações ou na Justiça do Trabalho.

Art. 6º São assegurados aos grevistas, dentre outros direitos:

I — o emprego de meios pacíficos tendentes a persuadir ou aliciar os trabalhadores a aderirem à greve;

II — a arrecadação de fundos e a livre divulgação do movimento.

§ 1º Em nenhuma hipótese, os meios adotados por empregados e empregadores poderão violar ou constranger os direitos e garantias fundamentais de outrem.

§ 2º É vedado às empresas adotar meios para constranger o empregado ao comparecimento ao trabalho, bem como capazes de frustrar a divulgação do movimento.

§ 3º As manifestações e atos de persuasão utilizados pelos grevistas não poderão impedir o acesso ao trabalho nem causar ameaça ou dano à propriedade ou pessoa.

Art. 7º Observadas as condições previstas nesta Lei, a participação em greve suspende o contrato de trabalho, devendo as relações obrigacionais, durante o período, ser regidas pelo acordo, convenção, laudo arbitral ou decisão da Justiça do Trabalho.

Parágrafo único. É vedada a rescisão de contrato de trabalho durante a greve, *exceto na ocorrência da hipótese prevista no art. 14.*

Art. 8º A Justiça do Trabalho, por iniciativa de qualquer das partes ou do Ministério Público do Trabalho, decidirá sobre a procedência, total ou parcial, ou improcedência das reivindicações, cumprindo ao Tribunal publicar, de imediato, o competente acórdão.

Art. 9º Durante a greve, o sindicato ou a comissão de negociação, mediante acordo com a entidade patronal ou diretamente com o empregador, manterá em atividade equipes de empregados com o propósito de assegurar a *regular continuidade da prestação do serviço público.*

Parágrafo único. *É assegurado ao empregador, enquanto perdurar a greve, o direito de contratar diretamente os serviços necessários a que se refere este artigo.*

Art. 14. Constitui abuso do direito de greve a inobservância das normas contidas na presente Lei, em especial o comprometimento da regular continuidade na prestação do serviço público, bem como a manutenção da paralisação após a celebração de acordo, convenção ou decisão da Justiça do Trabalho.

Art. 15. A responsabilidade pelos atos praticados, ilícitos ou crimes cometidos, no curso da greve, será apurada, conforme o caso, segundo a legislação trabalhista, civil ou penal.

Parágrafo único. Deverá o Ministério Público, de ofício, requisitar a abertura do competente inquérito e oferecer denúncia quando houver indício da prática de delito.

Art. 17. Fica vedada a paralisação das atividades, por iniciativa do empregador, com o objetivo de frustrar negociação ou dificultar o atendimento de reivindicações dos respectivos empregados (*lockout*).

Parágrafo único. A prática referida no *caput* assegura aos trabalhadores o direito à percepção dos salários durante o período de paralisação.

Parágrafo único. É vedada a rescisão de contrato de trabalho durante a greve, exceto na ocorrência da hipótese prevista no art. 14.

Agora realmente pode-se dizer que a mais alta Corte do País caminha para a mudança do entendimento até então adotado, pelo qual não dava efetividade ao mandado de injunção. Essa mudança, com a conclusão do julgamento dos processos mencionados, cujos resultados já se prevê, representará uma grande conquista para a cidadania brasileira, "especialmente por se tratar de um país cujo compromisso constitucional é constantemente relegado a segundo plano, com o que a Justiça Constitucional estaria a auxiliar decisivamente na operatividade das normas constitucionais"[(56)].

Os efeitos didáticos dessa decisão certamente serão sentidos brevemente na doutrina e na jurisprudência nacionais.

---

(56) TAVARES, André Ramos. A novíssima jurisdição constitucional brasileira: o caso do mandado de injunção, *Jornal Carta Forense*, ano V, n. 47, p. 37, abr. 2007.

7.1.8. Comentários à normatização da greve no serviço público

O inciso VI do art. 37 da Constituição Federal, que assegura o direito de greve ao servidor público, foi "regulamentado" pelo Supremo Tribunal Federal, no Mandado de Injunção n. 712-8, mediante aplicação da Lei n. 7.783/89, arts. 1º ao 9º e 14, 15 e 17, com alterações e reduções adotadas, levando-se em conta as peculiaridades do serviço público.

Agora, cabe ao intérprete e aplicador do direito, como ressaltado na referida decisão, usando a nova regulamentação, estabelecer os contornos e formas de exercício do direito de greve no serviço público, considerando-se, entre outros, os parâmetros a seguir indicados e analisados.

7.1.8.1. A negociação coletiva e a arbitragem como formas de solução dos conflitos coletivos de trabalho envolvendo a Administração Pública

Como estabelece o art. 3º da Lei n. 7.783/89, com a alteração introduzida pelo Supremo Tribunal Federal, somente depois de frustrada a negociação coletiva ou verificada a impossibilidade de recurso à via arbitral, é facultada a cessação parcial do trabalho.

Observa-se que o STF assegurou a negociação coletiva e a arbitragem como formas de composição de conflitos coletivos de trabalho entre os servidores públicos e a entidade a que estes estejam vinculados.

Trata-se, no meu ver, de importante novidade tendente a flexibilizar o princípio da reserva legal, do qual se infere que as vantagens para servidores públicos somente podem decorrer de lei cujo projeto é de competência e iniciativa exclusivas do chefe do respectivo Poder Executivo.

Mas isso não quer dizer, como me parece, que a aludida decisão tenha reconhecido a possibilidade da existência formal de convenção ou acordo coletivos de trabalho na Administração Pública, que é o resultado final da negociação coletiva nas atividades privadas. É que no serviço público somente se pode falar em negociação coletiva como uma espécie de protocolo de intenções, por meio do qual o órgão público se compromete a apresentar ao Poder Legislativo projeto de lei que trate das reivindicações dos servidores públicos, o que é uma prática no dia a dia.

Interessante ainda é a novidade quando a decisão reconhece a arbitragem como forma de solução dos conflitos coletivos de trabalho no âmbito do serviço público, o que pode mesmo parecer estranho.

Todavia, foi o que assegurou a Corte Suprema, guardiã da Constituição Federal brasileira.

Mas uma coisa é a lei assegurar essa possibilidade; outra é ser a mesma utilizada, o que certamente não virá a ocorrer, pois a Administração Pública dificilmente vai aquiescer em entregar nas mãos de um árbitro ou comissão de árbitros particular a solução de um conflito com os seus servidores.

Por fim, na parte final do art. 3º da Lei n. 7.783/89 foi introduzida a expressão "cessação parcial do trabalho". Desse modo, em hipótese alguma pode ocorrer uma paralisação total do serviço público, pois que a sua primordial característica é a continuidade no atendimento dos serviços e necessidades da população atingida pela greve.

Na hipótese vertente, como igualmente ocorre em relação aos serviços e atividades essenciais, estão presentes dois direitos fundamentais: de um lado, o direito de greve e, de outro, os direitos fundamentais da população, de maneira que deve haver compatibilização, proporcionalidade e bom-senso quanto ao exercício do direito de greve pelos servidores públicos.

7.1.8.2. Comunicação prévia da greve

No parágrafo único do art. 3º foi estabelecida a comunicação prévia da greve, com antecedência mínima de 72 horas. Essa comunicação deve ser feita ao órgão público e à comunidade afetada pela paralisação, por meios eficientes de conhecimento, sejam eles televisivo, escrito ou radiofônico. Diferentemente da atividade particular, onde o prazo de aviso prévio da greve é de 48 horas, o STF estabeleceu prazo maior no caso da greve no serviço público, certamente levando em conta que a população é a maior prejudicada com a paralisação e, por isso, precisa se preparar com alguma antecedência para procurar amenizar os prejuízos decorrentes da greve, como ocorre nas paralisações nos serviços essenciais nas atividades privadas.

7.1.8.3. Deliberação da greve e representação dos servidores

A greve no serviço público, que deverá ser sempre parcial, será deliberada em assembleia convocada pelo sindicato na forma de seu estatuto, como estabelecem o art. 4º e § 1º, da Lei n. 7.783/89.

Não havendo sindicato, a referida assembleia de servidores pode designar comissão de negociação para atuar especificamente no conflito coletivo de trabalho desencadeado.

O papel dessa comissão é importante, porque fará ela as vezes do sindicato, representando os trabalhadores perante o seu empregador, o que não é tarefa fácil num clima de greve, podendo dessa atuação decorrer alguns desentendimentos que tenham por consequências retaliações para os seus membros.

Por isso, deveria a lei e, no caso, a decisão do STF, estabelecer alguma garantia para os representantes nessa comissão, especialmente para aqueles regidos pelas normas da Consolidação das Leis do Trabalho — CLT —, como empregados públicos, diante da divergência a respeito de terem ou não estabilidade no serviço público, como ocorre com os estatutários, que ocupam cargos no serviço público.

7.1.8.4. Direitos e deveres dos servidores públicos em greve

O art. 6º da Lei n. 7.783/89, sem qualquer alteração introduzida pela decisão do Supremo Tribunal Federal, manteve direitos dos grevistas, tais como a utilização de meios pacíficos para persuadir ou aliciar os demais servidores a aderirem à greve, arrecadação de fundos, a livre divulgação do movimento e a vedação de meios capazes de frustrarem o movimento paredista. Também, como na atividade privada, a decisão do STF estabelece deveres para os servidores públicos em greve, uma vez que esta não é um direito absoluto, mas, ao contrário, encontra limites nos demais direitos assegurados aos cidadãos.

Com mais profundidade, foram examinados esses temas no item 14 do Capítulo I.

7.1.8.5. Suspensão dos efeitos do contrato de trabalho durante a greve

O art. 7º da Lei n. 7.783/89, também sem qualquer alteração para ser aplicado à greve no serviço público, prescreve que a participação em greve suspende o contrato de trabalho e que as relações obrigacionais durante a mesma serão regidas pelo acordo, convenção, laudo arbitral ou decisão da Justiça do Trabalho.

Na verdade, o que a lei quer dizer é que, durante a greve, a relação contratual não produz efeitos jurídicos, de maneira que quaisquer direitos, inclusive o pagamento de salários, somente podem decorrer de negociação coletiva, de laudo arbitral ou de decisão judicial.

A regulamentação dessa questão é da maior importância, pois a partir de agora os servidores públicos deverão fazer greve sabendo que, diferentemente do que ocorreu até então, não terão direito ao pagamento de salários de forma automática durante a greve, porque suspensos os efeitos do contrato de trabalho (empregados públicos) ou do contrato administrativo (estatutários). Esse e outros direitos dependerão, especialmente, de um acerto com o administrador público. Ou seja, a greve para o servidor público passará a ser um risco, como ocorre para qualquer trabalhador. Cabe ao administrador pagar ou não os dias parados, sendo dele a responsabilidade, que, dependendo da situação, pode levar até à improbidade administrativa pela falta de zelo para com o erário e o interesse público.

Nesse sentido, tal como resultou da decisão proferida no MI n. 708/DF, o pagamento dos dias parados se justifica somente em casos excepcionais, conforme decisão monocrática do Min. Gilmar Mendes do STF, na STA n. 229, em 8.4.2008, afirmando que:

> Nesse particular, nos termos do art. 7º da Lei n. 7.783/89, a deflagração da greve, em princípio, corresponde à suspensão do contrato de trabalho. Na suspensão do contrato de trabalho não há falar propriamente em prestação de serviços, nem tampouco no pagamento de salários. Como regra geral, portanto, os salários dos dias de paralisação não deverão ser pagos, salvo no caso em que a greve tenha sido provocada justamente por atraso no pagamento ou por outras situações excepcionais que justifiquem o afastamento da premissa da suspensão do contrato de trabalho.

Nas greves em atividades privadas tem sido praxe o empregador descontar os dias parados e depois se resolver nas negociações coletivas ou perante os tribunais trabalhistas sobre a obrigação de pagamento ou não pela empresa ou compensação dos dias parados pelos empregados, na forma do que dispõe o art. 7º da Lei n. 7.783/89. No setor público, como dito acima, até antes da decisão proferida no MI n. 712-8, não havia, como regra geral, os descontos dos dias parados. Hoje, entretanto, por conta da nova orientação do STF e porque alguns administradores têm feito o desconto dos dias parados automaticamente, os sindicatos de servidores públicos têm usado de medidas judiciais para impedir ou suspender esses descontos. Quer dizer, em razão da restrição ao direito de negociação coletiva dos servidores públicos, a solução fica a cargo do Poder Judiciário, que vai manter os descontos ou não ou alguma forma de compensação dos dias não trabalhados, tudo sinalizando para um endurecimento por conta dos acirramentos decorrentes de alguns movimentos grevistas que se prolongam no tempo com incalculáveis prejuízos aos usuários dos serviços públicos. Portanto, como entendo, mesmo com as restrições impostas pela lei e agora pelo entendimento do STF, os servidores púbicos têm direito de fazer greve, porém respeitando os direitos fundamentais dos cidadãos, igualmente assegurados pela Constituição Federal, usando, para tanto, de bom-senso e razoabilidade, senão o movimento será considerado abusivo com consideráveis consequências, que podem atingir as esferas civil, trabalhista, administrativa e até penal.

Isso representa significativa mudança, com efeito pedagógico, que cria maior responsabilidade para os servidores públicos grevistas, os quais, até então, como regra geral, não vinham sofrendo prejuízos em decorrência da greve. Essa situação, na forma da nova regulamentação introduzida pela decisão proferida pelo STF, deixou de existir, equiparando-se os servidores públicos aos trabalhadores da atividade privada, que agora terão que assumir os ônus e os bônus decorrentes da paralisação, no caso dos servidores públicos, até com maior razão, uma vez que os serviços que prestam são de essencial natureza e interesse para a coletividade.

Como se observa do aludido dispositivo legal, mais uma vez a lei possibilitou o uso da negociação coletiva, da arbitragem e da decisão da Justiça do Trabalho para a solução dos conflitos coletivos de trabalho no serviço público, sem fazer qualquer ressalva em relação aos servidores públicos estatutários.

Assim, de acordo com a decisão do STF ora comentada, a conclusão a que chego é que os conflitos coletivos de greve, envolvendo servidores públicos, sejam regidos pela Consolidação das Leis do Trabalho ou por regime estatutário próprio, são da competência da Justiça do Trabalho, como melhor explicitado no subitem seguinte.

7.1.8.6. Competência da Justiça do Trabalho para solucionar os conflitos de greve no serviço público

O art. 7º conferiu à Justiça do Trabalho competência para resolver os conflitos de greve nos serviços públicos.

A indagação que se faz é a seguinte: a competência da Justiça do Trabalho abrange quaisquer servidores públicos ou somente os regidos pela Consolidação das Leis do Trabalho?

Essa indagação se faz pertinente haja vista a decisão proferida, também pelo Supremo Tribunal Federal, interpretando o conteúdo do inc. I do art. 114 da Constituição Federal, na ADIN n. 3.395. Trata-se de decisão cujo teor veda à Justiça do Trabalho a competência para decidir conflitos envolvendo servidores públicos estatutários, gerando, assim, aparente contradição com a decisão prolatada no Mandado de Injunção n. 712-8, que ora analiso.

Faz-se mister esclarecer, que não há contradição entre as duas decisões. O que há, na verdade, é uma diferenciação nos aspectos de abrangência de uma e de outra. Isso porque, no que toca à decisão proferida quando do julgamento da ADIN n. 3.395, tratou-se da resolução de conflitos individuais envolvendo servidores estatutários e a Administração Pública. Diametralmente oposta foi a decisão proferida no Mandado de Injunção n. 712-8, que regulamentou o exercício do direito de greve dos servidores públicos e a forma de solução dos conflitos coletivos dela decorrentes. De maneira mais clara: a ADIN n. 3.395 cuidou da resolução de conflitos individuais; por outro lado, o Mandado de Injunção n. 712-8 tratou da resolução de conflitos coletivos.

Ademais, a decisão prolatada no Mandado de Injunção n. 712-8 está de acordo com o art. 114, *caput*, e seu inc. II, da Constituição Federal, os quais estabelecem que:

> Compete à Justiça do Trabalho processar e julgar as ações que envolvam exercício do direito de greve.

Pode-se imaginar que se tratou de um descuido do relator cometer competência à Justiça trabalhista para solucionar os conflitos decorrentes de greve dos servidores públicos, ou que tal somente se aplicaria aos servidores regidos pela CLT.

Contudo, parece-me que não se trata de nenhuma dessas hipóteses.

Em primeiro lugar, porque, por quatro vezes, o STF se referiu na decisão que estabeleceu a normatização da greve no serviço público, à competência da Justiça do Trabalho para resolver tais conflitos (arts. 5º[57], 7º[58], 8º[59] e 14º[60]).

Em segundo lugar, porque no Mandado de Injunção n. 712-8, impetrado pelo Sindicato dos Trabalhadores do Poder Judiciário do Estado do Pará, cuidou-se da greve dos servidores públicos estatutários, como me parece. Depois, porque em nenhum momento houve qualquer observação nesse sentido, ou seja, aplicando a decisão a essa ou àquela espécie de servidores públicos.

Assim, numa interpretação conforme a decisão proferida no Mandado de Injunção n. 712-8 e os textos constitucionais do art. 114, *caput,* e incisos I e II, pode-se chegar ao resultado de que a Justiça do Trabalho é competente para resolver os conflitos coletivos de trabalho decorrentes de greves de servidores públicos regidos pela CLT e por regime estatutário próprio.

Todavia, em decisão final proferida pelo STF na Reclamação n. 6.568, na qual já havia sido deferida liminar pelo relator para suspender o trâmite do Processo de dissídio coletivo de Greve n. 20199.2008.000.02.00-7, em andamento no TRT da 2ª Região, onde se discutia um conflito de greve envol-

---

(57) Art. 5º A entidade sindical ou comissão especialmente eleita representará os interesses dos trabalhadores nas negociações ou na Justiça do Trabalho (grifados).

(58) Art. 7º Observadas as condições previstas nesta Lei, a participação em greve suspende o contrato de trabalho, devendo as relações obrigacionais, durante o período, ser regidas pelo acordo, convenção, laudo arbitral ou decisão da Justiça do Trabalho (grifados).

(59) Art. 8º A Justiça do Trabalho, por iniciativa de qualquer das partes ou do Ministério Público do Trabalho, decidirá sobre a procedência, total ou parcial, ou improcedência das reivindicações, cumprindo ao Tribunal publicar, de imediato, o competente acórdão (grifados).

(60) Art. 14. Constitui abuso do direito de greve a inobservância das normas contidas na presente Lei, em especial o comprometimento da regular continuidade na prestação do serviço público, bem como a manutenção da paralisação após a celebração de acordo, convenção ou decisão da Justiça do Trabalho (grifados).

vendo os policiais civis e o Estado de São Paulo, o STF, nos termos do voto do Relator, julgou procedente a Reclamação e estabeleceu que, no caso dos servidores públicos civis estatutários, a competência para resolver conflitos decorrentes de greve não é da Justiça do Trabalho, mas da Justiça Comum, Estadual ou Federal, conforme o caso, como se vê, da decisão a seguir ementada:

> EMENTA: RECLAMAÇÃO. SERVIDOR PÚBLICO. POLICIAIS CIVIS. DISSÍDIO COLETIVO DE GREVE. SERVIÇOS OU ATIVIDADES PÚBLICAS ESSENCIAIS. COMPETÊNCIA PARA CONHECER E JULGAR O DISSÍDIO. ART. 114, INCISO I, DA CONSTITUIÇÃO DO BRASIL. DIREITO DE GREVE. ART. 37, INCISO VII, DA CONSTITUIÇÃO DO BRASIL. LEI N. 7.783/89. INAPLICABILIDADE AOS SERVIDORES PÚBLICOS. DIREITO NÃO ABSOLUTO. RELATIVIZAÇÃO DO DIREITO DE GREVE EM RAZÃO DA ÍNDOLE DE DETERMINADAS ATIVIDADES PÚBLICAS. AMPLITUDE DA DECISÃO PROFERIDA NO JULGAMENTO DO MANDADO DE INJUNÇÃO N. 712. ART. 142, § 3º, INCISO IV, DA CONSTITUIÇÃO DO BRASIL. INTERPRETAÇÃO DA CONSTITUIÇÃO. AFRONTA AO DECIDIDO NA ADI n. 3.395. INCOMPETÊNCIA DA JUSTIÇA DO TRABALHO PARA DIRIMIR CONFLITOS ENTRE SERVIDORES PÚBLICOS E ENTES DA ADMINISTRAÇÃO ÀS QUAIS ESTÃO VINCULADOS. RECLAMAÇÃO JULGADA PROCEDENTE.
>
> 1. O Supremo Tribunal Federal, ao julgar o MI n. 712, afirmou entendimento no sentido de que a Lei n. 7.783/89, que dispõe sobre o exercício do direito de greve dos trabalhadores em geral, é ato normativo de início inaplicável aos servidores públicos civis, mas ao Poder Judiciário dar concreção ao art. 37, inciso VII, da Constituição do Brasil, suprindo omissões do Poder Legislativo.
>
> 2. Servidores públicos que exercem atividades relacionadas à manutenção da ordem pública e à segurança pública, à administração da Justiça — aí os integrados nas chamadas carreiras de Estado, que exercem atividades indelegáveis, inclusive as de exação tributária — e à saúde pública. A conservação do bem comum exige que certas categorias de servidores públicos sejam privadas do exercício do direito de greve. Defesa dessa conservação e efetiva proteção de outros direitos igualmente salvaguardados pela Constituição do Brasil.
>
> 3. Doutrina do duplo efeito, segundo Tomás de Aquino, na Suma Teológica (II Seção da II Parte, Questão 64, art. 7º). Não há dúvida quanto a serem, os servidores públicos, titulares do direito de greve. Porém, tal e qual é lícito matar a outrem em vista do bem comum, não será ilícita a recusa do direito de greve a tais e quais servidores públicos em benefício do bem comum. Não há mesmo dúvida quanto a serem eles titulares do direito de greve. A Constituição é, contudo, uma totalidade. Não um conjunto de enunciados que se possa ler palavra por palavra, em experiência de leitura bem comportada ou esteticamente ordenada. Dela são extraídos, pelo intérprete, sentidos normativos, outras coisas que não somente textos. A força normativa da Constituição é desprendida da totalidade, totalidade normativa, que a Constituição é. Os servidores públicos são, seguramente, titulares do direito de greve. Essa é a regra. Ocorre, contudo,

que entre os serviços públicos há alguns que a coesão social impõe sejam prestados plenamente, em sua totalidade. Atividades das quais dependam a manutenção da ordem pública e a segurança pública, a administração da Justiça — onde as carreiras de Estado, cujos membros exercem atividades indelegáveis, inclusive as de exação tributária — e a saúde pública não estão inseridos no elenco dos servidores alcançados por esse direito. Serviços públicos desenvolvidos por grupos armados: as atividades desenvolvidas pela polícia civil são análogas, para esse efeito, às dos militares, em relação aos quais a Constituição expressamente proíbe a greve [art. 142, § 3º, IV].

4. No julgamento da ADI n. 3.395, o Supremo Tribunal Federal, dando interpretação conforme ao art. 114, inciso I, da Constituição do Brasil, na redação a ele conferida pela EC n. 45/04, afastou a competência da Justiça do Trabalho para dirimir os conflitos decorrentes das relações travadas entre servidores públicos e entes da Administração à qual estão vinculados.

Cabe observar, por oportuno, que embora a discussão na referida Reclamação se restringisse ao aspecto da competência jurisdicional para resolver o conflito da greve de policiais civis, o STF, numa acalorada discussão, apreciou sobre o âmbito da greve de determinadas categorias de servidores públicos, como os policiais civis, que, para ele, em razão das atividades desenvolvidas por grupos armados, os policiais civis equiparam-se aos policiais militares, que são proibidos pela Constituição Federal (art. 142, § 3º, IV) de fazer greve. Ou seja, embora reconheça o direito de greve aos servidores públicos de forma geral, o STF assentou o entendimento de que esse direito, em determinadas situações, deve ser negado. É o caso de algumas atividades que a coesão social impõe sejam prestadas plenamente, como aquelas das quais dependam a manutenção da ordem pública e a segurança pública, a administração da Justiça, que são carreiras de Estado, cujos membros exercem atividades indelegáveis, inclusive as de exação tributária e a saúde pública, que, por isso, não estão inseridas no elenco dos servidores alcançados pelo direito de greve. Essa decisão, proferida numa Reclamação, a qual sequer abrangia o objeto do alcance do direito de greve dos servidores públicos, não tem, por isso, força vinculante, embora sinalize importante precedente a ser seguido pelo STF nos demais casos submetidos à sua apreciação.

7.1.8.7. Abuso do direito de greve e punições aos servidores públicos

A greve, como consta dos fundamentos da decisão do STF ora em análise, é um direito fundamental dos trabalhadores no geral e também dos servidores públicos. Mas não é um direito absoluto, porque encontra limites nos demais direitos dos cidadãos, com destaque, no caso de greve de servidores públicos, à continuidade dos serviços destinados à população.

Assim, na forma do art. 14 da Lei n. 7.783/89, aplicável aos servidores públicos por força da normatização estabelecida pelo STF, constitui abuso do direito de greve a inobservância das normas contidas na presente Lei, em especial, o comprometimento da regular continuidade na prestação dos serviços públicos, bem como a manutenção da paralisação após a celebração de acordo, convenção ou decisão da Justiça do Trabalho.

Dessa forma, os servidores públicos que abusarem do direito de greve, especialmente se não assegurarem a continuidade dos serviços públicos, podem ser punidos com advertências, suspensões e até mesmo com demissões por justa causa. Mas tais punições não podem ser discriminatórias e ter intuito meramente de retaliar e amedrontar os grevistas.

Para serem avalizadas pela Justiça do Trabalho, a quem cabe finalmente dizer se válidas ou não no caso dos servidores públicos regidos pela Consolidação das Leis do Trabalho — CLT —, precisam ter embasamento em averiguações feitas em competente inquérito administrativo, em que se assegurem ampla defesa aos servidores públicos punidos.

No caso de dispensa por justa causa, parece-me adequado, além do inquérito administrativo, o ajuizamento de inquérito judicial perante a Justiça do Trabalho, para se apurar sobre a alegada falta grave cometida do empregado público.

7.1.8.8. Contratação de serviços públicos durante a greve

Ainda para o caso de os servidores públicos em greve não assegurarem a continuidade dos serviços públicos, está o órgão público afetado autorizado a contratar diretamente os serviços respectivos, como estabelece o parágrafo único do art. 9º da Lei n. 7.783/89.

Mas a obrigação é bilateral, pois preconiza o *caput* do art. 9º que "Durante a greve, o sindicato ou a comissão de negociação, mediante acordo com a entidade patronal ou diretamente com o empregador, manterá em atividade equipes de empregados com o propósito de assegurar a regular continuidade da prestação do serviço público".

Na forma do aludido parágrafo único, para assegurar a continuidade parcial do serviço público (e não total, pois assim estaria sendo frustrado o direito de greve), pode o órgão público, enquanto perdurar a paralisação, contratar diretamente os serviços necessários à continuidade do serviço público, e, se for o caso, também contratar trabalhadores por tempo determinado para atender necessidade temporária de excepcional interesse público, que possivelmente se enquadra na hipótese do inciso IX do art. 37 da Constituição Federal.

7.2. Greve de policiais militares

De modo geral, os Estados estrangeiros reconhecem o direito de greve como instrumento de pressão dos trabalhadores na busca de melhorias de vida e de trabalho. Mas há exceções, com importantes restrições para algumas espécies de trabalhadores (funcionários públicos que exercem função de autoridade em nome do Estado e trabalhadores nos serviços essenciais, no sentido estrito) e até proibições para outros, como é o caso dos membros das Forças Armadas e da polícia.

É comum, no Direito Internacional, quando da proibição do direito de greve para determinadas categorias de trabalhadores, estabelecer-se na legislação garantias a eles apropriadas, como forma compensatória da privação do referido direito. Essas garantias consistem em procedimentos de conciliação e de arbitragens adequados, imparciais e rápidos, com a participação dos interessados em todas as suas etapas. O objetivo é, ante a privação de um meio essencial de defesa dos interesses socioeconômicos e profissionais dos trabalhadores, assegurar uma forma eficaz de solução do conflito e, em se tratando de arbitragem, que o laudo tenha caráter obrigatório para ambas as partes.

O Brasil optou pela proibição do direito de greve para os militares, conforme estabelece a Constituição Federal de 1988 (art. 142, inciso IV), *verbis*: "Ao militar são proibidas a sindicalização e a greve".

O problema é que, não obstante essa proibição, não há qualquer mecanismo eficaz de solução dos conflitos de trabalho envolvendo essa espécie de trabalhadores, como também para qualquer outro tipo de servidor público. Não se reconhece o direito de negociação coletiva (assinatura de convenção coletiva de trabalho), arbitragem pública ou privada, nem a atuação do Poder Normativo da Justiça do Trabalho, ante o princípio da reserva legal mencionado no subitem anterior. Na verdade, o maior prejudicado é o povo, que na prática fica sem os trabalhos desses servidores, os quais diante das dúvidas e omissões da lei, de fato, exercem o direito de greve, às vezes, até de forma excessiva, sem seguir qualquer regulamentação legal.

Há no Brasil, nesse aspecto, uma grande contradição que tem como consequência a provocação de irreparáveis prejuízos à população, porque, de fato, os policiais militares fazem greve, às vezes, prolongadas, deixando a população desprotegida dos necessários meios de segurança. Exemplo marcante ocorreu em 2001, quando as categorias de policiais militares fizeram greves em vários Estados do País, reivindicando aumentos salariais e outras melhorias de trabalho[61].

---

(61) Aliás, é público e notório que os policiais, regra geral, ganham parcos salários e não têm adequadas condições de trabalho para enfrentar as adversidades nas ruas. Parte se corrompe, como se sabe, até por necessidade de sobrevivência.

A questão veio à tona e provocou inúmeras manifestações na sociedade, tanto favoráveis como contrárias à greve de policiais militares.

Celso Bastos e Samantha Meyer escreveram artigo com o título "A segurança pública e a desordem"[(62)], em que afirmaram: "A segurança pública é absolutamente insubstituível. Não há meio imaginável de que possa se valer a Lei para assegurar o atendimento às necessidades fundamentais da coletividade, se não o de proibir o exercício do direito de greve em tal seara. Cumpre dizer que aos militares são vedados os direitos à sindicalização e à greve. Ademais, todos os excessos do movimento grevista nesse setor, de molde a atingir níveis suficientes, a ponto de deixarem de ser atendidas as necessidades inadiáveis da comunidade, como está ocorrendo em nosso país, configuram abusos a serem punidos na forma da lei."

Com outro enfoque manifestou-se Luiz Inácio Lula da Silva[(63)], nos seguintes termos: "A PM pode fazer greve. Minha tese é que todas as categorias de trabalhadores que são consideradas atividades essenciais só podem ser proibidas de fazer greves se tiverem também salário essencial. Se considero a atividade essencial, mas pago salário mixo, esse cidadão tem direito a fazer greve. Na Suécia, até o Exército pode fazer greve fora da época de guerra".

Talvez hoje, como presidente da República, Lula não daria essa declaração, principalmente depois que o STF, embasando-se no direito comparado de alguns países, por conta, certamente, do uso às vezes exagerado do direito de greve por servidores públicos, firmou entendimento no sentido de que, igualmente aos militares, outros servidores públicos que exerçam atividade de Estado, de segurança pública e de serviço de saúde, não podem fazer greve. Isso porque a greve no serviço púbico causa prejuízos imediatos à população e porque há casos práticos em que sequer se assegura a prestação de atividades inadiáveis da coletividade, levando, pois, a uma nova reflexão sobre o instituto da greve no serviço público.

8. Greve nos serviços e atividades essenciais

Se antes da Carta de 1988 a greve nas chamadas atividades normais era, na prática, quase que proibida (*ex vi* do procedimento exigido pela Lei n. 4.330/64), nos serviços essenciais, o rigor era ainda maior, conforme se depreende do texto da própria Lei n. 4.330/64, bem como do Decreto-Lei n. 1.632/78 e da Lei n. 6.620/78, também chamada de Lei de Segurança

(62) *Folha de S. Paulo*, de 14.7.2001.
(63) Declaração dada à agência *Folha de S. Paulo*, em 26.7.2001.

Nacional[64]. Na verdade, esses dois diplomas legais da ditadura militar proibiam a greve em tais atividades[65].

A Constituição de 1988, no entanto, assegura o direito de greve também nas atividades essenciais, dizendo apenas que a lei definirá tais atividades e disporá sobre o atendimento das necessidades inadiáveis da população (art. 9º, § 1º), de maneira que os direitos do cidadão, constitucionalmente assegurados, também sejam respeitados.

A Lei n. 7.783/89 define serviços e atividades essenciais, regulamentando o exercício da greve, nos seguintes termos:

Art. 10. São considerados serviços ou atividades essenciais:

I — tratamento e abastecimento de água; produção e distribuição de energia elétrica, gás e combustíveis;

II — assistência médica e hospitalar;

III — distribuição e comercialização de medicamentos e alimentos;

IV — funerários;

V — transporte coletivo;

VI — captação e tratamento de esgoto e lixo;

VII — telecomunicações;

VIII — guarda, uso e controle de substâncias radioativas, equipamentos e materiais nucleares;

IX — processamento de dados ligados a serviços essenciais;

X — controle de tráfego aéreo;

XI — compensação bancária.

Art. 11. Nos serviços ou atividades essenciais, os sindicatos, os empregadores e os trabalhadores ficam obrigados, de comum acordo, a garantir, durante a greve, a prestação dos serviços indispensáveis ao atendimento das necessidades inadiáveis da comunidade.

---

(64) LEITE, Carlos Henrique Bezerra. *A greve como direito fundamental*, p. 44.

(65) Lei n. 6.620/78 — Art. 27: "Impedir ou dificultar o funcionamento de serviços essenciais, administrados pelo Estado ou executados mediante concessão, autorização ou permissão. Pena: reclusão, de 2 a 12 anos."

Decreto-Lei n. 1.632/78 — Art. 3º: "Sem prejuízo das sanções penais cabíveis, o empregado que participar de greve em serviço público ou atividade essencial referida no art. 1º incorrerá em falta grave, sujeitando-se às seguintes penalidades, aplicáveis individual ou coletivamente, dentro do prazo de 30 (trinta) dias do reconhecimento do fato, independentemente de inquérito:

I — advertência;

II — suspensão de até 30 (trinta) dias;

III — rescisão do contrato de trabalho, com demissão, por justa causa".

Parágrafo único. São necessidades inadiáveis da comunidade aquelas que, não atendidas, coloquem em perigo iminente a sobrevivência, a saúde ou a segurança da população.

Sobre o assunto, em trabalho de maior profundidade, assim me manifestei: "Tais fatos, com efeito, foram de capital importância para influenciar o legislador constituinte a estabelecer como postulado democrático o direito de greve, inclusive nas atividades essenciais e para os servidores públicos, proibindo-a, apenas, com relação ao militar (CF, arts. 9º, 37, VII e 42, § 5º). Esse direito, entretanto, foi consagrado sob o pálio da responsabilidade pelos abusos cometidos (§ 2º, do art. 9º), mediante restrições especiais, sobretudo nos serviços e atividades essenciais (§ 1º do aludido art. 9º e Lei n. 7.783/89). E andou bem o constituinte, a nosso ver, porquanto os países estrangeiros, em boa parte, ao admitirem a greve nas atividades essenciais, estabelecem certas restrições como resguardo dos direitos constitucionais dos cidadãos, cujo exemplo marcante e recente é da Itália, que através da Lei n. 146/90 regulamentou o exercício desse importante direito, com restrições, garantindo a manutenção dos direitos mínimos do cidadão. É importante ressaltar que a referida lei, num país de liberdade sindical, como a Itália, decorreu da iniciativa e vontade das próprias organizações sindicais, em razão dos abusos que vinham sendo cometidos, sobretudo quanto àqueles direitos mínimos da comunidade, que em dado momento, voltou-se irritada contra os movimentos grevistas descontrolados e até desmoralizantes do regime democrático, em certos casos. É que, como primado da liberdade e autonomia sindical, embora de relevante importância e contribuição à democratização das relações de trabalho, a greve é um importante direito, mas não absoluto, porque encontra restrições nos demais direitos assegurados à sociedade, devendo ser utilizado como *ultima ratio*, ou seja, como remédio extremo, depois de esgotada totalmente a via do diálogo, principalmente quando em atividade essencial ao asseguramento da sobrevivência, da saúde e segurança da comunidade"[66].

A Organização Internacional do Trabalho — OIT define serviço essencial como aquele cuja interrupção possa colocar em risco a vida, a segurança ou a saúde da pessoa em toda ou em parte da população. Mas alerta: "O que se deve entender por serviços essenciais, no sentido estrito do termo, depende em grande parte das condições próprias de cada país. Além disso, não há dúvida de que um serviço não essencial pode tornar-se essencial, quando a duração de uma greve ultrapassar certo período ou alcance e colocar, assim, em risco a vida, a segurança ou a saúde da pessoa em toda ou parte da população". (OIT, 1996, § 541)

Desse modo, o Comitê de Liberdade Sindical da OIT tem considerado como serviços essenciais em sentido estrito, em que o direito de greve pode

(66) *O Ministério Público do Trabalho e as greves em atividades essenciais*, p. 356 e ss.

ser objeto de importantes restrições ou mesmo de proibição: setor hospitalar, serviços de eletricidade, serviços de abastecimento de água, serviços telefônicos e controle do tráfego aéreo, o que não é uma enumeração exaustiva"[67]. Em compensação, não considera serviços essenciais, por exemplo, o abastecimento e distribuição de produtos alimentícios, as atividades de educação, o transporte metropolitano e os serviços de correio.

Há posições, como a de Yone Frediani[68], no sentido de que: "Na hipótese de parede envolvendo serviços essenciais, entendemos que somente aos empregados que executem atividades não operacionais é que seria lícita a eclosão de parede, na medida em que o comando legal visa à garantia da promoção dos serviços necessários evitando que a comunidade, diante de movimento paredista, seja colocada em perigo iminente no que se refere à sua sobrevivência, saúde ou segurança".

Todavia, não foi assim que entendeu o nosso legislador, que, na verdade, assegurou o direito de greve mesmo nas atividades essenciais, mediante restrições, sendo uma delas o atendimento das atividades mínimas da população. Trata-se de um direito sob condição. Aliás, em outra passagem da obra, manifesta-se a autora, afirmando "que a deflagração do direito de greve em se tratando de atividades essenciais se reveste em direito sob condição, qual seja, a de promoção, durante o decurso do movimento paredista, das atividades indispensáveis ao atendimento das necessidades mínimas da população, de forma tal que restem cumpridas as exigências previstas no art. 11 da Lei n. 7.783/89..."[69].

Por outro lado, também comunga-se do entendimento de que não é fácil convencer as partes a cumprirem de comum acordo tais atividades como manda a lei, pois "se de um lado as partes resistem ao atendimento das pretensões recíprocas, é difícil e, em algumas hipóteses, impossível exigir-se dos litigantes em momento de crucial delicadeza a celebração de ajuste para a promoção dos serviços mínimos"[70]. Mas a lei existe e tem de ser cumprida, pois em paralelo ao direito de greve está o direito também fundamental do cidadão à sobrevivência, à saúde e à segurança. É preciso que haja harmonia entre esses direitos fundamentais.

9. Trabalhadores excluídos do direito de greve

A orientação da OIT, por meio do Comitê de Liberdade Sindical, ao formular seus primeiros princípios sobre a matéria direito de greve, optou pelo reco-

(67) GERMIGON, Bernard; ODERO, Alberto; GUIDO, Horacio; URIARTE, Oscar Ermida. *A greve: o direito e a flexibilidade*, p. 26/29.

(68) *Greve nos serviços essenciais à luz da Constituição Federal de 1988*, p. 105.

(69) *Ibidem*, p. 106.

(70) *Idem*.

nhecimento do seu exercício em caráter geral, admitindo apenas exceções com relação a certos tipos de funcionários públicos (aqueles que exercem funções de autoridade em nome do Estado) e trabalhadores nos serviços essenciais no sentido estrito do termo. Quanto aos funcionários públicos, o Comitê de Liberdade Sindical e a Comissão de Peritos entendem que "o reconhecimento do direito sindical aos funcionários públicos não tem relação alguma com a questão do direito desses funcionários à greve" e que esses funcionários públicos, por não terem concedido o direito de greve, devem gozar de garantias adequadas para proteger seus interesses, como, por exemplo, adequados procedimentos de conciliação à arbitragem, imparciais e rápidos, de cujas etapas possam as partes participar e nos quais as decisões arbitrais sejam obrigatórias para ambas as partes, sendo plena e imediatamente aplicadas. Trata-se de uma forma de compensar os trabalhadores excluídos do direito de greve.

Para os casos duvidosos, em que não há clareza quanto aos funcionários exercerem funções de autoridade em nome do Estado, propõe-se não proibir a greve totalmente, mas sim adotar-se medidas necessárias para a manutenção de um serviço mínimo toda vez que uma paralisação total e prolongada dos serviços possa trazer graves consequências para a população[71].

Quanto aos serviços essenciais no sentido estrito do termo (os serviços cuja interrupção possa pôr em risco a vida, a segurança ou a saúde da pessoa), considera o Comitê de Liberdade Sindical da OIT que, conforme as circunstâncias de cada país, o direito de greve pode ser objeto de importantes restrições ou mesmo de proibição, como, por exemplo, no setor hospitalar, nos serviços de eletricidade, de abastecimento de água, telefônicos e de controle de tráfego aéreo.

O Comitê de Liberdade Sindical da OIT também admite a proibição geral da greve em situações de crise nacional aguda (OIT, 1996, § 527), como num contexto de golpe de Estado contra um governo constitucional, em caso de conflitos graves, de insurreição ou mesmo de catástrofe natural, situações em que deixam de existir as condições normais de funcionamento de uma sociedade civil.

No Brasil, a única hipótese em que se proíbe a greve é no caso dos servidores públicos militares, como estabelece o inciso IV do art. 142 da Constituição: "Ao militar são proibidas a sindicalização e a greve". Mesmo assim, na prática, essa categoria de trabalhadores tem feito paralisações, colocando em risco a segurança das pessoas, porém, sem maiores consequências funcionais. Ocorre, entretanto, que em decisão recente, como

(71) GERMIGON, Bernard; ODERO, Alberto; GUIDO, Horacio; URIARTE, Oscar Ermida. *A greve: o direito e a flexibilidade*, p. 26/27.

analisado no item 7.1.8.6 deste capitulo, o STF entendeu que algumas categorias de servidores públicos, em razão das atividades que exercem, se equiparam aos militares e não podem fazer greve, como, por exemplo, os policiais civis e servidores da saúde (*Vide* Reclamação n. 6.568), concluindo que:

> Doutrina do duplo efeito, segundo Tomás de Aquino, na Suma Teológica (II Seção da II Parte, Questão 64, art. 7º). Não há dúvida quanto a serem, os servidores públicos, titulares do direito de greve. Porém, tal e qual é lícito matar a outrem em vista do bem comum, não será ilícita a recusa do direito de greve a tais e quais servidores públicos em benefício do bem comum. Não há mesmo dúvida quanto a serem eles titulares do direito de greve. A Constituição é, contudo, uma totalidade. Não um conjunto de enunciados que se possa ler palavra por palavra, em experiência de leitura bem comportada ou esteticamente ordenada. Dela são extraídos, pelo intérprete, sentidos normativos, outras coisas que não somente textos. A força normativa da Constituição é desprendida da totalidade, totalidade normativa, que a Constituição é. Os servidores públicos são, seguramente, titulares do direito de greve. Essa é a regra. Ocorre, contudo, que entre os serviços públicos há alguns que a coesão social impõe sejam prestados plenamente, em sua totalidade. Atividades das quais dependam a manutenção da ordem pública e a segurança pública, a administração da Justiça — onde as carreiras de Estado, cujos membros exercem atividades indelegáveis, inclusive as de exação tributária — e a saúde pública não estão inseridos no elenco dos servidores alcançados por esse direito. Serviços públicos desenvolvidos por grupos armados: as atividades desenvolvidas pela polícia civil são análogas, para esse efeito, às dos militares, em relação aos quais a Constituição expressamente proíbe a greve [art. 142, § 3º, IV].

O modelo atual do Brasil é de aceitação da greve de modo geral, estabelecendo, contudo, o cumprimento de atividades mínimas em favor da população, no caso de atividades essenciais, e a manutenção de maquinários e equipamentos, em situação que possa acarretar prejuízos anormais e irreparáveis quando da retomada das atividades (Lei n. 7.783, arts. 9º e 11). Estabelece ainda a Constituição responsabilidades aos grevistas, aos sindicatos e também aos empregadores, de ordem trabalhista, civil e penal, conforme a situação de desrespeito aos comandos legais.

10. Limites ao direito de greve

Em regime democrático não existem direitos absolutos. Portanto, mesmo sendo a greve um direito social fundamental, o seu exercício deve respeitar os direitos do cidadão constitucionalmente tutelados: vida, saúde, liberdade, segurança, etc. Deve, com efeito, haver uma harmonização entre o direito de greve e os demais direitos fundamentais da pessoa humana, colocando-se aquele exatamente a serviço destes, como é a hipótese da proteção e defesa do meio ambiente e da saúde do trabalhador, entre outros de semelhante envergadura.

Tais limites estão:

a) nos serviços ou atividades essenciais;

b) no atendimento das necessidades inadiáveis da população;

c) na punição aos abusos cometidos por conta do exercício da greve;

d) na limitação à greve do servidor público, a qual, de acordo com a Constituição Federal (art. 37, inciso VII), compete à lei específica a ser votada pelo Congresso Nacional;

e) na proibição da greve para o servidor público militar (art. 142, inciso IV).

Essas restrições, bem como aquelas de natureza formal, elencadas na Lei n. 7.783/89, e outras que venham a ser estipuladas em lei específica para os servidores públicos civis, não desnaturam a essência do direito fundamental de greve, mas apenas o colocam como instrumento de defesa dos trabalhadores em harmonia com os demais direitos e liberdades do cidadão, o que é absolutamente normal num regime democrático, em que os direitos e liberdades devem completar-se mutuamente.

Por outro lado, não se deve, como muitas vezes ocorre, até por questões preconceituosas, criar empecilhos intransponíveis ao exercício desse direito fundamental. Veja-se, como ilustração, a manifestação a seguir transcrita, no sentido de evitar-se limites injustificados ao direito de greve:

> Assim, a elaboração legislativa há de ficar adstrita à enumeração dos serviços e atividades essenciais, bem como à forma de como, em greve, devem ser atendidas as necessidades inadiáveis da sociedade. Fora desse parâmetro, não é possível, sob pena de inconstitucionalidade, a existência de lei restritiva ou mesmo "regulamentadora", do direito de greve. Logo, só se pode cogitar de limites ao direito de greve quando este se coloca em face de outro direito constitucional. Ocorrendo a chamada colisão de direitos constitucionais, um direito haverá de limitar o outro, dentro do princípio da cedência recíproca.[72]

Por outro lado, não se pode admitir abusos em face do exercício irregular desse direito, como decorre da lição seguinte:

---

(72) ARAÚJO, Luiz Alberto David; NUNES JÚNIOR, Vidal Serrano. *Curso de direito constitucional*, p. 169.

> Questão diferenciada, no entanto, diz respeito aos eventuais abusos cometidos durante o exercício do direito de greve. É que, conquanto em paralisação, os trabalhadores estão sujeitos, à evidência, ao conjunto de normas jurídicas garantidoras da estabilidade social e da ordem pública. Assim, eventual desrespeito às leis penais e civis sujeita individualmente o infrator às penas cominadas pelo seu comportamento indevido.(73)

De qualquer modo, o direito de greve como direito fundamental é tão importante que não deve ser banalizado como se tem visto em alguns casos; ele existe para ser utilizado, sim, pelos trabalhadores, sempre que necessário, mas como última forma de solução dos conflitos coletivos de trabalho. Antes, o diálogo deve ser procurado por empregados e empregadores, porque a greve é um instrumento que existe para causar prejuízo ao empregador, podendo também prejudicar o trabalhador, quando dela se utilizar de forma irresponsável. Nesse sentido manifesta-se José Francisco Siqueira Neto: "O direito de greve, sempre, deve embutir em seu exercício uma potencialidade de causar prejuízo aos empregadores e comportar em custos (políticos e econômicos sobretudo) aos trabalhadores que a desenvolvem. Esse atributo latente é que obriga as partes a desenvolverem todos os mecanismos possíveis no intento de evitar que a greve ocorra. É nesse sentido e contexto que a greve deve ser entendida como *ultima ratio*. Assim, afigura-se como anômalo o processo de greve que se desencadeia sem que haja um amplo esforço das partes envolvidas no conflito no sentido de resolver o impasse pela via da negociação"(74).

Oportuna, sobre o tema, é a manifestação jurisprudencial consubstanciada na ementa a seguir transcrita, do C. TST:

> EMENTA: "O direito de greve constitucionalmente assegurado e previsto no artigo nono da Carta Magna encontra seus limites e definições regulados na Lei sete mil, setecentos e oitenta e três, de oitenta e nove. Uma vez verificado o descumprimento dos artigos quatro e décimo primeiro da supracitada norma legal, configura-se a abusividade do movimento paredista, sendo indevido o pagamento dos dias de paralisação."(75)

É claro que existem hipóteses em que a greve, por exceção, é utilizada como primeiro remédio, *v.g.*, quando o empregador se recusa a abrir qualquer canal de negociação ou diante de situações de grave e iminente risco para os trabalhadores, quando o valor maior a ser preservado é a vida, como será visto nos itens que tratam da greve ambiental.

---

(73) *Ibidem*, p. 169/170.

(74) *Direito do trabalho & democracia*, p. 244.

(75) TST-SDC-RODC 176.958, Rel. Min. Valdir Righeto, DJU de 22.3.1996, p. 8.405.

11. Proteção contra atos antissindicais por motivo de greve

É da natureza dos conflitos de trabalho a existência de dissensos entre empregadores e trabalhadores que, muitas vezes, não são resolvidos por meio da negociação coletiva. Por isso, o enfrentamento entre as partes pode dar lugar a uma fase de endurecimento e acirramento dos ânimos e resultar em represálias contra dirigentes sindicais, ativistas e demais trabalhadores, especialmente por conta de movimentos grevistas, até mesmo com violação da legislação vigente.

Essas represálias podem consistir em atos discriminatórios, em punições (advertências, suspensões, demissões com ou sem justa causa), além de outros atos prejudiciais ao emprego, como alijamento de promoções, perseguições, assédio moral, etc.

Tais atos são ilegais, portanto considerados como atos antissindicais, quando praticados contra os trabalhadores no exercício de greve lícita. É por esse motivo que atentam contra a liberdade sindical de organização e de defesa dos interesses dos trabalhadores.

As legislações nacionais estabelecem proteções contra os chamados atos antissindicais, conforme o alcance e amplitude da liberdade sindical existente no respectivo país.

No Brasil, assegura a Constituição Federal (art. 8º, inciso VIII) que "é vedada a dispensa do empregado sindicalizado a partir do registro da candidatura a cargo de direção ou representação sindical e, se eleito, ainda que suplente, até um ano após o final do mandato, salvo se cometer falta grave nos termos da lei". Trata-se referida lei da Consolidação das Leis do Trabalho, a qual estabelece em seu art. 853 a obrigatoriedade do prévio ajuizamento de uma ação denominada Inquérito Judicial para apuração de falta grave de empregado estável, por meio do qual cabe à Justiça do Trabalho dizer se o trabalhador cometeu ou não falta grave suficiente para perder a estabilidade de que é detentor.

O grande problema é que muitos empregadores não cumprem essa determinação legal e, de plano, demitem os dirigentes sindicais sem antes obter a autorização de um órgão imparcial, que no caso é o Poder Judiciário trabalhista. Nesta hipótese, é o trabalhador quem ajuíza uma ação para discutir a questão e, costumeiramente, se não aceitar um acordo "vendendo" a garantia de emprego, terá de aguardar uma decisão final por alguns longos anos, a qual, certamente, condenará a empresa a pagar o período de estabilidade e demais consequentes encargos trabalhistas, quando não reconhecer a falta grave, mas que será inócua em termos de garantia sindical para atuação do dirigente.

Os demais atos antissindicais, como punições disciplinares, discriminações, assédio moral, etc., são também submetidos à apreciação da Justiça do Trabalho que, regra geral, demora na apuração e final decisão sobre o conflito. Nesse campo, a legislação brasileira precisa avançar para definir as condutas antissindicais e estabelecer mecanismos mais eficazes contra elas. Deveria, por exemplo, determinar prioridade no julgamento das ações correspondentes e o pagamento em dobro da estabilidade, quando não reintegrado o trabalhador. É certo que o inciso X do art. 659 da CLT permite ao juiz do trabalho "conceder medida liminar, até decisão final do processo, em reclamações trabalhistas que visem reintegrar no emprego dirigente sindical afastado, suspenso ou dispensado pelo empregador". Mas isso não é suficiente, porque, no caso, o juiz age de acordo com o seu convencimento e pode conceder ou não a medida. A determinação teria que ser mais ou menos assim: "Nas ações que visem a reintegrar no emprego dirigente sindical afastado, suspenso ou dispensado pelo empregador, sem que antes tenha sido ajuizado Inquérito Judicial para apuração de falta greve ou outro ato ilícito do dirigente, este será automaticamente reintegrado no emprego e nas funções, até que a Justiça do Trabalho decida definitivamente sobre a questão. Durante o período de afastamento, os salários serão pagos em dobro".

O anteprojeto de lei sobre relações sindicais elaborado no Fórum Nacional do Trabalho cuida das ações de prevenção e repressão às condutas antissindicais, inclusive definindo-as no art. 173 e ss.[76]. Estabelece ainda que,

---

(76) Art. 173. Sempre que o empregador comportar-se de maneira a impedir ou limitar a liberdade e a atividade sindical, bem como o exercício do direito de greve, o juiz do trabalho, em decisão imediatamente executiva, poderá ordenar a cessação do comportamento ilegítimo e a eliminação de seus efeitos.

(...)

Art. 175. Sem prejuízo de outras hipóteses previstas em lei, configura conduta antissindical todo e qualquer ato do empregador que tenha por objetivo impedir ou limitar a liberdade ou atividade sindical, tais como:

I — subordinar a demissão ou a preservação do emprego e a filiação ou não a uma entidade sindical;

II — subordinar a demissão ou a preservação do emprego ao desligamento de uma entidade sindical;

III — despedir ou discriminar trabalhador em razão de sua filiação a sindicato, participação em greve, atuação em entidade sindical ou em representação dos trabalhadores nos locais de trabalho;

IV — conceder tratamento econômico de favorecimento com caráter discriminatório em virtude de filiação ou atividade sindical;

V — interferir nas organizações sindicais de trabalhadores;

VI — induzir o trabalhador a requerer sua exclusão de processo instaurado por entidade sindical em defesa de direito individual;

VII — contratar, fora dos limites desta lei, mão de obra com o objetivo de substituir trabalhadores em greve;

VIII — contratar trabalhadores em quantidade ou por período superior ao que for razoável para garantir, durante a greve, a continuidade dos serviços mínimos nas atividades essenciais à comunidade ou destinados a evitar danos a pessoas ou prejuízo irreparável ao próprio patrimônio ou de terceiros;

configurada conduta antissindical, o juiz do trabalho, ante a gravidade da infração, aplicará multa punitiva em valor de 1 até 500 vezes o menor piso salarial da categoria (art. 176). O projeto é realmente interessante e precisa ser discutido com urgência pelo Congresso Nacional, embora esteja dentro do contexto geral da reforma sindical enviada pelo Governo àquela casa legislativa.

No plano internacional, embora não haja disposições específicas da OIT a respeito do tema, a proteção contra todo ato discriminatório que prejudique a liberdade sindical com relação ao emprego é garantida, de maneira geral, pela Convenção n. 98, sobre direito de sindicalização e de negociação coletiva, pela Convenção n. 135 (proteção aos representantes dos trabalhadores nas empresas e facilidades para firmar acordos coletivos), e pela Convenção n. 151, sobre as relações de trabalho na administração pública.

O art. 1º, § 1º, da Convenção n. 98, estabelece que os trabalhadores deverão gozar de adequada proteção contra todo ato de discriminação com vista a prejudicar a liberdade sindical em relação com seu emprego. A doutrina do Comitê de Liberdade Sindical da OIT considera ilegítimos os atos de discriminação contra dirigentes sindicais que organizem greves legítimas e protege os sindicalistas e trabalhadores que delas participarem, afirmando que "nenhuma pessoa deve ser objeto de discriminação por causa de sua atividade ou de sua legítima filiação sindical, sejam presentes ou passadas" (OIT, 1996, § 690).

12. A Posição da Organização Internacional do Trabalho — OIT sobre o direito de greve

A Organização Internacional do Trabalho — OIT não tem ainda uma Convenção internacional dispondo especificamente sobre o direito de greve. O que há são Convenções que tratam da liberdade e autonomia sindicais e da negociação coletiva, como as de ns. 87 e 98, que reconhecem na greve um dos mais importantes instrumentos dos trabalhadores como forma de equilíbrio nas relações entre capital e trabalho, como corolário inseparável do direito de associação sindical protegido pela Convenção n. 87.

De acordo com o Comitê de Liberdade Sindical da OIT, o direito de greve é um dos meios legítimos e fundamentais de que dispõem os trabalhadores e suas organizações para a promoção e defesa de seus interesses econômicos e sociais (OIT, 1996, §§ 473-475). Com base nesse princípio, o Comitê de Liberdade Sindical tem:

IX — constranger o trabalhador a comparecer ao trabalho com o objetivo de frustrar ou dificultar o exercício do direito de greve;

X — violar o dever de boa-fé na negociação coletiva.

1. deixado claro que se trata de um direito do qual devem gozar as organizações de trabalhadores (sindicatos, federações e confederações);

2. adotado critério restritivo ao delimitar as categorias de trabalhadores que podem ser privadas desse direito, e, com relação às limitações legais ao seu exercício, não devem ser excessivas;

3. vinculado o exercício do direito de greve à finalidade de promoção e defesa dos interesses econômicos e sociais dos trabalhadores (critério este que exclui do âmbito de proteção internacional no seio da OIT as greves puramente políticas, embora não se pronuncie, de uma maneira direta, sobre a greve de solidariedade, questão esta que será examinada mais adiante, que não pode ser objeto de proibição absoluta);

4. considerado que o correto exercício do direito de greve não deve acarretar sanções prejudiciais de nenhuma natureza, que implicaria atos de discriminação antissindical. Nesse sentido também entende a Comissão de Peritos da OIT.

Lembra Carlos Henrique Bezerra Leite(77) que as orientações da referida organização são no sentido de que as limitações ao exercício do direito de greve devem ser razoáveis quando se refiram aos serviços públicos e essenciais, como é o caso do Comitê de Liberdade Sindical, que admite limitações e até proibições da greve nesses serviços, quando a interrupção destes possa colocar em perigo a vida, a segurança ou a saúde das pessoas.

Esse critério foi adotado pelo Brasil ao regulamentar o direito de greve nas atividades e serviços essenciais, como se observa do art. 11, parágrafo único da Lei n. 7.783/89 ("Nos serviços ou atividades essenciais, os sindicatos, os empregadores e os trabalhadores ficam obrigados, de comum acordo, a garantir, durante a greve, a prestação dos serviços indispensáveis ao atendimento das necessidades inadiáveis da comunidade. Parágrafo único. São necessidades inadiáveis da comunidade aquelas que, não atendidas, coloquem em perigo iminente a sobrevivência, a saúde ou a segurança da população").

É importante observar que a Recomendação n. 92 da OIT, nos arts. 4º e 6º, declara que a greve deve ser utilizada somente como última razão, depois de esgotado o processo de negociação voluntária em curso. É claro que, não havendo processo negocial em curso, como muitas vezes acontece por negativa da classe patronal, nada impedirá seja a greve utilizada como primeiro remédio para pressionar os patrões a abrirem canal de diálogo social.

Portanto, a orientação oriunda da OIT é no sentido de reconhecer a greve como importante direito fundamental e instrumento democrático dos trabalhadores, mas que deve ser usada de forma que sejam respeitados os demais direitos fundamentais do cidadão constitucionalmente assegurados

---

(77) *Op. cit*, p. 53.

no ordenamento jurídico de cada país. É um direito importante de manifestação da classe trabalhadora, mas não um direito absoluto, o qual encontra limites nos demais direitos do homem[78].

De acordo com a OIT (Comitê de Liberdade Sindical e Comissão de Peritos), os princípios e regras mínimas de conduta em matéria de greve, resumidamente, são:

1. a greve é um direito fundamental de que devem gozar os trabalhadores e organizações respectivas, desde que seu exercício se revista de caráter pacífico;

2. a greve é reconhecida em caráter geral como direito dos trabalhadores do setor público e privado, admitindo-se exceções, como restrições em relação aos funcionários públicos e trabalhadores em serviços essenciais no sentido estrito e proibições aos membros das Forças Armadas e da polícia, para evitar pôr em risco a vida, segurança e saúde da população;

3. não se admitem, no âmbito da liberdade sindical, greves puramente políticas, mas sim aquelas que tenham por finalidade alcançar soluções para as grandes questões de política econômica e social de interesse dos trabalhadores;

4. é abusiva a proibição de greves de solidariedade, salvo se a greve inicial, com a qual se solidarizam os trabalhadores, seja, em si, ilegal;

5. é admissível o estabelecimento de serviço mínimo como medida necessária à segurança das pessoas, à prevenção de acidentes e à segurança das instalações da empresa;

6. é admissível o estabelecimento de serviço mínimo de funcionamento da empresa ou instituição, no caso de greve em serviços de utilidade pública ou nos serviços públicos de importância transcendental;

7. são aceitáveis como condições para o exercício do direito de greve o aviso prévio, a obrigação de recorrência à mediação, conciliação ou arbitragem voluntária antes da sua deflagração, a exigência de *quorum* mínimo e a celebração de escrutínio secreto para decidir a greve;

8. as restrições aos piquetes de greve devem limitar-se aos casos em que eles não sejam pacíficos;

9. os piquetes não devem impedir o exercício da liberdade de trabalho aos não grevistas;

10. a mobilização compulsória de trabalhadores durante a greve só deve ser admitida em caso de greve em atividade essencial ou em circunstância de alta gravidade, como as situações de crise nacional aguda;

11. a contratação de trabalhadores em substituição aos grevistas só deve ser admitida nas greves em serviço essencial ou em situação de crise nacional aguda;

---

(78) GERMIGON, Bernard; ODERO, Alberto; GUIDO, Horacio; URIARTE, Oscar Ermida. *A greve:* o direito e a flexibilidade, p. 20.

12. são admissíveis disposições legais que preveem o desconto salarial dos dias parados;

13. deve haver meios de proteção aos dirigentes sindicais e trabalhadores contra atos antissindicais pela participação em greves legítimas;

14. os princípios da liberdade sindical não amparam os excessos no exercício do direito de greve, mas as sanções aplicadas devem ser proporcionais à gravidade das violações cometidas.

13. Requisitos para o exercício regular do direito de greve

As legislações nacionais, de modo geral, estabelecem condições ou requisitos para a licitude da greve. A orientação da OIT — Organização Internacional do Trabalho, por meio do Comitê de Liberdade Sindical, é no sentido de que esses requisitos devam ser razoáveis, de modo que não constituam importante limitação às possibilidades de ação das organizações sindicais (OIT, 1996, § 498).

Assim, considera o Comitê como aceitáveis os seguintes requisitos:

1. obrigação de dar aviso prévio (comunicação) sobre o início da greve;

2. obrigação de recorrer a procedimentos de conciliação, mediação e arbitragem voluntária, como condição prévia à declaração da greve (desde que adequados, imparciais e rápidos e as partes possam participar de cada etapa);

3. obrigação de respeitar um determinado *quorum* e de obter o acordo de uma maioria;

4. celebração de escrutínio secreto para decidir a greve;

5. adoção de medidas para a observância das normas de segurança e prevenção de acidentes;

6. manutenção de serviço mínimo em determinados casos;

7. garantia da liberdade de trabalho dos não grevistas.

A greve, como tenho ressaltado, é um direito fundamental de manifestação dos trabalhadores e, como qualquer outro direito, não é absoluto. Assim, para ter o seu exercício considerado regular, requer, de acordo com a lei brasileira (Lei n. 7.783/89), o cumprimento de alguns requisitos, quais sejam:

a) convocação/realização de assembleia geral da categoria;

b) cumprimento de *quorum* mínimo para deliberação;

c) exaurimento da negociação coletiva sobre o conflito instaurado;

d) comunicação prévia aos empresários e à comunidade (nas greves em serviços essenciais);

e) manutenção em funcionamento de maquinário e equipamentos, cuja paralisação resulte prejuízo irreparável;

f) atendimento das necessidades inadiáveis da comunidade (nas greves em serviços essenciais);

g) comportamento pacífico;

h) garantia de liberdade de trabalho dos não grevistas;

i) não continuidade da paralisação após solução do conflito por acordo coletivo de trabalho, convenção coletiva ou sentença normativa.

13.1. Convocação e realização de assembleia geral da categoria

De acordo com o art. 4º da Lei n. 7.783/89, caberá à entidade sindical correspondente convocar, na forma do seu estatuto, assembleia geral que definirá as reivindicações da categoria e deliberará sobre a paralisação coletiva da prestação de serviços. Esse requisito tem por finalidade democratizar e legitimar o movimento, pois quem decide e faz a greve não é a entidade sindical, mas os trabalhadores, os quais poderão ser dispensados em determinadas hipóteses em que a realidade, por meio de outros fatos, demonstre que o movimento foi feito por eles. Tal ocorre, por exemplo, quando, mesmo sem uma assembleia regular, a greve for decretada e a categoria, em percentual expressivo, aderir e mantiver o movimento. Também se pode dispensar esse requisito numa greve-protesto diante da existência de risco grave e iminente para os trabalhadores, ante as péssimas condições de trabalho existentes. A regra, portanto, é a convocação de assembleia da categoria.

13.2. Cumprimento de *quorum* mínimo

O estatuto da entidade sindical deverá prever as formalidades de convocação e o *quorum* para a deliberação, tanto da deflagração quanto da cessação da greve (Lei n. 7.783/89, art. 4º, § 1º). O estatuto do sindicato é a lei interna da categoria. É com base nele que deve ser realizada a assembleia geral e decididas as reivindicações da categoria.

13.3. Do exaurimento da negociação coletiva

Diz o art. 3º da Lei n. 7.783/89 que, “frustrada a negociação ou verificada a impossibilidade de recurso via arbitral, é facultada a cessação coletiva do trabalho”.

O atendimento a esse requisito se dá mediante a convocação dos trabalhadores interessados para deliberarem, em assembleia geral, sobre as reivindicações a serem negociadas com a classe patronal, bem como a respeito da decretação da greve, caso malogrem as tratativas de ajuste entre as partes (art. 4º da Lei n. 7.783/89).

Cabe ao sindicato ou comissão de negociação, nas categorias não organizadas (arts. 4º, § 2º e 5º, da Lei n. 7.783/89), encaminhar a pauta de reivindicações formuladas e estabelecer prazo razoável para conclusão das discussões.

As negociações devem ser reais e não meras encenações, como tem ocorrido em muitos casos. É claro que tal somente poderá ocorrer se houver mútuo empenho das partes, de maneira que, recusando-se a classe patronal a dar início ao acordo ou, respondendo simplesmente que não pode atender aos pleitos, resta configurado o pressuposto da prévia ou "exaustiva" negociação, para efeito não só do cumprimento da formalidade legal, como também para ajuizamento do dissídio coletivo.

Conforme leciona o Professor Amauri Mascaro Nascimento: "A negociação coletiva não teria por si expressão sem o correlato direito de greve, já que bastaria a recusa empresarial em negociar e o pleito terminaria sem outras consequências. Desse modo, a greve está diretamente relacionada com a negociação coletiva e nesse sentido é que ambas as figuras integram o campo maior dos direitos coletivos dos trabalhadores, definidos pela Constituição, dentre outros, o expresso reconhecimento das convenções coletivas de trabalho (CF, art. 7º, XXVI) e a obrigatoriedade de participação dos sindicatos nas negociações coletivas de trabalho (CF, art. 8º, VI)"[(79)].

13.4. Da comunicação prévia

Cabe à classe profissional, como formalidade essencial ao exercício do direito de greve, comunicar aos empregadores a data em que entrarão em greve. Essa comunicação deverá ser feita no prazo mínimo de 48 horas nas atividades privadas e de 72 horas nos serviços e atividades essenciais (arts. 3º, parágrafo único e 13, da Lei n. 7.783/89), sendo que nessa última hipótese também será avisada a população.

A comunicação poderá ser feita mediante qualquer meio legalmente permitido em direito, embora deva ser por escrito, para segurança dos interessados. Em se tratando de serviços e atividades essenciais, os sindicatos deverão usar dos meios mais eficazes possíveis para que as pessoas se

---

(79) *Comentários à Lei de Greve*, p. 49/51.

preparem para enfrentar a greve, devendo, ainda, sempre que possível, precisarem o seu termo. Por exemplo, numa greve de motoristas e cobradores de ônibus, deve haver "planfetagem" no interior destes e nos locais de maior aglomeração de pessoas, como nos pontos de embarque e desembarque e nos terminais rodoviários; tratando-se de uma greve de hospitais, a divulgação, além dos locais antes mencionados, deverá concentrar-se nestes.

O requisito da comunicação não atenta contra o direito de greve, pois decorre de um princípio legal moderno e internacional da publicidade. A sua finalidade, como assevera Carlos Henrique Bezerra Leite, "é permitir que o empregador tome as providências que entender necessárias (relacionamento com clientes, cumprimento dos contratos, entrega de mercadorias etc.), e que surgirão em virtude da paralisação do processo produtivo"[(80)].

Por exceção, no entanto, torna-se dispensável a notificação à classe patronal, nos seguintes casos: a) por atraso de pagamento de salários; b) na existência de riscos graves e iminentes para os trabalhadores, nos locais de trabalho, por falta do cumprimento de normas de segurança e medicina do trabalho.

Tal se justifica em razão dos prejuízos irreparáveis para os trabalhadores, conforme decorre da lei, no primeiro caso (art. 14, parágrafo único da Lei n. 7.783) e, de entendimento jurisprudencial, nos demais.

Veja-se a ementa a seguir transcrita, ilustrativa da posição jurisprudencial, no caso de greve por atraso de pagamento:

> EMENTA: Greve — abusividade — mora salarial. A jurisprudência deste Colegiado é no sentido de que a mora salarial, pela gravidade de que se reveste como infração contratual pelas consequências em relação aos empregados, adquire tal relevância que pode conduzir a um exame menos rigoroso quanto ao cumprimento dos requisitos para a deflagração do movimento grevista.[(81)]

13.5. Manutenção de maquinário e de equipamentos em funcionamento

Estabelece a Lei n. 7.783/89 (art. 9º) que, "durante a greve, o sindicato ou a comissão de negociação, mediante acordo com a entidade patronal ou diretamente com o empregador, manterá em atividade equipes de empregados com o propósito de assegurar os serviços cuja paralisação resultem em prejuízo irreparável, pela deterioração irreversível de bens, máquinas e equipamentos, bem como a manutenção daqueles essenciais à retomada das atividades da empresa quando da cessação do movimento. Parágrafo único. Não havendo

---

(80) *A greve como direito fundamental*, p. 61.

(81) TST-RO-DC 464.223/98-4; Ac. SDC, de 8.2.1999; Rel. Min. Valdir Righetto.

acordo, é assegurado ao empregador, enquanto perdurar a greve, o direito de contratar diretamente os serviços necessários a que se refere este artigo".

Há atividades que, pelas peculiaridades do seu desenvolvimento, não podem parar, sob pena de se causar prejuízos irreparáveis, como é o caso de altos-fornos que não podem ser desligados; caso tal aconteça por causa de uma greve, a retomada da produção somente ocorrerá dias após o término do movimento, sem contar os prejuízos que seriam provocados, não mais aqueles "normais", decorrentes do movimento, mas por falta de manutenção e funcionamento de certos equipamentos ou maquinários. Por isso, o legislador determinou que o sindicato ou a comissão de negociação, juntamente com a empresa, mantenha equipes de empregados encarregados de tais afazeres; não havendo o aludido acordo, também se autoriza a empresa a contratar temporariamente trabalhadores para o cumprimento da disposição legal.

Do exposto decorrem responsabilidades dos trabalhadores de manterem tais atividades em funcionamento, por meio de equipes, e, da empresa, de somente contratar substitutos, excepcionalmente e em número suficiente, apenas àquela tarefa emergencial.

Ressalte-se, para evitar confusões ocorrentes, que as atividades essenciais são somente aquelas previstas no art. 10 da Lei n. 7.783/89 e não as de que trata o mencionado art. 9º.

Parece, também, que a referida disposição legal não fere o disposto na Constituição Federal sobre o direito de greve, pois interessa também aos próprios trabalhadores a retomada normal da produção, logo após o fim da greve, inclusive como forma de manutenção dos empregos e da assunção das reivindicações certamente atendidas, parcial ou totalmente.

13.6. Atendimento das necessidades inadiáveis da comunidade

Um dos mais importantes requisitos para o exercício regular do direito de greve em serviços e atividades essenciais é o atendimento das atividades inadiáveis da comunidade (serviços mínimos). Tais atividades, como reza o parágrafo único do art. 11 da Lei de Greve, são aquelas que, se não atendidas, colocam em perigo iminente a sobrevivência, a saúde ou a segurança da população.

Da população atingida, como é elementar, fazem parte os próprios trabalhadores, os quais devem ser os mais interessados no cumprimento de tais atividades, pelo que razão nenhuma existe para não se cumprir a determinação legal. Como já se disse, mesmo não proibida a greve nos serviços e atividades essenciais, nestes, o seu exercício encontra maior restrição, como a ora analisada, uma vez que os direitos constitucionalmente assegurados ao cidadão podem apresentar-se de forma privilegiada em relação aos interesses particulares de classes ou grupos.

Portanto, para que sejam respeitados tanto o direito de greve como os da comunidade, é preciso que haja bom-senso de empregados, empregadores e respectivas representações, a quem a lei incumbe o atendimento das atividades inadiáveis da população, de comum acordo, mediante a assunção de responsabilidades.

Não sendo atendido esse requisito, a greve deverá ser considerada abusiva, além das responsabilidades inerentes em cada caso — trabalhistas, civis e penais (CF, art. 9º, §§ 1º e 2º e Lei n. 7.783/89, art. 15).

A lei não estabelece o percentual de atendimento mínimo, o que pensa-se ser correto, porquanto a fixação será feita em cada caso real, levando-se em conta as peculiaridades do serviço essencial. O percentual não pode ser tão pequeno a ponto de não atender às necessidades mínimas da população, nem tão alto que inviabilize/frustre o exercício da greve. Desse modo, por exemplo, em serviço hospitalar, deve-se observar percentuais diferenciados para cada setor (plantão de consultas, pronto-socorro, administração, UTI, etc.). Enquanto na UTI não se pode reduzir o número de trabalhadores, mas apenas fazer rodízio entre os grevistas, na administração, deve-se determinar um pequeno número de trabalhadores apenas para receber e fazer pagamentos e outras atividades necessárias ao funcionamento do hospital. Entendo exagerado, com efeito, a fixação de 70%, 80% de atividades numa paralisação de transporte coletivo, pois não se faz uma greve com pequeno percentual de trabalhadores; além disso, o objetivo desta é causar prejuízo e desconforto. Se isso não ocorrer, o instrumento tornar-se-á ineficaz[(82)].

O Comitê de Liberdade Sindical da OIT tem a seguinte posição sobre os casos e circunstâncias em que se deve admitir a imposição de um serviço

---

(82) TRT9 — Justiça determina que 40% dos trabalhadores das empresas de transporte de valores voltem às atividades.
A vice-presidente do Tribunal Regional do Trabalho do Paraná, desembargadora Rosemarie Diedrichs Pimpão, determinou, no final da tarde desta sexta-feira, que o sindicato dos trabalhadores das empresas de transporte de valores, em greve desde segunda-feira, disponibilize 40% dos empregados de cada empresa para o serviço, sob pena de multa diária, para cada sindicato representado na ação, no valor de R$ 10 mil pelo descumprimento. Também determinou que as empresas Prosegur e Brink's disponibilizem os carros-fortes responsáveis pelo abastecimento dos caixas eletrônicos, também sob pena de multa diária, de R$ 100 mil. As multas serão revertidas ao Fundo de Amparo ao Trabalhador e/ou programas voltados à sustentabilidade. A desembargadora esclareceu, em nota, ter esperado "que prevalecesse o bom-senso e envidou todos os esforços para que as negociações resultassem exitosas, porém, as partes foram intransigentes e foi necessário impor penalidades a fim de que a população não sofresse pela inviabilidade de negociação entre as partes, como reconheceu o presidente do Sindicato dos Trabalhadores, em audiência" (Processo DC-00051-2010-909-09-00-3. Fonte: *Tribunal Regional do Trabalho da 9ª Região.* Publicado em 8 de fevereiro de 2010 às 11h9min).

mínimo: "O estabelecimento desses serviços mínimos, em caso de greve, só deveria ser possível: 1) nos serviços cuja interrupção pudesse pôr em risco a vida, a segurança ou a saúde da pessoa em toda ou parte da população (serviços essenciais no sentido estrito do termo); 2) nos serviços não essenciais no sentido estrito, nos quais greves de certa extensão e duração pudessem criar uma situação de crise nacional aguda, de tal modo a pôr em perigo as condições normais de existência da população; e 3) em serviços públicos de importância transcendental" (OIT, 1996, § 556)[83].

Duas condições são exigidas para a imposição dos serviços mínimos: que se trate exclusivamente de um serviço limitado às atividades estritamente indispensáveis às necessidades básicas da população ou à satisfação das exigências mínimas do serviço, sem reduzir a eficácia e operatividade dos meios de pressão, ou seja, sem frustrar a greve, e que as organizações de trabalhadores e os empregadores possam participar, juntamente com as autoridades públicas, na definição desses serviços[84]. Pondera-se que, como se trata de restrição a um direito, o direito de greve, de um lado, não deve haver rigor excessivo de modo que inviabilize o exercício do referido direito, mas, por outra parte, a fixação deve ser razoável para amenizar os prejuízos e desconfortos causados à população durante a movimentação dos trabalhadores.

13.7. Comportamento pacífico na greve

O comportamento dos trabalhadores na greve, para não maculá-la de abusiva, deve ser pacífico. Pacífico como deve ser o modo de vida de todo cidadão nas relações em sociedade. A greve pacífica consiste no direito de suspensão do trabalho, com ou sem permanência nos respectivos locais, desde que não se atente contra o patrimônio da empresa e o direito de outros trabalhadores que queiram continuar suas atividades.

É certo que a lei assegura aos grevistas o direito de persuasão pacífica em relação aos demais companheiros de trabalho (§ 1º do art. 6º da Lei n. 7.783/89), a fim de convencê-los a aderirem à greve, bem como a divulgação do movimento e a arrecadação de fundos para manutenção da parede (art. 6º, incisos I e II, da Lei n. 7.783/89).

De outra parte, a lei veda ao empregador o uso de meios tendentes a constranger os empregados a não fazerem greve (§ 2º, do art. 6º, da Lei n. 7.783/89).

---

(83) GERMIGON, Bernard; ODERO, Alberto; GUIDO, Horacio; URIARTE, Oscar Ermida. *A greve: o direito e a flexibilidade*, p. 41.

(84) *Ibidem*, p. 42/43.

Isso decorre da assertiva de que ninguém pode usar de um direito de forma abusiva, bem como que o uso regular de um direito não pode, em regra, acarretar prejuízo ao seu titular.

Nesse sentido, tem-se a jurisprudência do STF (Súmula n. 316), afirmando que a simples adesão à greve não constitui falta grave.

13.8. Liberdade de trabalho

As manifestações e atos de persuasão utilizados pelos grevistas não poderão impedir o acesso ao trabalho nem causar ameaça ou dano à propriedade ou pessoa (Lei n. 7.783/89, art. 6º, § 3º). A greve é um direito democrático, e, assim, deve-se respeitar a vontade de quem a ela não quer aderir. É claro que as conquistas auferidas com a greve, no sistema sindical brasileiro, beneficiam todos os trabalhadores, sócios ou não do sindicato, participantes ou não da greve. Por isso, a lei autoriza que os grevistas usem de meios pacíficos para convencer os demais trabalhadores, mas não podem obrigá-los a participar do movimento à força.

13.9. Paralisação após a solução do conflito

Constitui abuso do direito de greve a inobservância das normas contidas na presente lei, bem como a manutenção da paralisação após a celebração de acordo, convenção ou decisão da Justiça do Trabalho (Lei n. 7.783/89, art. 14). Deve-se incluir também a hipótese de solução do conflito por meio de laudo arbitral.

Ressalva-se no parágrafo único desse artigo as hipóteses em que a greve tenha por objetivo exigir o cumprimento de cláusula ou condição estipulada em instrumento normativo ou quando motivada pela superveniência de fato novo ou acontecimento imprevisto que modifique substancialmente a relação de trabalho. Esses requisitos decorrem de uma lógica, qual seja, busca-se a solução do conflito para que haja harmonia e paz social entre as partes envolvidas, decorrendo, dessa forma, a paralisação do movimento. É que as convenções coletivas se concebem como um tratado de paz social de determinada duração, em cujo período, salvo por outras razões poderosas não analisadas nas negociações coletivas, não se deve fazer nova greve. A classe patronal, ao negociar a solução do conflito, precisa de segurança para tocar a sua atividade.

Todavia, o problema tem surgido, com certa complexidade, no caso das sentenças normativas, que na avaliação dos trabalhadores e de suas lideranças, em determinados casos, não atendem razoavelmente aos pleitos obreiros. Havendo, no caso, a instauração de novo dissídio coletivo de greve, certamente o Tribunal declarará a abusividade do movimento. Não se pode esquecer que, enquanto existir a atividade normativa da Justiça do Trabalho, deve essa forma excepcional de prestação jurisdicional ser oferecida com eficácia, rapidez e conhecimento da realidade social e econômica das partes envolvidas no conflito, para não ser desmoralizada, como em algumas situações tem ocorrido.

14. Direitos e deveres dos grevistas

A greve é um direito fundamental do trabalhador como instrumento para forçar os empregadores a atenderem às reivindicações formuladas. Como tal, deve esse direito ser protegido contra ataques que o inviabilizem. Por outro lado, não se trata de um direito absoluto, pois, para ser considerado regular, deve ser exercido mediante o respeito aos demais direitos do cidadão constitucionalmente assegurados. Desse modo, estabelece a Lei n. 7.783/89 sobre os direitos dos grevistas, nos seguintes termos:

> Art. 6º São assegurados aos grevistas, dentre outros direitos:
>
> I — o emprego de meios pacíficos tendentes a persuadir ou aliciar os trabalhadores a aderirem à greve;
>
> II — a arrecadação de fundos e a livre divulgação do movimento.
>
> § 1º Em nenhuma hipótese, os meios adotados por empregados e empregadores poderão violar ou constranger os direitos e garantias fundamentais de outrem.
>
> § 2º É vedado às empresas adotar meios para constranger o empregado ao comparecimento ao trabalho, bem como capazes de frustrar a divulgação do movimento.
>
> § 3º As manifestações e atos de persuasão utilizados pelos grevistas não poderão impedir o acesso ao trabalho nem causar ameaça ou dano à propriedade ou pessoa.

14.1. Meios pacíficos de persuasão dos trabalhadores

De acordo com o art. 6º da Lei n. 7.783/89:

> Art. 6º (...) Inciso I — o emprego de meios pacíficos tendentes a persuadir ou aliciar os trabalhadores a aderirem à greve.

Um dos meios, na linguagem comum, seria o piquete, que consiste na busca de adesão dos demais membros da categoria ao movimento, uma vez que os benefícios conquistados, ante o efeito *erga omnes* dos instrumentos normativos, são estendidos a todos indistintamente (CLT, art. 611). Tem ele efeito psicológico porque, mediante convencimento e aliciamento pacíficos, haverá conscientização dos "companheiros" os quais só querem os benefícios decorrentes do movimento, sem, contudo, se arriscarem.

Quem entra na greve, como se sabe, é para ganhar ou perder, pois esta consiste em um dos mais complexos atos nas relações de trabalho, sobretudo em sistemas como o brasileiro, no qual ainda é muito pequena a cultura da greve como direito. Muito mais do que como direito, a greve ainda é vista como delito e recurso antissocial, nocivo ao trabalho e ao capital e incompatível com os superiores interesses da produção nacional, como dizia explicitamente a Constituição Federal de 1937 (art. 139).

14.2. Arrecadação de fundos e a livre divulgação do movimento

Com base na Lei n. 7.783/89:

Art. 6º (...) Inciso II — a arrecadação de fundos e a livre divulgação do movimento.

Usa-se o piquete, também, para divulgar a greve e passar as informações do movimento, pedindo a colaboração daqueles que ainda não aderiram a ela.

Antes e durante a greve, existe grande movimento para divulgação e preparação do movimento. Para tanto, são necessários recursos, que normalmente advêm das receitas próprias dos sindicatos. Mas há situações outras mais complexas, como, por exemplo, quando o sindicato não tem dinheiro para bancar o movimento ou então não lhe dá apoio oficial, ou, ainda, quando há dispensa de trabalhadores e suspensão do pagamento dos salários, principalmente nas hipóteses de paralisações demoradas.

Assim, são necessários recursos, arrecadados entre os trabalhadores da mesma categoria ou de outras e até perante a sociedade, com o fim de ajudar os trabalhadores mais necessitados a se manterem no movimento sem prejuízo do sustento próprio e da família. Exemplo marcante de arrecadação de fundos perante a sociedade ocorreu nas greves eclodidas no ABC paulista na década de 1970, diante da grande repressão existente, não só por parte do governo, mas também das empresas, que despediam por justa causa trabalhadores, em massa e aleatoriamente, e suspendiam o pagamento de salários de outros. Além disso, diante das intervenções nos sindicatos e cassação dos mandatos de vários dirigentes sindicais, não havia outra solução senão apelar para o apoio popular. Na época, vários apoios financeiros e de toda ordem foram prestados pela sociedade e por importantes personalidades políticas, dos meios artístico, religioso, etc., porque aqueles movimentos, além da conotação reivindicatória trabalhista, tinham também como objetivo romper com a legalidade imposta pelo regime de ditadura militar vigente à época.

14.3. Piquetes e outros meios de persuasão

> Art. 6º (...) § 1º Em nenhuma hipótese, os meios adotados por empregados e empregadores poderão violar ou constranger os direitos e garantias fundamentais de outrem.

Não podem os piquetes e outros meios de persuasão desvirtuar a sua finalidade, como muitas vezes acontece, e, por isso, justificam atos de repressão. Assim, não se pode impedir o ingresso em serviço de quem quer trabalhar, a livre circulação de pessoas e coisas, tampouco haver agressão a trabalhadores, empregadores, etc., com palavras de baixo calão e fisicamente, pois, desse modo, se estará partindo para o exercício irregular do direito. O que se pode e se deve fazer são manifestações pacíficas para convencer outros trabalhadores a aderirem e colaborarem com o movimento e a própria sociedade, porque uma greve contra a sociedade normalmente está fadada ao insucesso.

Como afirma Amauri Mascaro Nascimento, "a livre manifestação de pensamento é outro direito fundamental (CF, art. 5º, IV), de modo que não é dado ao empregador impedir, na porta da fábrica, a liberdade dos grevistas de dizer aos demais colegas o seu ponto de vista sobre os problemas trabalhistas existentes com o patrão, a livre divulgação de manifestos ou folhetos críticos sobre as suas condições de trabalho e o uso do megafone para transmitir as suas convicções"[85].

Quanto aos piquetes de greve que agem em conformidade com a lei, o Comitê de Liberdade Sindical da OIT considerou que não devem ser objeto de entraves por parte das autoridades públicas e que a proibição para tal se justifica apenas se a greve perder o seu caráter pacífico (OIT, 1996, §§ 583 e 584).

14.4. Constrangimentos e meios frustrantes da greve

> Art. 6º (...) § 2º É vedado às empresas adotar meios para constranger o empregado ao comparecimento ao trabalho, bem como capazes de frustrar a divulgação do movimento.

Igualmente, não podem as empresas constranger os trabalhadores a comparecerem ao trabalho, porque têm eles o direito de participar da manifestação, como membro de uma categoria, desde que convencidos de que a reivindicação é correta e justa. Casos há em que as empresas que trabalham em turnos de revezamento "prendem" os trabalhadores de um determinado turno nos locais de trabalho, oferecendo-lhes comida, colchão, toalhas e sabonetes para tomarem banho, a fim de que eles dobrem e tripliquem

---

(85) *Comentários à Lei de Greve*, p. 79.

a jornada para não parar a produção. Além de contrário ao direito de greve, tal ato coloca em risco a vida, integridade física e segurança dos trabalhadores, que, exaustos, certamente estarão mais vulneráveis à ocorrência de acidentes de trabalho. Ademais, é o próprio patrimônio empresarial que corre perigo, além da baixa qualidade dos produtos feitos por pessoas que já não têm mais condições físicas e psicológicas de trabalho. O ato constitui crime de cárcere privado e contrário a organização do trabalho e, por isso, deve ser evitado.

14.5. Acesso ao trabalho e dano à propriedade ou pessoa

> Art. 6º (...) § 3º As manifestações e atos de persuasão utilizados pelos grevistas não poderão impedir o acesso ao trabalho nem causar ameaça ou dano à propriedade ou pessoa.

As manifestações devem ser pacíficas, porque se destinam à divulgação e defesa do movimento e à busca de adesão para tal. Não se pode, por isso, colocar em perigo e risco a integridade física e psíquica das pessoas e a propriedade da empresa, causando-lhes prejuízos anormais. É claro que a greve existe para causar prejuízo, sem o qual é um remédio inócuo. Esse prejuízo, entretanto, é aquele que decorre da suspensão da atividade ou produção em razão da greve. Porém, se atingidos equipamentos, maquinários e outros bens, por atos outros que não o exercício regular do direito de greve, os responsáveis deverão arcar com os prejuízos decorrentes, ante o princípio de que aquele que causa dano a outrem deve ressarci-lo das perdas (CC, arts. 186 e 927 e Lei n. 7.783/89, art. 15), pois a greve é um importante direito, que deve, todavia, ser exercido sob o pálio da responsabilidade.

Finalmente, "em nenhuma hipótese, os meios adotados por empregados e empregadores poderão violar ou constranger os direitos e garantias fundamentais, nos termos do art. 6º, § 1º da Lei n. 7.783"[86], porque o direito de greve, por mais importante que seja (e o é), não se sobrepõe aos direitos do cidadão constitucionalmente assegurados, como o direito à saúde, à locomoção, à imagem, à honra, à segurança, etc. Por isso, embora permitida a greve em atividades e serviços essenciais, o seu exercício sofre restrições outras, como visto no item 8 do Capítulo I.

14.6. Determinação de retorno ao trabalho

A mobilização compulsória ou determinação obrigatória de retorno dos trabalhadores às respectivas atividades, no caso de greve, conforme os princípios da OIT, somente poderá ocorrer "quando a suspensão total e

(86) NASCIMENTO, Amauri Mascaro. *Op. cit*, p. 78.

prolongada do trabalho, num importante setor da economia, puder provocar uma situação que ponha em risco a vida, a segurança ou a saúde da população. Em tal situação pode ser legítimo dar, a determinada categoria de pessoas, a ordem de retomar o trabalho, se, por sua magnitude e duração, a greve puder criar a dita situação" (OIT, 1996, § 572 e ss.).

A lei brasileira não prevê essa imposição, mas numa greve em atividades ou serviços essenciais ou mesmo numa outra situação em que, pelo prolongamento do movimento, possa acarretar irreparáveis prejuízos à população, pode uma decisão judicial determinar, após o julgamento e solução do conflito, o retorno imediato dos grevistas ao trabalho, mediante cominação em face do sindicato da categoria respectiva. De forma excepcional, até mesmo pode ser determinado que alguém assuma ou volte ao trabalho sob pena de responder pessoal e criminalmente pela omissão de atendimento médico. Mas tal deve se dar somente por exceção, porquanto, regra geral, essa imposição agride o direito de liberdade sindical e de greve, contrariando, assim, os arts. 8º, inciso I, e 9º, da Constituição Federal, que, respectivamente, veda a interferência e intervenção do Poder Público na organização sindical e assegura o direito de greve, competindo aos trabalhadores decidir o momento do seu exercício e os direitos a serem tutelados.

15. Efeitos da greve nos contratos individuais de trabalho

De acordo com a Lei n. 7.783/89 (art. 7º), "observadas as condições previstas nesta Lei, a participação em greve suspende o contrato de trabalho, devendo as relações obrigacionais durante o período ser regidas pelo acordo, convenção, laudo arbitral ou decisão da Justiça do Trabalho".

Ademais, estabelece o parágrafo único deste artigo que "é vedada a rescisão do contrato de trabalho durante a greve, bem como a contratação de trabalhadores substitutos, exceto na ocorrência das hipóteses previstas nos arts. 9º e 14".

De tais disposições proibitivas pode-se citar: a suspensão do contrato de trabalho durante a greve; a vedação de dispensa de trabalhadores durante seu exercício; a não contratação de trabalhadores para substituição, determinando-se que os direitos e obrigações decorrentes dos contratos de trabalho durante a suspensão serão regidos por instrumentos normativos.

15.1. Suspensão contratual e dispensa de trabalhadores durante a greve

De acordo com a lei, portanto, se o direito de greve for exercido regularmente, o contrato de trabalho ficará suspenso. Estando suspenso, consequentemente, não poderá haver dispensa com ou sem justa causa. A rescisão contratual opera-se nessa hipótese apenas por outros motivos, como por iniciativa do empregado, por exemplo. A proibição de dispensa representa importante imunidade para os trabalhadores que, durante a greve, deixarão de cumprir as obrigações normais decorrentes do contrato de trabalho, por força do exercício de um direito assegurado por lei.

Dispensa pode haver, ao contrário, se cometidos abusos do direito de greve, o que será apurado e reconhecido pela Justiça do Trabalho. Dessa forma, não têm sido acolhidas as dispensas praticadas pelas empresas durante a greve, mesmo sob alegação de descumprimento de preceitos inerentes ao referido direito, porque tal é feito, regra geral, com o intuito de reprimir os grevistas e desmotivar a continuidade do movimento pelos demais trabalhadores, que, evidentemente, ficam amedrontados. Por isso, não raro, a Justiça do Trabalho concede medidas liminares a pedido dos trabalhadores ou do Ministério Público do Trabalho para tornar sem efeito dispensas de trabalhadores na greve.

Nos Dissídios Coletivos de paralisação do trabalho, verificando o juiz a existência de dispensas coletivas retaliatórias do direito de greve, poderá ele, de ofício, adotar providências para suspender o ato, aplicando, em qualquer hipótese de concessão da cautela, cominação à empresa.

Como decorre de princípio basilar de Direito, ninguém pode ser punido por exercitar regularmente um direito. Por isso, conforme jurisprudência pacífica dos Tribunais, consubstanciada na Súmula n. 316 do STF, “a simples adesão à greve não constitui falta grave”, mesmo que esta venha a ser declarada abusiva. Isso porque o que configura a falta grave do grevista é o ato por ele praticado individualmente, o qual será devidamente apurado, quase sempre, em um processo judicial, mediante o devido processo legal. Não teria mesmo cabimento acolher a dispensa do trabalhador porque aderiu a uma greve considerada abusiva, mesmo que por decisão judicial, por exemplo, por descumprimento, pelo sindicato profissional, de um mero requisito formal.

Num caso concreto de greve dos petroleiros brasileiros em 1995, mediante denúncia à OIT, esta reconheceu que houve desrespeito ao direito de greve pelo governo brasileiro: “O Brasil violou o direito de greve, afirma a OIT. A Organização Internacional do Trabalho — OIT, considerou que o direito de greve dos petroleiros foi violado e recomendou que o governo tomasse medidas para ‘facilitar a reintegração em seus postos de trabalho’ dos 59 demitidos na última paralisação da categoria, que durou trinta dias, em maio de 1995. A decisão do Comitê de Liberdade Sindical da OIT foi tomada em novembro a partir de queixas apresentadas pela Central Única dos Trabalhadores, à qual é filiada a Federação Única dos Petroleiros. O Comitê é tripartite — tem representantes de empresários, trabalhadores e governo — e recebeu relatório do próprio governo brasileiro antes de se posicionar. O governo brasileiro, um dos 163 integrantes da OIT, é signatário da Convenção n. 98, que garante o direito de greve. Segundo o governo, 'de acordo com o estabelecido por lei', foram feitas demissões e substituições de grevistas para garantir o abastecimento de combustível e o respeito ao Estado de Direito"[(87)].

Além das demissões, a greve foi apreciada pelo TST, que, por maioria de votos, a julgou abusiva e improcedentes as reivindicações, determinando o retorno imediato dos trabalhadores às atividades a partir das 12 horas do dia 10.5.1995, mediante cominação de multa diária de R$ 100.000,00 (cem mil reais) para cada sindicato onde estivesse ocorrendo a greve. Como os trabalhadores continuaram o movimento, o valor final da multa, que era realmente excessivo, tornou-se muito alto e até mesmo impossível de execução, daí que o Congresso Nacional aprovou a anistia dos sindicatos, por meio da Lei n. 9.689/98[(88)].

O acórdão do TST ficou assim ementado:

> Dissídio Coletivo — Greve na vigência de sentença normativa deflagrada com objetivo de exigir cumprimento de acordo posterior — inaplicabilidade do inciso um do parágrafo único do artigo quatorze da lei sete mil, setecentos e oitenta e três, de oitenta e nove — paralisação abusiva. Se a greve é deflagrada na vigência de sentença normativa, com o objetivo de exigir o cumprimento de cláusula ou condição prevista em acordo posterior, o qual não possui as características próprias de um convênio coletivo de trabalho, por faltar-lhe os requisitos mínimos que a lei exige para a sua celebração, não cabe a aplicação da excludente contida no inciso um do parágrafo único do artigo quatorze da lei sete mil, setecentos e oitenta e três, de oitenta e nove (Lei de Greve). Dissídio coletivo julgado procedente para declarar abusiva a paralisação.

15.2. Contratação de trabalhadores para substituírem os grevistas

Também não pode haver contratação de trabalhadores durante a greve, cuja finalidade da vedação é evitar o esvaziamento do movimento mediante pressão resultante da contratação de novos empregados para substituírem os grevistas nas atividades corriqueiras. Só excepcionalmente poderá haver admissão de novos trabalhadores, no caso, para fazerem a manutenção de

---

(87) *Folha de S. Paulo,* de 5.1.1996, Caderno 1-10.

(88) Lei n. 9.689/98 — "Art. 1º É concedida anistia das multas cominadas pelo Tribunal Superior do Trabalho a entidades sindicais representativas da categoria dos trabalhadores na indústria de extração, exploração, estocagem, transferência, perfuração, destilação, produção e refinação de petróleo e seus derivados, gás natural e outros similares da indústria petroquímica, química e de plásticos e afins, entre 1º de setembro de 1994 e a data da publicação desta Lei, em decorrência de sentenças judiciais declaratórias de ilegalidade ou abusividade de movimento grevista ou de improcedência de reivindicações de categorias profissionais."

equipamentos e maquinários, ante a omissão dos grevistas, para evitar prejuízos irreparáveis à empresa. Outra hipótese é no caso de a paralisação continuar depois da solução do conflito por acordo ou decisão da Justiça do Trabalho, como estabelece o art. 14 da Lei de Greve. Sobre essa última hipótese, se a decisão for da Justiça do Trabalho, há divergência, ante o que dispõe o art. 9º da Constituição, que assegura aos trabalhadores o direito de greve, competindo-lhes decidir sobre a oportunidade de exercê-lo, não cabendo, pois, ao Estado-Juiz determinar o retorno ao trabalho, mas tão somente oferecer uma solução para o conflito.

Segundo a Comissão de Peritos da OIT: "Cria-se um problema especial quando a legislação ou a prática permite que as empresas contratem outros trabalhadores para substituírem seus próprios empregados enquanto fazem greve ilegal. Esse problema é particularmente grave se, por força de disposições legais ou da jurisprudência, os grevistas não têm garantido, de direito, sua reincorporação ao emprego depois de terminado o conflito. A Comissão considera que esse tipo de disposições ou de práticas prejudica gravemente o direito de greve e repercute no livre exercício dos direitos sindicais" (OIT, 1994, § 175).

15.3. Pagamento dos salários e demais direitos durante a greve

Finalmente, ao contrário do que dizia a revogada Lei n. 4.330/64 (art. 20, parágrafo único), as relações obrigacionais durante a greve serão reguladas por instrumentos normativos (acordo coletivo, convenção coletiva, laudo arbitral ou sentença normativa da Justiça do Trabalho). É o que ocorre com os salários, férias, 13º salário, FGTS e demais direitos decorrentes do contrato de trabalho, atingidos pela suspensão contratual. Quando negociados esses direitos, menos mal.

Pior é quando as partes não chegam a uma solução direta e o problema vai para a Justiça do Trabalho, que não tem parâmetros para tanto, razão por que as decisões a respeito têm sido divergentes. Exemplo comum é do pagamento de salários. Há quem entenda que, se a greve for julgada abusiva, os salários e demais vantagens não serão devidos. Outros, entretanto, deferem tais direitos na integralidade, quando a greve for considerada não abusiva, sob o fundamento de que não se pode punir quem exerce regularmente um direito. Há posições sustentando o deferimento, independentemente de a greve ser julgada abusiva, desde que deferidas as reivindicações total ou parcialmente.

Em quaisquer das hipóteses mencionadas ou outras adotadas, a concessão dos direitos pode ser total ou parcial, porque a Justiça do Trabalho, no caso, atua por meio da atividade normativa concernente à criação de direitos e condições de trabalho mediante equidade, oportunidade e conveniência.

No que tange ao desconto salarial dos dias parados, o Comitê de Liberdade Sindical da OIT tem entendido que não há objeções do ponto de vista da liberdade sindical, pois que o seu pagamento não é proibido nem obrigatório (OIT, 1996, §§ 588, e 1997, § 223).

Entendo que essa é a melhor orientação, uma vez que a greve, que é um direito fundamental importante dos trabalhadores, mas não um direito absoluto, deve ser exercida com responsabilidade, inclusive sob o risco de nada se ganhar, tudo a depender da organização dos trabalhadores e da legitimidade do movimento, seja na atividade privada ou no serviço púbico, como reconheceu o STF (Mandado de Injunção n. 712-8).

16. Abuso do direito de greve

Como já ressaltado, a greve é um direito fundamental que se consubstancia na livre manifestação pelos seus titulares, como forma de pressionarem a parte contrária diante de reivindicações voltadas à melhoria das condições de trabalho. Todavia, por mais importante que seja, não se trata de um direito absoluto. É um direito como os outros constitucionalmente assegurados ao cidadão, que deve ser exercido dentro dos seus limites para não serem prejudicados outros também importantes direitos do homem concedidos pelo ordenamento jurídico. Portanto, a greve deve ser exercida sim, mas de forma que se compatibilize com os demais direitos do cidadão, para serem evitados abusos.

O direito de greve, considerado pelos órgãos supervisores da OIT como um direito fundamental, não é um direito absoluto, razão pela qual o seu exercício deve harmonizar-se com os direitos fundamentais dos cidadãos e dos empresários. Assim, os princípios dos ditos órgãos só amparam as greves legítimas, isto é, aquelas que se realizam em conformidade com a legislação nacional, quando esta não prejudica as garantias básicas do direito de greve.

Os excessos no exercício do direito de greve revestem-se de formas variadas, que vão desde a participação de categorias de trabalhadores legitimamente privados desse direito, ou o descumprimento de requisitos razoáveis para declarar a greve, até a deterioração ou destruição de bens próprios da empresa e a violência física e moral contra pessoas. Normalmente, esses excessos são punidos pelas legislações nacionais e, em função de sua gravidade, as consequências das infrações podem ir desde a dispensa até sanções econômicas ou penais de tipos diferentes.

Os princípios de liberdade sindical não protegem excessos no exercício do direito de greve que consistam em ações de natureza delituosa. Por outro lado, ninguém deve ser privado de liberdade nem ser objeto de sanções penais pelo simples fato de organizar uma greve pacífica ou dela participar (OIT, 1996, § 602). A imposição de sanções penais desproporcionadas de modo algum favorece o desenvolvimento de relações de trabalho harmoniosas e estáveis, e as penas de prisão, se impostas, devem ser justificadas em virtude da gravidade das infrações cometidas e estarem sujeitas a um controle judiciário regular (OIT, 1996, §§ 177 e 178).

Cometer excesso ou abusar de um direito é exercê-lo de forma irregular. Conforme Amauri Mascaro Nascimento[(89)], "o abuso de direito é o uso do direito para objetivos contrários ao seu fim. É o mau exercício do direito decorrente de lei ou de contrato".

De acordo com o Código Civil brasileiro (art. 187), "também comete ato ilícito o titular de um direito que, ao exercê-lo, excede manifestamente os limites impostos pelo seu fim econômico ou social, pela boa-fé ou pelos bons costumes". Assim, o direito de greve deverá ser usado de forma que atenda ao interesse coletivo, pois, ao contrário, constituirá abuso.

A Lei de Greve, todavia, não adota essa diretriz, como alerta Carlos Henrique Bezerra Leite[(90)], a qual considera abuso do direito de greve a não observância das normas inseridas na Lei n. 7.783/89, como, por exemplo, a inobservância da comunicação da greve à parte contrária dentro do prazo de 48 horas.

Eis o que diz o seu art. 14: "Constitui abuso do direito de greve a inobservância das normas contidas na presente lei, bem como a manutenção da paralisação após a celebração de acordo, convenção ou decisão da Justiça do Trabalho".

Ao Judiciário, no caso concreto, caberá dizer se os trabalhadores abusaram ou não do direito de greve, devendo, para tanto, seguir não somente o critério adotado pela referida lei, mas também os demais critérios sedimentados na doutrina sobre o uso abusivo do direito. Isso porque a Lei de Greve não foi feliz ao tratar do assunto, cuja justificativa se encontra facilmente no fato de que ela foi feita logo após a edição da Constituição Federal de 1988, quando o país acabava de sair de um período de mais de 20 anos de regime ditatorial em que a greve era considerada um delito e não um direito democrático fundamental do cidadão, como hoje está assegurado constitucionalmente. Na verdade, não se precisaria dizer na Lei de Greve o que constitui abuso do seu exercício, porquanto tal tarefa é muito ampla e se resolve pela

(89) *Comentários à Lei de Greve*, p. 124.

(90) *A greve como direito fundamental*, p. 67.

aplicação dos princípios gerais de direito e daqueles especiais que informam cada ramo atingido pelas consequências dos referidos abusos (trabalhista, penal e civil). Nesse sentido, andou bem o governo federal ao elaborar e remeter ao Congresso Nacional Proposta de Emenda Constitucional (PEC n. 369/95) sobre a reforma sindical e anteprojeto de lei de relações sindicais, em cujos arts. 106 a 119 nada disse a propósito de estabelecer o que seria abuso do direito de greve.

De qualquer forma, pela referida lei em vigor, configura-se abuso do direito de greve o não cumprimento de exigências formais e materiais nela estabelecidas. Assim, considera-se abuso desse direito o descumprimento de procedimentos, como a não realização de assembleia da categoria para deliberar sobre seu exercício ou a sua realização em desconformidade com o estatuto do sindicato; a falta de aviso prévio ao empregador e à comunidade, conforme o caso; e a ausência de tentativa de negociação coletiva antes da deflagração do movimento, por exemplo. Este último aspecto é de grande importância, porque a greve somente deve ser utilizada como última razão, depois de esgotadas as formas autônomas de solução do conflito trabalhista.

Materialmente, constituem abuso do direito de greve o seu exercício em atividades essenciais sem o atendimento das atividades inadiáveis da comunidade; a prática de violência pelos trabalhadores contra coisas e pessoas; as omissões dos sindicatos e de trabalhadores, como, por exemplo, a falta de acordo para estabelecimento de manutenção de maquinários e equipamentos da empresa que não possam sofrer solução de continuidade no seu funcionamento, pena de causar danos a pessoas ou prejuízos irreparáveis pela sua deterioração, como os altos fornos; a deflagração do movimento grevista na vigência de uma norma coletiva, salvo se for destinada a pressionar o empregador ao cumprimento da norma coletiva negociada pelas partes ou estabelecida pelo Tribunal do Trabalho. É o caso da falta de pagamento dos salários reajustados conforme os benefícios conquistados pelos trabalhadores.

Ocorrendo abuso do direito de greve, respondem os seus titulares pelos atos praticados, cujas consequências poderão advir nas esferas trabalhista, penal ou civil, como será examinado no item seguinte.

17. Responsabilidades decorrentes do exercício irregular do direito de greve

Diz a Constituição Federal (art. 9º, § 2º) que "os abusos cometidos sujeitam os responsáveis às penas da lei".

A Lei n. 7.783/89 (art. 15) estabelece que "a responsabilidade pelos atos praticados, ilícitos ou crimes cometidos, no curso da greve, será apurada, conforme o caso, segundo a legislação trabalhista, civil ou penal" e que "deverá o Ministério Público, de ofício, requisitar a abertura do competente inquérito e oferecer denúncia quando houver indício da prática de delito" (parágrafo único).

Observa-se do exposto que a greve, como direito fundamental que é, não configura, por si só, ato ilícito, salvo quando o seu exercício irregular acarretar a hipótese da prática de atos que configurem ilícitos trabalhistas, civis ou penais, quando então serão passíveis os seus atores de responsabilidades apuradas de conformidade com o ordenamento jurídico vigente.

No caso, a responsabilidade pode ser das pessoas físicas dos trabalhadores e empregadores e das pessoas jurídicas, especialmente dos sindicatos que patrocinarem o movimento, no caso das entidades profissionais e das demais pessoas que adotarem medidas contrárias ao exercício do direito de greve, o que é mais apropriado para os sindicatos patronais e empresas. Como afirma Amauri Mascaro Nascimento, "ao adotar esse critério, a lei teve em vista dois objetivos. Primeiro, harmonizar o *princípio da liberdade*, do qual resultou a ampliação do direito de greve a ponto de competir aos trabalhadores definirem a oportunidade da sua deflagração e os direitos a serem defendidos por meio dela, com o *princípio da responsabilidade* pelo qual procura-se estabelecer o necessário controle para que a greve não extravase os seus limites, enveredando pelo caminho da violência ou da indisciplina"(91).

17.1. Responsabilidades trabalhistas

No âmbito trabalhista, a responsabilização pela prática de atos ilícitos acarreta, regra geral, punições aos trabalhadores, consistentes em advertências, suspensões disciplinares ou dispensa por justa causa; nesse caso, sem direito ao recebimento das verbas rescisórias que seriam devidas numa dispensa normal.

Pela letra fria do parágrafo único do art. 7º da Lei n. 7.783/89, a simples adesão à greve abusiva, mesmo que pacífica, configuraria justa causa motivadora da rescisão do contrato de trabalho. Todavia, por rigoroso e incompatível com o comando constitucional do art. 9º da Constituição Federal, esse entendimento não tem acolhida na jurisprudência trabalhista, nem mesmo perante o Supremo Tribunal Federal, que ainda na época do regime de exceção que viveu o País a partir de 1964 sedimentou entendimento por meio da Súmula n. 316, estabelecendo que:

> A simples adesão à greve não constitui falta grave.

---

(91) *Comentários à Lei de Greve*, p. 128.

A greve, como instrumento de pressão em face do empregador, é um fenômeno coletivo que requer a participação, para seu êxito, de todos os membros da categoria em conflito, pelo que somente são considerados atos abusivos aqueles individualizados ou coletivos que infrinjam a ordem jurídica, a ética, a moral e os bons costumes.

Assim, são considerados motivos para sanções disciplinares trabalhistas os atos praticados pelos trabalhadores, consistentes, dentre outros, em ofensas físicas ou à honra do empregador ou de terceiros, os danos dolosos causados ao empregador, em danificação injustificada de equipamentos e maquinários, no mau procedimento ou comportamento não pacífico e na recusa do trabalhador em atender à convocação do sindicato (Lei n. 7.783/89, arts. 9º e 11).

Ocorrendo tais atos, justifica-se eventual punição contra os seus atores, como advertência, suspensão e até a dispensa do empregado por justa causa, dependendo de cada caso, mesmo sendo ele detentor de estabilidade provisória no emprego, como no caso do dirigente sindical, do representante dos trabalhadores na CIPA, ou do trabalhador acidentado, da empregada gestante, etc. No caso do dirigente sindical (CF, art. 8º, VIII), do membro da CIPA (ADCT, art. 10, II, *a*), da empregada gestante (ADCT, art. 10, II, *b*) e do trabalhador acidentado (Lei n. 8.213/91, art. 118).

Sendo o trabalhador dirigente sindical, representante dos trabalhadores na CIPA ou em comissão de fábrica, entendo que a dispensa somente poderá ocorrer mediante instauração de Inquérito Judicial para apuração de falta grave (CLT, art. 853) perante a Justiça do Trabalho, a quem compete dizer finalmente se o trabalhador cometeu a falta grave alegada, após exaustiva apuração submetida ao devido processo legal, embora a jurisprudência exija esse procedimento apenas para o primeiro.

Durante a greve, o contrato de trabalho fica suspenso, como estabelece o art. 7º da Lei n. 7.783/89, ficando vedada a dispensa do empregado, salvo, como reconhece a doutrina, na hipótese da justa causa decorrente do abuso do direito de greve. Ocorre que, durante o movimento grevista, cujos ânimos evidentemente se acirram, é difícil acreditar na alegação por parte do empregador da real existência da prática de falta grave, razão por que, regra geral, a Justiça do Trabalho tem concedido medidas liminares para tornar sem efeito dispensas, especialmente coletivas, levadas a efeito pelas empresas. Sabe-se, nessas situações, que normalmente os atos patronais se destinam a frustrar momentaneamente o exercício do direito de greve. O melhor mesmo é aguardar o término do movimento, quando os ânimos esfriam e as partes, na maioria dos casos, negociam as dispensas e outras punições aplicadas aos trabalhadores.

17.2. Responsabilidade civil

De outra parte, podem caracterizar abuso do direito de greve, passíveis de reparação civil, atos praticados pelas entidades sindicais e pelos trabalhadores ou outras pessoas no curso do movimento. Tais atos se configuram, quase sempre, pelos meios não pacíficos destinados a aliciar trabalhadores para aderirem à greve por meio de piquetes violentos ou constrangimento de pessoas, manifestações e atos que objetivem impedir o acesso ao trabalho de outros trabalhadores que não queiram aderir ao movimento, além das ameaças ou danos à propriedade alheia ou às pessoas.

Segundo o art. 186 do Código Civil brasileiro, "aquele que, por ação ou omissão voluntária, negligência ou imprudência, violar direito e causar dano a outrem, ainda que exclusivamente moral, comete ato ilícito". O art. 187 do mesmo Código diz que "também comete ato ilícito o titular de um direito que, ao exercê-lo, excede manifestamente os limites impostos pelo seu fim econômico ou social, pela boa-fé ou pelos bons costumes". E o art. 927 reza: "Aquele que, por ato ilícito (arts. 186 e 187), causar dano a outrem, fica obrigado a repará-lo". Em suma, quem causa dano a outrem é obrigado a reparar os prejuízos decorrentes.

Tal, *mutatis mutantis*, se aplica no caso do exercício irregular do direito de greve, quando existe a obrigação de indenizar as vítimas dos prejuízos decorrentes do ato ilícito. Vítimas dos prejuízos do exercício irregular do direito de greve são as empresas, os próprios trabalhadores e a comunidade, esta no caso das greves em serviços e atividades essenciais. Mas também um particular, conforme o caso, pode sofrer prejuízos anormais decorrentes de uma greve e, por isso, buscar reparação condizente. Os prejuízos não são os normais decorrentes do exercício regular da greve, uma vez que esta, como instrumento democrático de pressão dos trabalhadores para fazerem valer as suas reivindicações, tem como finalidade exatamente causar prejuízos, pois, ao contrário, não serviria para nada. Seria como um sino sem badalo, uma voz sem eco ou discurso sem empolgação. O prejuízo indenizável no caso da greve é aquele anormal, porque não se pune quem exerce regularmente um direito. Para a classe econômica, pode ser considerado prejuízo indenizável, por exemplo, a falta de acordo por intransigência dos trabalhadores e do respectivo sindicato para a formação de equipes de manutenção de equipamentos e maquinários que não podem, pela natureza da atividade, sofrer solução de continuidade quanto ao funcionamento. Outro é o exemplo da danificação de má-fé, de equipamento e do patrimônio da empresa.

Para a comunidade, o exemplo presente é a falta do atendimento das necessidades inadiáveis previstas na Lei n. 7.783/89 (art. 11 e parágrafo único). Não se quer com isso dizer que não possa ser feita a greve nas atividades essenciais e, ela está autorizada, sim, porém, haverá prejuízo para a população, que mesmo sem greve já sofre com a deficiência dos serviços essenciais, como atendimento médico, transporte coletivo e outros. Trata-se, portanto, de se compatibilizar o exercício de dois direitos igualmente fundamentais, como o exercício da greve e o atendimento das atividades inadiáveis da comunidade.

O que não se pode admitir são aqueles prejuízos dolosos e anormais, os quais podem levar à responsabilização civil, trabalhista e até criminal dos culpados, conforme o caso, que podem ser os empregados, os sindicatos ou os empregadores e até mesmo todos eles conjuntamente.

Exemplos desse tipo de prejuízos tivemos há algum tempo nas cidades de Campinas e de Sorocaba, em que o Ministério Público Estadual ajuizou ações civis públicas em face dos sindicatos de condutores, em razão de greves realizadas no transporte coletivo sem obediência à legislação pertinente e com prejuízo à comunidade, pela paralisação total dos serviços. Houve condenação contra as classes profissionais para que custeassem o pagamento dos bilhetes de passagens da população durante alguns dias, como compensação pelo transtorno total nos dias de greve sem transporte algum. Na segunda situação, foi feito um acordo nos autos da ação civil pública, no qual os trabalhadores se comprometeram a arrecadar certa e considerável quantidade de alimentos a favor da campanha da fome, o que demonstra cada vez mais a preocupação e empenho da instituição Ministério Público na defesa da sociedade como um todo.

Outrossim, discute-se em doutrina e na jurisprudência sobre quem deve responder pelas reparatórias, quando praticados os ilícitos civis pelos trabalhadores ou dirigentes sindicais. Ou seja, são eles individualmente que respondem ou as entidades sindicais? Parece-me inadmissível e até mesmo impraticável a condenação pessoal do trabalhador, mesmo que dirigente sindical, pela reparação civil. Primeiro, em razão da hipossuficiência econômica do trabalhador; em segundo, porque já são eles passíveis de sanções trabalhistas e, depois, porque a expressão da categoria são os sindicatos, cujos fundos para fazer face a tais reparações advêm do bolso dos próprios trabalhadores. Portanto, são os sindicatos quem devem responder por eventual reparação civil por conta das greves.

Finalmente, questão importante neste momento é saber qual o órgão competente do Poder Judiciário para apreciar os pedidos de indenização pelos prejuízos causados pela greve. Antes, indubitavelmente, era a Justiça Comum estadual. Hoje, no entanto, fica claro que a competência é da Justiça do Trabalho de primeira instância. A razão é a seguinte: a Emenda Constitucional n. 45/04 alterou de forma ampliativa a competência da Justiça trabalhista, ao dizer (art. 114, inciso II) que "compete à Justiça do Trabalho processar e julgar as ações que envolvam exercício do direito de greve", o que é o caso do prejuízo causado pela greve irregular. É da primeira instância trabalhista, porque aos Tribunais do Trabalho apenas compete a apreciação da abusividade ou não da greve, de forma concentrada, e das reivindicações motivadoras da paralisação, quando for o caso. As demais questões são, por exclusão, dos órgãos de primeiro grau.

17.2.1. Formas de reparação

As reparações por danos causados à coletividade podem ser de ordem moral ou patrimonial e não se resumem ao pagamento de indenização em pecúnia, principalmente no caso de dano moral coletivo. "Assim, ao invés de se falar em indenização, deve-se usar o termo reparações como gênero, sendo a indenização uma dessas espécies respectivas. As reparações do dano moral no Direito do Trabalho são as seguintes: a) indenização em pecúnia; b) prestação de serviços alternativos à sociedade; c) atestatória; e d) publicação em jornal de circulação, pelo empregador, de aviso ou nota esclarecendo que o empregado não praticou qualquer ato ilícito, como lhe havia sido imputado"[92].

A indenização em pecúnia, como reconhecido pela doutrina, tem por finalidade não apagar ou pagar a dor ou sentimento, porque estes não têm preço, mas punir exemplarmente o ofensor para que não volte mais a praticar atos de tal natureza, prejudiciais não somente à vítima, mas também à sociedade, pelas repercussões negativas advindas. Também tem por finalidade compensar as vítimas, no caso a coletividade, proporcionando sensações de euforia capazes de amenizar a dor ou sentimento decorrente da ofensa moral. Seu caráter é punitivo para o ofensor e de satisfação para a vítima. Mas há casos em que a simples indenização pecuniária não basta para reparar os efeitos e consequências do dano. Em outros, pode tornar-se impossível para o empregador, por falta de condições financeiras, pagar a indenização pecuniária fixada pelo Juiz, cuja solução se encontra na Constituição Federal (art. 5º, XLVI, letra *d*) e no Código Penal (art. 46), os quais permitem ao Juiz condenar o acusado a prestar serviços alternativos de interesse da sociedade, o que é bastante apropriado no caso de greve que desrespeite os direitos mínimos dos cidadãos, cumprindo-se, assim, importante objetivo da reparação, que é a sanção e reeducação do ofensor, além do exemplo pedagógico para o resto da sociedade.

17.3. Responsabilidade penal

Como já se viu, foi da tradição legislativa brasileira o enquadramento da greve como delito. Todavia, a partir da Constituição de 1988, a greve deixa de

(92) MELO, Raimundo Simão de. *Direito ambiental do trabalho e a saúde do trabalhador* — responsabilidades..., p. 420.

ser criminalizada para se tornar um direito democrático e fundamental dos trabalhadores. Desse modo, o uso da greve em si não caracteriza qualquer responsabilidade penal para quem quer que seja. Essa responsabilidade, com efeito, somente ocorre quando, como qualquer pessoa, os titulares do direito de greve praticarem ilícitos previstos na legislação penal, como, por exemplo, a prática de agressões físicas e verbais, quando, nesse último caso, houver ofensa à honra, à imagem e à intimidade das pessoas. Também constituem ilícitos penais a incitação à violência, a lesão corporal, o crime de dano, etc.

18. Greve na vigência de instrumento normativo

De acordo com o art. 14 da Lei n. 7.783/89, constitui abuso do direito de greve a manutenção da paralisação após a celebração de acordo, convenção ou decisão da Justiça do Trabalho. De outra parte, diz o parágrafo único desse artigo, excepcionando a regra, que na vigência de acordo, convenção ou sentença normativa não constitui abuso do exercício do direito de greve a paralisação que tenha por objetivo exigir o cumprimento de cláusula ou condição ou quando motivada pela superveniência de fato novo ou acontecimento imprevisto que modifique substancialmente a relação de trabalho.

São duas situações diferentes. A primeira trata do descumprimento de normas e condições de trabalho fixadas em acordo coletivo de trabalho, em convenção coletiva, em laudo arbitral ou em sentença normativa da Justiça do Trabalho. No caso, a greve será usada como meio de pressionar o empregador a cumprir tais normas sem precisar do ajuizamento de ações de cumprimento pelos trabalhadores, individualmente, ou pelo sindicato da categoria profissional, com desperdício de tempo e uso indevido do Poder Judiciário. De qualquer forma, o conflito da greve pode ir a julgamento pelo Tribunal do Trabalho, ao qual não cabe condenar a empresa ao cumprimento da norma, porquanto tal é cabível somente numa ação de conhecimento, perante a primeira instância. Pode, todavia, e aconselha-se que o faça, impor uma obrigação de fazer com relação ao cumprimento da norma, mediante fixação de cominação diária, cujos resultados práticos são satisfatórios pela coação econômica imposta.

A outra hipótese é da superveniência de fato ou acontecimento novo que traga modificações substanciais nas condições de trabalho com relação a direitos negociados ou determinados por meio de laudo arbitral ou de sentença normativa num momento de equilíbrio das relações de trabalho. Com a alteração imprevisível, a situação se modifica, causando prejuízos insuportáveis aos trabalhadores, que, para pressionarem o empregador a negociar novas condições de trabalho, têm autorizado o uso da greve. Sendo o conflito levado ao Tribunal do Trabalho, a este caberá solucioná-lo, julgando a greve e apreciando as reivindicações tendentes à fixação de cláusulas compensadoras dos prejuízos advindos da alteração inesperada.

A possibilidade da greve quando da superveniência de fato ou acontecimento novo é abrangente e permite que as partes estejam sempre negociando novas condições de trabalho e que os trabalhadores usem a greve como instrumento de pressão. As novas relações de trabalho não podem mais ser estanques a ponto de se limitar a negociação coletiva e o uso da greve somente na data-base da categoria. Isso engessaria as relações de trabalho, com prejuízo para os trabalhadores e para as empresas, ante as dinâmicas situações que os obrigam a rever constantemente as condições de trabalho. A Lei n. 7.783/89, na primeira parte do art. 14, não foi feliz e precisa de modificação para varrer mais esse ranço do sistema ditatorial que tem marcado as relações de trabalho no Brasil.

19. Greve ambiental

Não há na lei e na jurisprudência a denominação de greve ambiental. Mas a doutrina já começa a tratar sobre o tema, como o fez o Professor Celso Antônio Pacheco Fiorillo(93), assegurando que: "A greve é um instrumento constitucional de autodefesa conferido ao empregado, a fim de que possa reclamar a salubridade do seu meio ambiente do trabalho e, portanto, garantir o direito à saúde". Mais recentemente, Mariella Carvalho de Farias Aires escreveu o livro *Direito de greve ambiental*, publicado pela Editora Universidade Católica de Goiás, o que me anima a continuar defendendo este título para a greve que tem por objetivo a proteção do meio ambiente do trabalho e da vida do trabalhador.

A preferência pela denominação greve ambiental tem grande importância neste momento de afirmação teórica sobre referido instrumento de defesa do meio ambiente laboral, não somente pela "novidade", mas também no que diz respeito aos aspectos técnico-científicos de viabilidade e utilização do instrumento.

Com efeito, é preciso diferenciar esse tipo de greve da paralisação clássica do trabalho, com a qual estamos acostumados a lidar, permeados por preconceitos que sempre marcaram tal instituto no direito brasileiro. Ao diferenciá-la da greve comum, pode-se suplantar alguns obstáculos que são normais no dia a dia das relações clássicas de trabalho, que impedem a ampliação do conceito de greve como direito fundamental. Se se partir para uma construção nova do instituto, agora com outras finalidades, é possível haver um avanço na busca de implementação da verdadeira liberdade sindical no País, a partir da

(93) *Curso de direito ambiental brasileiro*, p. 213.

aceitação da greve como um direito a ser igualado aos demais direitos democráticos de tutela do cidadão, como é a nossa pretensão.

19.1. Conceito de greve ambiental

À falta de conceito doutrinal, ousamos conceituar a greve ambiental como sendo "a paralisação coletiva ou individual, temporária, parcial ou total da prestação de trabalho a um tomador, qualquer que seja a relação de trabalho, com a finalidade de preservar e defender o meio ambiente do trabalho e a saúde do trabalhador".

Essa conceituação, evidentemente, não é completa, pois, como se disse, pouca discussão existe na doutrina escrita que auxilie o leitor e ainda se está no início de uma reflexão que, espero, seja encampada pela doutrina renomada.

Há, no conceito acima, três aspectos/novidades que certamente chamarão a atenção do leitor, quais sejam:

a) *Paralisação coletiva ou individual:* Na doutrina clássica, não só nacional, mas também internacional, não se concebe a existência de greve individual, pois o instituto foi construído filosoficamente com base no fenômeno coletivo. No entanto, ouso insinuar tal mudança para permitir e considerar como greve ambiental a paralisação também individual do trabalho, quando houver condições de risco grave e iminente no local de trabalho, pois, como estabelece o § 2º, do art. 229, da Constituição de São Paulo (e de outras Cartas estaduais), será lícito ao empregado interromper suas atividades, sem prejuízo de quaisquer direitos, até a eliminação do risco. Essa interrupção pode ser coletiva ou individual, embora já se tenha ressaltado a inviabilidade prática da atuação individual.

Acompanhando esse entendimento escreveu Mariella Carvalho de Farias Aires que "em se tratando de um direito de greve ambiental, com mais razão, apenas um único trabalhador pode ser titular do direito quando se recusar a continuar trabalhando em um meio ambiente do trabalho que ofereça risco real e grave, atual ou iminente à sua saúde ou à sua segurança, pois, em última análise, ele estaria reivindicando mais do que um meio ambiente do trabalho saudável e seguro, estaria defendendo seu direito à vida. E, em virtude da importância do direito aqui defendido, não se justifica a necessidade de espera da manifestação do sindicato para que se possa falar em existência do direito de greve"[(94)].

---

(94) *Direito de greve ambiental*, p. 111.

De qualquer forma, é um direito assegurado ao trabalhador como consequência natural de preservação da vida.

b) *Prestação de trabalho a um tomador, qualquer que seja a relação de trabalho:* O Professor Celso Antônio Pacheco Fiorillo define o meio ambiente do trabalho como "o local onde as pessoas desempenham suas atividades laborais, sejam remuneradas ou não, cujo equilíbrio está baseado na salubridade do meio e na ausência de agentes que comprometam a incolumidade físico-psíquica dos trabalhadores, independentemente da condição que ostentem (homens ou mulheres, maiores ou menores de idade, celetistas, servidores públicos, autônomos etc.)". Acrescenta o ilustre jurista noutra passagem da sua renomada obra(95) "que as regras acerca da prevenção e da medicina do trabalho não são somente aplicadas a relações laborais, conforme preceitua a Consolidação das Leis do Trabalho. Na verdade, toda vez que existir qualquer trabalho, ofício ou profissão relacionada à ordem econômica capitalista, haverá a incidência das normas destinadas a garantir um meio ambiente do trabalho saudável e, por consequência, a incolumidade física e psíquica do trabalhador".

Ora, se o meio ambiente do trabalho engloba todos os tipos de trabalhadores, assim considerados *lato sensu* aqueles que exercem alguma atividade passível de risco para sua integridade física, saúde e vida, até mesmo sem remuneração, é natural que a greve ambiental seja exercida não somente contra um empregador clássico, mas contra qualquer tomador de serviços, público ou privado, que exponha o trabalhador a riscos ambientais(96).

c) *Com a finalidade de preservar e defender o meio ambiente do trabalho:* A natureza dessa greve não é econômica, mas sim para fazer valer o disposto na Constituição Federal (arts. 225, *caput* e 7º, inciso XXII), razão por que se trata de instrumento processual, cujo procedimento não se restringe ao que estabelece a Lei n. 7.783, idealizada para a greve comum. No caso, o que se visa a proteger é um direito fundamental: a integridade físico-psíquica e a vida, considerados supradireitos do homem.

---

(95) *Ibidem*, p. 212.

(96) É certo que, para construção de uma doutrina nova sobre esse tipo de greve, vamos ter de enfrentar a doutrina clássica que até então pensou a greve apenas como um movimento reivindicativo perante o empregador. Vejamos o que diz o professor Amauri Mascaro Nascimento sobre o tema: "As greves que não tenham no outro polo da relação o empregador estão destipificadas para os efeitos da aplicação da lei, salvo as de trabalhadores avulsos, cujos direitos são equiparados pela Constituição Federal (art. 7º, XXXIV) aos do empregado rural ou urbano, e as de trabalhadores temporários diante da atribuição legal de direito que os contempla (Lei n. 6.019/74)" — *Comentários à Lei de Greve*, p. 46.

19.2. Finalidade da greve ambiental

A finalidade da greve ambiental é implementar adequadas e seguras condições de trabalho, como bem de uso comum do povo (CF, art. 225). Não é de hoje que os trabalhadores reivindicam condições salubres de trabalho, porquanto tal pleito motivou a criação e evolução do Direito do Trabalho, sendo sabido que uma das principais reivindicações na Revolução Industrial era exatamente a diminuição da jornada de trabalho que alcançava até 18 horas por dia para mulheres e menores, entre outras condições desumanas de trabalho. Nesse passo, é pertinente a observação de Guilherme Purvin de Figueiredo(97): "O modelo econômico inaugurado com a Revolução Industrial desencadeou tanto o surgimento do proletariado como o início do processo de degradação do meio ambiente natural e humano numa escala nunca dantes vista. Para a nova classe social que nascia, essa degradação ambiental significava sujeição a doenças ocupacionais e a acidentes do trabalho. Em outras palavras, verifica-se um súbito e violento decréscimo na qualidade de vida da população".

Acontece que, imbuído da filosofia do capitalismo, o trabalhador brasileiro se acostumou a empunhar como bandeira principal de luta, com prioridade, as questões econômicas representadas por reajustes salariais rapidamente consumidos pela inflação. Em razão disso, a saúde do trabalhador e a segurança nos locais de trabalho têm ficado para segundo plano na pauta de reivindicações da maioria dos sindicatos brasileiros, o mesmo acontecendo com relação ao uso da greve para defesa do mais valioso bem do homem: a vida.

Porém, a partir da Constituição Federal de 1988, que assegura o direito de greve como instrumento de defesa dos interesses dos trabalhadores, a critério destes, é preciso haver uma mudança de postura do movimento sindical na busca da salubridade dos locais de trabalho, usando, se for preciso, o instrumento democrático da greve.

Sobre o uso dessa nova ótica constitucional, é coerente e avançada a posição de Arion Sayão Romita(98), assim expressa: "A interpretação do art. 9º da Constituição deve observar, em plano sistemático, as diretrizes traçadas pelos textos constitucionais que: realçam os valores sociais do trabalho como um dos fundamentos em que se esteia o Brasil constituído em Estado Democrático de Direito (art. 1º, IV); determinam que se construa uma sociedade livre, justa e solidária, como um dos objetivos fundamentais da República Federativa do Brasil (art. 3º, I); *protegem o direito à vida*, à liberdade, à igualdade, à segurança e à propriedade (art. 5º); *protegem o trabalho como*

(97) *Direito ambiental e a saúde dos trabalhadores*, p. 21.
(98) *Direitos sociais na Constituição e outros estudos*, p. 269.

um dos direitos sociais (art. 6º); asseguram a participação dos trabalhadores na criação do ordenamento jurídico que lhes diz respeito (art. 10) e bem assim na gestão da empresa (arts. 7º, XII e 11); preconizam a redução das desigualdades sociais, como um dos princípios a que obedece a ordem econômica (art. 170, inc. VII); *exaltam a valorização do trabalho humano, como um dos pilares de sustentação da mesma ordem econômica* (art. 170); *apontam o primado do trabalho como a base da ordem social* (art. 193); consagram o bem-estar e justiça sociais como objetos colimados pela ordem social (art. 193). À luz desses princípios básicos, institucionais, deve ser entendido o preceito constitucional que assegura o exercício do direito de greve. Qualquer interpretação que resulte em repressão ou restrição despropositada do exercício desse direito padecerá de inconstitucionalidade" (grifamos).

A greve, na expressão de Amauri Mascaro Nascimento[99], "é um direito básico do trabalhador, tão relevante, no plano coletivo, como os principais direitos fundamentais da pessoa, no nível individual. Trata-se, portanto, de um direito fundamental do homem social, competindo aos trabalhadores decidir sobre a oportunidade de exercê-lo e sobre os interesses que devam por meio dele defender".

Georgenor de Sousa Franco Filho considera-a, então, um direito humano fundamental, uma liberdade pública, um direito social indispensável para o exercício dos direitos sindicais, sem interferência externa[100].

Ora, se assim o é, tornou-se indubitável a importância desse instrumento processual na defesa e proteção do mais importante direito da pessoa humana, que é a vida.

19.3. Pressupostos para o exercício da greve ambiental

Para melhor análise dos pressupostos ou requisitos de validade da greve ambiental, devemos considerar dois tipos de situação: a de riscos comuns e a de riscos incomuns, excepcionais.

A primeira situação, de riscos comuns, é aquela em que os trabalhadores reivindicam melhores e adequadas condições gerais de trabalho, como, por exemplo, a implantação do PPRA — Programa de Prevenção de Riscos Ambientais; a criação e instalação da CIPA — Comissão de Prevenção de Acidentes do Trabalho; a eliminação ou diminuição de agentes físicos, químicos ou biológicos causadores de doenças do trabalho pela longa exposição; a diminuição da jornada de trabalho em determinadas condições causadoras

(99) *Op. cit*, p. 26.

(100) *Liberdade sindical e direito de greve no direito comparado*, p. 18.

de doenças profissionais, como a LER; a implementação de intervalos intra e interjornadas; a estabilidade para os acidentados em termos superiores aos da Lei n. 8.213/91, art. 118, etc.

A segunda situação, de riscos incomuns, *graves e iminentes*, é aquela em que o risco para a saúde, integridade física e vida do trabalhador é imediato. É o risco incontroverso causador de acidentes sem possibilidade de serem evitados, a não ser que haja sua imediata eliminação. É aquele, na linguagem comum, chamado de risco grave de vida.

Na primeira situação, de risco comum, os trabalhadores deverão cumprir os requisitos da Lei de Greve, no caso a Lei n. 7.783/89 (aqui, aplicável genericamente a todos os trabalhadores, por analogia, inclusive servidores públicos, até que seja promulgada a lei específica a que se refere a Constituição Federal). Tais requisitos são, entre outros, a convocação dos trabalhadores para uma assembleia geral de aprovação das reivindicações, envio da pauta ao tomador dos serviços com solicitação de abertura de negociações, aviso a este e à população — a esta, em se tratando de atividades essenciais — sobre a decretação e data de início da paralisação, caso fracassadas as negociações e atendimento das necessidades inadiáveis da comunidade, em comum acordo com o tomador, como estabelece o art. 11 e parágrafo único da Lei n. 7.783/89.

Na segunda situação, de *risco grave e iminente*, não se há de falar no cumprimento dos requisitos formais acima elencados. A razão é simples e lógica: não há tempo para atendimento de tais requisitos; os trabalhadores estão sofrendo risco iminente de vida; eles podem morrer a qualquer momento diante da gravidade da situação e, portanto, não devem depender, para a defesa do mais importante bem humano, que é a vida, do cumprimento de pressupostos formais, nem mesmo nas chamadas atividades essenciais, consideradas assim aquelas que, se não atendidas, colocam em perigo iminente a sobrevivência, a saúde ou a segurança da população.

Evidentemente, estamos diante de um confronto entre direitos fundamentais; de um lado, a sobrevivência, a saúde ou a segurança da população e, de outro, a própria vida do cidadão trabalhador, sendo certo que, em determinados casos, o perigo de vida deste é também da população. Como exemplo se pode citar o caso do motorista de ônibus que, diante da insegurança do veículo, interrompe sua atividade para evitar acidentes que não somente o atingirão, mas também a população que usa o transporte coletivo e demais transeuntes de vias públicas. Lembre-se, ainda, por pertinente, o caso de interdição das atividades de uma empresa, que poderá decorrer de ato administrativo do delegado regional do trabalho, nos termos do art. 161 da CLT e Portaria n. 3.214/78, NR-3, ou do próprio empregado, conforme art. 229, § 2º, da Constituição de São Paulo, cujas normas requerem apenas como requisito legal para a interdição a existência de risco grave e iminente.

Na legislação comparada, há importante exemplo italiano da Lei de Greve nos serviços públicos essenciais, cujo art. 12, inciso 7, assegura expressamente: "As disposições do presente artigo em relação ao pré-aviso e à indicação da duração da greve não se aplicam em casos de abstenção do trabalho em defesa da ordem constitucional ou em protesto a graves acontecimentos lesivos à incolumidade e à segurança dos trabalhadores"(101).

Dessa forma, tratando-se a greve ambiental de um direito instrumental para defesa e implementação imediata do direito material — saúde, integridade física e vida —, não pode esse direito ser desconsiderado pela simples omissão ou impossibilidade de cumprimento de meros requisitos formais, como, por exemplo, a comunicação da deflagração do movimento, como requer a mencionada Lei n. 7.783/89 (arts. 3º e 13). O direito de proteção à vida, em relação à obrigação formal de comunicação da greve, é considerado um supradireito.

Aliás, essa mesma lei, no art. 14, parágrafo único, diz que não constitui abuso o exercício da greve, mesmo na vigência de acordo, convenção coletiva ou sentença normativa, quando se tiver por objeto exigir o cumprimento de cláusula ou condição estipulada nesses instrumentos, entendendo a jurisprudência que, nessas hipóteses, prescinde-se do cumprimento de certas formalidades, como a comunicação prévia à empresa ou à categoria econômica. Também prescinde de aviso a greve motivada por falta de pagamento de salários, visto que, tanto numa como noutra situação, a greve não representará nenhuma surpresa para a empresa que descumpre suas principais obrigações contratuais(102). A ementa a seguir transcrita ilustra a inclinação de parte da jurisprudência nesse sentido:

> EMENTA: GREVE — MORA SALARIAL. A mora salarial, pela gravidade de que se reveste como infração contratual e pelas consequências em relação ao empregado, que tende a adaptar-se à regularidade da contraprestação mensal, adquire relevância tal que pode conduzir a um exame menos rigoroso quanto à ratificação, pelos empregados, dos requisitos formais para a eclosão da greve.(103)

Assim, em que pese entendimento contrário, somente a greve ambiental em situação comum prescinde do cumprimento dos pressupostos formais descritos em lei infraconstitucional, enquanto nas situações em que esse direito

---

(101) A tradução é de Eiko Lúcia Itioka, na obra GIUGNI, Gino. *Direito sindical*, p. 317.

(102) Ora, é até elementar sustentar que aquele compelido a cumprir certa obrigação juntamente com outrem não pode exigir o cumprimento desta sem comprovar que satisfez a sua parte (Código Civil brasileiro, art. 476). No caso do contrato de trabalho, que é um contrato bilateral, o empregador tem de cumprir suas obrigações principais, como o pagamento de salários, respeito à integridade física dos trabalhadores etc., e, na omissão, não pode alegar surpresa diante do exercício da greve por estes, como direito de resistência e de pressão.

(103) TST — Proc. n. 566925/1999-SEDC-RODC DJ de 6.8.1999, p. 17, Rel. Min. José Albero Rossi.

fundamental for exercido para sanar graves e iminentes riscos nos locais de trabalho, por impossíveis e incompatíveis, tais pressupostos são dispensáveis.

Finalmente, a greve ambiental, que tem por fim buscar uma tutela antecipada para imediatamente evitar danos irreversíveis e irreparáveis para o meio ambiente do trabalho e para a saúde e integridade física e psíquica dos trabalhadores, está a merecer reflexões e tratamento especiais da doutrina, constituindo este breve trabalho uma pequena contribuição para desencadear outras discussões a respeito do assunto.

19.4. Casuística sobre a greve ambiental

Como ressaltado linhas atrás, os trabalhadores brasileiros e respectivos sindicatos acostumaram-se a fazer greve quase sempre por questões econômicas, mesmo agora no regime da Constituição de 1988, que a reconhece também como instrumento de proteção da saúde do trabalhador. Mas se esta é a regra, há exceções dignas de relato que servem de modelo e de exemplo pedagógico como novo paradigma para as relações de trabalho no Brasil. É o caso da decisão a seguir analisada, proferida nos autos de um dissídio coletivo(104) que julgou uma greve ambiental.

Resumo do Acórdão(105):

> Não podemos acolher as alegações da suscitante, no sentido de declarar a greve abusiva, ainda que a norma que disciplina o exercício do direito de greve não tivesse sido cumprida literalmente. Ocorre que a paralisação coletiva do trabalho é um fenômeno tipicamente social, e a sua deflagração pode decorrer de circunstâncias tais que, sob o aspecto formal, o descumprimento da norma não implica em sua violação a ponto de permitir que se declare abusivo o movimento. A farta documentação apresentada pelo suscitado torna evidente que qualquer negociação prévia foi frustrada pela suscitante, que tornou impossível qualquer diálogo conciliatório, dada a gravidade dos fatos ali documentados... Além de não cumprir as normas convencionais e as do estatuto consolidado, a suscitante resistiu às determinações do Ministério do Trabalho, não esboçando qualquer atitude no sentido de adequar o local de trabalho para que as atividades fossem exercidas com dignidade e segurança. Os documentos de fls. 243/249 tornaram evidente que a empresa não tinha instalações elétricas adequadas, proteção em máquinas e equipamentos, armazenando produtos inflamáveis em local impróprio, além de outras, pondo em risco seus trabalhadores, em profundo desrespeito ao ser humano.... Assim sendo, consideradas todas as circunstâncias que envolveram a deflagração do movimento paredista, não podemos declará-lo abusivo com fundamento no descum-

---

(104) Processo TRT/15ª R. — DC n. 153/96, de 5.6.1996, Rel. Juiz Carlos Roberto do Amaral Barros.

(105) Como não consta ementa do acórdão, apresentamos um resumo dos pontos mais importantes que servirão para os nossos comentários.

primento de normas legais. Tal é a gravidade dos fatos noticiados em relação ao suscitante, que a exigência do exato cumprimento da norma legal é suplantada pela necessidade imperiosa de medidas urgentes, eis que não se trata na hipótese dos autos de discutir meras reivindicações de ordem econômica e social, mas, sim, de eliminação de risco de vida. Trata-se de cumprir o disposto no art. 5º, da Constituição Federal. Afasto, portanto, a abusividade da greve sob o aspecto formal.

A suscitante, empresa metalúrgica que não concedia a devida importância para a segurança dos seus empregados, foi autuada e interditada pela inspeção do trabalho, que lhe assinou prazos para: a) implementar o Programa de Prevenção de Riscos Ambientais — PPRA; b) implementar o Programa de Controle Médico de Saúde Ocupacional — PCMSO; c) dimensionar o Serviço Especializado em Segurança e Medicina do Trabalho — SESMT; d) o cumprimento de outras importantes providências tendentes a eliminar riscos graves e iminentes.

Ocorre que a aludida empresa, como já era de costume, mais uma vez não tomou as providências determinadas[106], razão pela qual os trabalhadores, cansados dos inúmeros acidentes sofridos por falta de segurança e diante da desobediência até do ato administrativo do Ministério do Trabalho que determinou a interdição da empresa, deflagraram um movimento grevista, como último remédio na busca de garantia de vida, sem, entretanto, atenderem aos requisitos formais.

Alegando que a greve foi deflagrada sem aviso prévio, que os motivos que levaram à paralisação eram injustos e que as lideranças sindicais eram inconsequentes e arbitrárias, a empresa suscitante requereu ao TRT/15ª Região: a) a decretação da abusividade do movimento; b) a determinação de retorno imediato dos empregados ao trabalho; c) o desconto dos dias parados; d) a improcedência de quaisquer reivindicações, em especial a determinação de cumprimento de normas de segurança; e e) a perda dos cargos dos dirigentes responsáveis pelo movimento.

A decisão regional, no entanto, embora por maioria de votos, declarou a greve não abusiva, determinou o pagamento dos dias não trabalhados (período da greve e da interdição) e não ordenou o retorno ao trabalho. Também, por maioria de votos, o Tribunal julgou improcedentes as reivindicações concernentes ao cumprimento das normas de segurança e higiene do trabalho e, por

(106) A situação de desrespeito aos trabalhadores tornou-se tão grave na suscitante e nas demais empresas do grupo, que, por pressão da sociedade, a Comissão de Relações do Trabalho da Assembleia Legislativa do Estado de São Paulo realizou Audiência Pública com a participação de inúmeras autoridades, em 16.4.1996, no Auditório Teotônio Vilela, em São Paulo/SP, sob o título "Violações aos direitos sociais e o papel das instituições — Exploração da mão de obra infantil e o trabalho escravo — Caso Plasmatic", buscando uma solução para tais desmandos.

fim, desacolheu a medida sugerida pelo Ministério Público do Trabalho referente à concessão de estabilidade provisória(107) no emprego, por 90 dias, aos trabalhadores.

Os principais argumentos do acórdão, favoráveis aos trabalhadores, foram os seguintes:

a) a greve é um fenômeno social;

b) as circunstâncias motivadoras do seu exercício, dependendo da gravidade, como no caso, sobrepõem-se aos seus aspectos formais;

c) mesmo não cumprindo normas convencionais e legais e as determinações do Ministério do Trabalho sobre condições adequadas e dignas de trabalho, a empresa suscitante frustrou, como demonstrado, qualquer negociação com os trabalhadores;

d) a gravidade dos fatos restou reconhecida diante dos riscos graves e iminentes dos trabalhadores nos locais de trabalho — real desrespeito à dignidade da pessoa humana —, como demonstrados no laudo da inspeção do trabalho que determinara a interdição da empresa;

e) as reivindicações tratadas na ação coletiva não são simplesmente de ordem econômica, mas visam a eliminar os riscos à saúde e à vida dos trabalhadores;

f) as necessidades imperiosas de adequação do meio ambiente do trabalho, como determinadas pela fiscalização do trabalho, superam o cumprimento de meras formalidades estabelecidas na Lei Ordinária de Greve (Lei n. 7.783/89).

A decisão, como marco do reconhecimento judicial do instrumento da greve ambiental, foi sem dúvida importante, embora tenha perdido uma grande oportunidade para obrigar a empresa, mediante cominação de multa, a cumprir as normas de segurança e higiene do trabalho, além de não ter reconhecido aos trabalhadores a manutenção da greve com o pagamento dos dias enquanto não cumpridas as normas ambientais, como sustentaram o Ministério Público do Trabalho, os Juízes relatores e o classista representante dos trabalhadores, Edson Laércio de Oliveira.

A decisão *supra*, apesar disso, foi bastante inovadora para o sistema jurisprudencial brasileiro e evidenciou a necessidade de utilização do instrumento da greve ambiental para a defesa e proteção da saúde do trabalhador,

(107) Essa medida foi sugerida pelo *Parquet* trabalhista com o objetivo de evitar retaliações empresariais contra os trabalhadores, diante das atitudes prepotentes da suscitante e em decorrência do clima tenso existente durante o movimento, o que realmente restou demonstrado com a demissão de grande número de trabalhadores logo que terminou a greve.

não exigindo, pela gravidade da falta de segurança, o cumprimento rigoroso dos requisitos formais estabelecidos na Lei de Greve (Lei n. 7.783/89), uma vez que, para a empresa que não protege a integridade física de seus trabalhadores, não constitui qualquer surpresa o uso do direito de greve. Além disso, ninguém pode ser punido quando usa regularmente um direito, sobretudo um direito fundamental assegurado por norma constitucional.

A respeito, consagra José Afonso da Silva(108): "A greve não é um simples direito fundamental dos trabalhadores, mas um direito fundamental de natureza instrumental e desse modo se insere no conceito de garantia constitucional, porque funciona como meio posto pela Constituição à disposição dos trabalhadores, não como bem auferível em si, mas como um recurso de última instância para a concretização de seus direitos e interesses".

A greve, na expressão de Amauri Mascaro Nascimento(109), "é um direito básico do trabalhador, tão relevante, no plano coletivo, como os principais direitos fundamentais da pessoa, no nível individual. Trata-se, portanto, de um direito fundamental do homem social, competindo aos trabalhadores decidir sobre a oportunidade de exercê-lo e sobre os interesses que devam por meio dele defender".

Portanto, é indiscutível a importância desse instrumento processual na defesa e proteção da vida, como o mais importante direito da pessoa humana. Tratando-se a greve de um direito instrumental processual para implementação do direito material — saúde, integridade física e vida —, não pode esse direito ser desconsiderado, diante de graves e iminentes riscos no ambiente de trabalho, pela simples omissão ou impossibilidade de cumprimento de meros requisitos formais, como, por exemplo, a comunicação formal da deflagração do movimento, como requer a Lei n. 7.783/89 (arts. 3º e 13) para os demais casos comuns de greve.

Desse modo, o acórdão comentado restou, além de parcialmente correto, pedagógico com relação ao exercício do direito de greve para proteção do meio ambiente do trabalho adequado e, portanto, para preservação do direito à vida com qualidade (CF, art. 225). Porém, mediante recurso ordinário, o Tribunal Superior do Trabalho(110) reformou a decisão regional e julgou a greve abusiva, também por maioria de votos, sob o argumento de que inexistiu comunicação antecipada da paralisação, como previsto no art. 3º, parágrafo único, da Lei n. 7.783/89, o que demonstra o alheamento da jurisprudência superior sobre o verdadeiro sentido da proteção ambiental do trabalho.

---

(108) *Curso de direito constitucional positivo*, p. 269.
(109) *Comentários à Lei de Greve*, p. 26.
(110) Processo TST-RO-DC 318.794/96.0, Rel. desig. Ursulino Santos, 22.4.1997.

20. Lockout *e consequências nos contratos de trabalho*

Na definição de Amauri Mascaro Nascimento[111], *lockout* é a paralisação das atividades pelo empregador, como forma de pressão sobre os trabalhadores, para frustrar a negociação coletiva ou dificultar o atendimento de reivindicações dos respectivos empregados. É, pois, *lockout* uma greve patronal, como regra, para pressionar os trabalhadores, para frustrar a negociação coletiva, para dificultar o atendimento das reivindicações profissionais ou para forçar o Poder Público a majorar preços e tarifas nos serviços de concessão, como, por exemplo, no transporte coletivo[112].

De acordo com o art. 17 da Lei n. 7.783/89, fica vedada a paralisação das atividades, por iniciativa do empregador, com o objetivo de frustrar negociação ou dificultar o atendimento de reivindicações dos respectivos empregados (*lockout*), ficando assegurado aos trabalhadores o direito à percepção dos salários e demais direitos durante o período de paralisação (parágrafo único). Portanto, o *lockout* é prática proibida no direito brasileiro.

Tanto no *lockout* como na greve há paralisação do trabalho. Naquele, ela ocorre por decisão do empregador, que interrompe a atividade econômica e, com isso, impossibilita a execução das atividades dos trabalhadores, e nesta, ao contrário, quem paralisa o trabalho são os empregados.

Na greve, o pagamento dos salários e demais direitos dos trabalhadores depende do que ficar acertado em negociação coletiva ou fixado por meio de laudo arbitral ou de sentença normativa da Justiça do Trabalho. No *lockout*, esses direitos não sofrem qualquer prejudicialidade, porque inexiste suspensão do contrato de trabalho, mas, ao contrário, o que ocorre é uma interrupção do vínculo empregatício, por iniciativa patronal, sem qualquer prejuízo para os obreiros. Há no *lockout* descumprimento contratual por parte do empregador, o que possibilita aos trabalhadores pedirem a rescisão do contrato individual de trabalho por justa causa indireta, mediante o pagamento de todos os direitos trabalhistas, como se despedidos fossem sem justa causa.

---

(111) *Comentários à Lei de Greve*, p. 135.

(112) **TRT9 — "Justiça vai apurar acusação de prática de *lockout* pelas empresas de transporte de valores.** A vice-presidente do Tribunal Regional do Trabalho do Paraná, desembargadora Rosemarie Diedrichs Pimpão, decidiu na noite desta quinta-feira, 4, expedir mandado de constatação para verificar se as empresas Prosegur e Brinks estariam deixando de colocar nas ruas os carros-fortes responsáveis pelo abastecimento dos caixas eletrônicos, conforme consta da petição protocolada pelo Sindicato dos Empregados em Empresas de Segurança e Vigilância de Curitiba e Região. As empresas estariam dificultando o retorno ao trabalho, o que, segundo alega o Sindicato, configuraria *lockout*, uma vez que os trabalhadores dessas duas empresas manifestaram interesse em voltar ao trabalho (conforme constou em ata da audiência de conciliação no TRT-PR, na última quarta-feira). No despacho, a desembargadora determina que o mandado de constatação seja cumprido com urgência pelos oficiais de Justiça e intima os representantes das empresas e dos trabalhadores que são partes do dissídio coletivo com greve para que se manifestem sobre o assunto em 24 horas, contadas a partir do horário da intimação (*Tribunal Regional do Trabalho da 9ª Região*, publicado em 8 fev. 2010).

Capítulo II

Ações Judiciais sobre o Direito de Greve

1. Dissídio coletivo de greve

Poder normativo (ou atividade normativa) da Justiça do Trabalho tem tudo a ver com o dissídio coletivo. Poder normativo é o poder de estabelecer normas e condições de trabalho[1] e dissídio coletivo é o processo judicial correspondente de solução dos conflitos coletivos econômicos, jurídicos ou de greve.

Dissídio coletivo é o processo por meio do qual se discutem interesses abstratos e gerais, de pessoas indeterminadas (categorias profissional e econômica), com o fim de se criar ou modificar condições gerais de trabalho, mediante critérios de discricionariedade, conveniência e oportunidade, porém respeitando os limites mínimo e máximo previstos em lei (CF, art. 114, § 2º, e CLT, art. 766), ou se declara sobre o alcance de uma norma jurídica (lei ou instrumento normativo — sentença normativa, convenção, acordo ou contrato coletivos de trabalho), ou, ainda, sobre a legalidade/abusividade ou não do exercício do direito de greve, sempre com o objetivo de pôr fim ao conflito.

O Tribunal Superior do Trabalho (RI, art. 313) classifica os dissídios coletivos em: a) econômico; b) jurídico; c) revisional; d) de greve; e e) originário.

Econômico (ou de interesse): cria/institui, extingue ou modifica normas e condições de trabalho.

(1) HINS, Henrique Macedo. *O poder normativo da Justiça do Trabalho*, p. 47.

Jurídico (interpretativo ou de direito): interpreta/declara sobre o alcance de uma norma jurídica existente, que pode ser uma lei, uma convenção coletiva, um acordo coletivo, um contrato coletivo, uma sentença normativa, um laudo arbitral ou um ato normativo qualquer.

Revisional (ou modificativo): tem por fim modificar normas e condições de trabalho que se tornaram injustas e onerosas para uma das partes, em razão de alterações circunstanciais imprevisíveis (CLT, art. 873).

De greve: declara sobre a abusividade ou não do movimento paredista.

Originário: é o dissídio coletivo da primeira data-base da categoria, por inexistir norma coletiva anterior.

Adoto como classificação, para efeito didático, a seguinte: a) *dissídio econômico* (ou de interesse), destinado à criação, manutenção, modificação ou extinção de normas e condições de trabalho, abrangendo o originário e o revisional; b) *dissídio jurídico*, destinado à interpretação de uma norma jurídica trabalhista; c) d*issídio de greve*, que, conforme o caso, é, ao mesmo tempo, declaratório (da abusividade ou não do movimento) e econômico, no tocante à apreciação das reivindicações dos trabalhadores que deram causa ao movimento[(2)].

1.1. Legitimidade ativa para a ação

De acordo com a redação original do art. 856 da CLT, a ação de dissídio coletivo poderá ser instaurada mediante *representação escrita* ao presidente do Tribunal. Poderá ser também instaurada por iniciativa do presidente, ou, ainda, a requerimento da Procuradoria da Justiça do Trabalho, sempre que ocorrer suspensão do trabalho.

A Constituição Federal, com nova redação dada pela Emenda Constitucional n. 45/04, assim estabelece sobre o tema, no art. 114:

> § 2º Recusando-se qualquer das partes à negociação coletiva ou à arbitragem, é facultado às mesmas, de comum acordo, ajuizar dissídio coletivo de natureza econômica, podendo a Justiça do Trabalho decidir o conflito, respeitadas as disposições mínimas legais de proteção ao trabalho, bem como as convencionadas anteriormente.
>
> § 3º Em caso de greve em atividade essencial, com possibilidade de lesão do interesse público, o Ministério Público do Trabalho poderá ajuizar dissídio coletivo, competindo à Justiça do Trabalho decidir o conflito.

---

(2) Também nesse sentido é a conclusão de MARTINS FILHO, Ives Gandra. *Processo coletivo do trabalho*, p. 56.

Diante de algumas divergências a respeito, será feita uma análise dos dispositivos constitucionais citados, levando em conta outras normas da Constituição da República e infraconstitucionais, que tratam do tema com relação a cada legitimado para atuar em juízo na ação de dissídio coletivo.

Assim, será analisada separadamente a situação:

a) dos sindicatos;

b) das comissões de trabalhadores;

c) das federações e confederações sindicais;

d) das centrais sindicais;

e) das associações civis e profissionais;

f) das empresas individualmente;

g) dos Presidentes de Tribunais; e

h) do Ministério Público do Trabalho.

1.1.1. Dos sindicatos

Quando o § 3º do art. 114 alude ao Ministério Público do Trabalho como legitimado para ajuizar a ação de dissídio coletivo de greve, pode parecer, à primeira vista, que somente ele detém lidimidade para tanto. Todavia, como entendo, essa disposição apenas veio para reforçar a atuação do Ministério Público no cumprimento das suas funções institucionais previstas nos arts. 127 e 129 da Constituição Federal, sempre na defesa do interesse público. A atuação ministerial não é exclusiva, mas supletiva, quando houver omissão das partes e ameaça ou lesão aos interesses e direitos fundamentais constitucionalmente garantidos aos cidadãos, como já vem entendendo a jurisprudência[3].

A legitimação dos sindicatos, como associações civis que são, encontra agasalho no inciso III do art. 8º ("ao sindicato cabe a defesa dos direitos e interesses coletivos e individuais da categoria, inclusive em questões judiciais

(3) "Já o § 3º do art. 114, longe de impedir a propositura de dissídio coletivo de greve pelas partes diretamente interessadas, dirige-se especificamente ao Ministério Público do Trabalho, quando se tratar de *greve em atividade essencial*, atribuindo ao *Parquet* a *faculdade*, na ausência de iniciativa pelas partes, de ajuizar o correspondente dissídio coletivo, mantendo a competência da Justiça do Trabalho para decidir o conflito. Essa outorga supletiva, frise-se, tem como justificativa o interesse público, que não pode ficar à mercê das tratativas, ameaças e anúncios de greve em serviços essenciais sem o respaldo das cautelas coercitivas emanadas do Judiciário, tendentes a assegurar a continuidade da prestação pública de serviços indispensáveis e impedir maiores prejuízos à sociedade" (TRT/SP — DCG 20086.2005.000.02.00-9, Rela. Juíza Wilma Nogueira de Araújo Vaz da Silva).

e administrativas"), no § 1º do art. 129 da Constituição ("a legitimação do Ministério Público para as ações civis previstas neste artigo não impede a de terceiros, nas mesmas hipóteses, segundo o disposto nessa Constituição e na lei") e nos arts. 5º da Lei n. 7.347/85 e 82 da Lei n. 8.078/90 (CDC), que asseguram a legitimação ativa das associações para o ajuizamento das ações coletivas.

Para defender os interesses e direitos da categoria, os sindicatos são legitimados ordinários. Ao contrário, perderiam tais entidades a sua razão de ser, qual seja, a defesa da categoria em juízo e fora dele. A legitimação do Ministério Público do Trabalho, no caso, destina-se à defesa da ordem jurídica, do Estado Democrático de Direito e dos interesses sociais indisponíveis, sempre movido pelo interesse público. Os sindicatos defendem, no dissídio coletivo, os interesses e direitos particulares da categoria respectiva e o Ministério Público, o interesse público da sociedade. Como se vê, são atribuições diferentes, embora complementares.

Assim, por meio de uma ação de dissídio coletivo de greve, os sindicatos poderão comparecer em juízo simplesmente para pedir o julgamento do movimento e/ou para que a Justiça do Trabalho resolva o conflito com relação às reivindicações da categoria, pois a esta compete não somente julgar a greve, mas também e, principalmente, solucionar o conflito decorrente, como estabelece o art. 9º da Lei n. 7.783/89. Portanto, querendo, estará sempre legitimado o sindicato a instaurar dissídio coletivo em face de uma ou mais empresas ou da categoria econômica correspondente, como decorre do comando límpido do inciso III do art. 8º, da Constituição Federal, inclusive no caso de greve.

Imagine-se, para ilustrar uma hipótese não rara, a deflagração de uma greve organizada pelo sindicato profissional por falta de pagamento de salários ou para defesa do meio ambiente do trabalho diante de risco grave e iminente para os trabalhadores. Sabendo da pouca chance de obter uma decisão normativa pela abusividade do movimento, a empresa ou categoria econômica pode não ter qualquer interesse no ajuizamento do dissídio. Sabendo-se das consequências que acarretam um movimento grevista para os contratos de trabalho, tem a categoria profissional interesse em obter o reconhecimento da parede pelo Judiciário, cujo direito lhe assiste como decorrência do princípio da inafastabilidade da jurisdição (CF, art. 5º, inciso XXXV)[4].

Todavia, para atuar em juízo, ativa ou passivamente, a entidade sindical deve estar regularmente registrada no órgão do Ministério do Trabalho e Emprego, a quem o STF reconheceu competência para proceder ao registro de entidades sindicais até que seja promulgada lei dizendo qual o órgão

(4) Cf. *Dissídio coletivo de trabalho*, p. 60.

competente para tanto[5]. Esse registro, todavia, será feito não de forma discricionária, como ocorria antes da atual Carta Constitucional, mas mediante ato vinculado (CF, art. 8º, inciso II), que ainda estabelece a unicidade sindical como importante restrição à liberdade sindical.

Igualmente, cabe à(s) empresa(s) e à respectiva categoria econômica ajuizar dissídio coletivo de greve ou outra ação pertinente, quando o movimento ocorrer em atividades essenciais, conforme o interesse processual demonstrado para tanto. Ao contrário, estar-se-á negando o livre acesso ao Poder Judiciário, como assegura o inc. XXXV do art. 5º da Constituição Federal, que estabelece:

> a lei não excluirá da apreciação do Poder Judiciário lesão ou ameaça a direito.

Não obstante isso, baixou o C. TST a Orientação Jurisprudencial n. 12, da SDC, negando essa legitimação aos sindicatos profissionais, no caso de greve deflagrada por eles, *verbis*:

> GREVE. QUALIFICAÇÃO JURÍDICA. ILEGITIMIDADE ATIVA *AD CAUSAM* DO SINDICATO PROFISSIONAL QUE DEFLAGRA O MOVIMENTO. Não se legitima o Sindicato profissional a requerer judicialmente a qualificação legal de movimento paredista que ele próprio fomentou.

Esse entendimento, *data venia*, afronta as disposições do inc. XXXV acima transcrito e do inciso III do art. 8º da Constituição, que assegura ao sindicato a defesa dos interesses individuais e coletivos da categoria correspondente, judicial ou extrajudicialmente.

Com efeito, atendendo a esses reclames e de forma louvável, o C. TST cancelou esta orientação por meio da Resolução n. 166/10 (DEJT divulgado em 30.4.2010 e 4.5.2010).

1.1.2. Das comissões de trabalhadores

Não havendo sindicato organizado na categoria, atribui-se a uma comissão eleita pelos trabalhadores a prerrogativa de representá-los na negociação coletiva junto à classe patronal, e no dissídio coletivo de greve, perante a Justiça do Trabalho, conforme assegura a Lei n. 7.783/89 (arts. 4º, § 2º[6], e 5º[7]).

---

(5) Cf. Mandado de Injunção n. 144/SP, Recurso Extraordinário n. 35875-2/SP e Mandado de Segurança n. 1.045/DF.

(6) Art. 4º Caberá à entidade sindical correspondente convocar, na forma do seu estatuto, assembleia geral que definirá as reivindicações da categoria e deliberará sobre a paralisação coletiva da prestação de serviços.

§ 2º Na falta de entidade sindical, a assembleia geral dos trabalhadores interessados deliberará para os fins previstos no *caput*, constituindo comissão de negociação.

(7) Art. 5º A entidade sindical ou comissão especialmente eleita representará os interesses dos trabalhadores nas negociações ou na Justiça do Trabalho.

Essa autorização legal não afronta a Constituição, ao contrário, está em plena harmonia com ela; é salutar e de cunho democrático. Na hipótese não se aplica o disposto no parágrafo único do art. 857 da CLT, por meio do qual se assegura sucessivamente às federações e confederações a legitimação para atuarem em dissídios coletivos ou nas negociações de trabalho, quando inexistente sindicato de base. Como sabido, os órgãos de cúpula estão mais afastados dos problemas do dia a dia dos trabalhadores, enquanto as comissões internas, cujos membros são trabalhadores do local do conflito, o conhecem melhor, estando, por isso, mais bem preparados para a discussão e solução da pendência.

1.1.3. Das federações e confederações sindicais

De conformidade com o art. 857 da CLT, "a representação para instaurar a instância em dissídio coletivo constitui prerrogativa das associações sindicais, excluídas as hipóteses aludidas no art. 856, quando ocorrer suspensão do trabalho" (greve). Tratando-se de greve localizada no âmbito de uma empresa, não existindo sindicato, legitimadas, como visto no item anterior, são as comissões de trabalhadores da respectiva empresa. Quando não houver sindicato representativo da categoria econômica ou profissional e o conflito ultrapassar o âmbito de uma empresa, ou seja, nos de categoria, locais, regionais ou nacionais, poderá a representação ser instaurada pelas federações correspondentes e, na falta destas, pelas confederações respectivas, no âmbito de sua representação.

A legitimidade dos órgãos sindicais de cúpula, que é sucessiva, aplica-se no âmbito da categoria respectiva. As federações terão legitimidade quando não houver sindicato profissional ou econômico organizado, e as confederações, quando inexistentes este e as federações. Na prática, não é rara a atuação das federações sindicais em dissídios coletivos, não como legitimadas ordinárias, porém mediante procurações conferidas pelos sindicatos de base, com o objetivo de uniformizar a solução do conflito, envolvendo toda a categoria representada.

1.1.4. Das centrais sindicais

As centrais sindicais, embora exerçam importante papel no âmbito das relações de trabalho, não fazem parte ainda da organização sindical brasileira, não estando, por isso, autorizadas a atuar nos dissídios coletivos de qualquer espécie.

Não se pode negar que em certos casos detêm as centrais sindicais maior legitimidade de fato do que os órgãos legais de cúpula sindical — federações e confederações — e que a lei ordinária já as reconhece para composição de conselhos de representação (exemplos: Leis ns. 8.036/90, 8.212/91 e 8.213/91, que tratam, respectivamente, do FGTS, dos Planos de Custeio e de Benefícios da Previdência Social). Contudo, essas entidades não têm natureza sindical; são associações civis que precisam ser incorporadas à organização sindical mediante alteração do art. 8º da Constituição Federal, o que está contemplado na Proposta de Emenda Constitucional, por meio da PEC n. 369/05, encaminhada pelo Presidente da República ao Congresso Nacional. Mas, de fato, podem elas atuar em negociações coletivas de trabalho, juntamente com os sindicatos, como tem ocorrido na prática com resultados positivos.

É certo que foi aprovada a Lei n. 11.648/08, que dispõe sobre o reconhecimento formal das centrais sindicais para os fins que especifica.

O art. 1º dessa lei diz que:

> A central sindical, entidade de representação geral dos trabalhadores, constituída em âmbito nacional, terá as seguintes atribuições e prerrogativas:
>
> I — coordenar a representação dos trabalhadores por meio das organizações sindicais a ela filiadas; e
>
> II — participar de negociações em fóruns, colegiados de órgãos públicos e demais espaços de diálogo social que possuam composição tripartite, nos quais estejam em discussão assuntos de interesse geral dos trabalhadores.

Como decorre do exposto, as centrais sindicais não têm legitimidade para representar os trabalhadores perante as empresas ou entidades sindicais patronais em negociações coletivas de trabalho, nem nos tribunais trabalhistas, em dissídios coletivos de trabalho, porque na forma do ordenamento jurídico brasileiro, essa representação ainda continua sendo prerrogativa das entidades sindicais componentes da organização sindical, que são os sindicatos de base, as federações e as confederações, na forma já exposta.

1.1.5. Das associações civis e profissionais

As associações civis e de natureza profissional não têm legitimidade para instaurar dissídio coletivo de greve.

As primeiras, porque não consta dos seus estatutos esse papel, sendo incompatível com a sua finalidade a defesa de interesses profissionais trabalhistas das categorias econômicas e profissionais, cuja prerrogativa é do sindicato respectivo. Essas associações, todavia, podem intentar outras medidas judiciais para impor obrigação de fazer ou não fazer com relação ao atendimento das necessidades inadiáveis dos usuários dos serviços essenciais, conforme conste esse objetivo dos seus estatutos. Desse modo, têm elas legitimidade ativa para ajuizar, por exemplo, uma ação civil pública (Leis ns.

7.347/85, art. 5º, e 8.078/90, art. 82, IV) objetivando o atendimento das necessidades inadiáveis da população durante uma greve em atividades ou serviços essenciais, quando descumpridos os comandos legais do art. 11 da Lei n. 7.783/89 (Lei de Greve). É conveniente e salutar, por outro lado, que das negociações coletivas a respeito de greves em atividades essenciais participem essas associações, como entidades representativas dos seguimentos sociais afetados pela paralisação.

As associações profissionais, porque não mais fazem parte da organização sindical brasileira, uma vez que os arts. 515 e 543, § 3º da CLT não foram recepcionados pela Constituição de 1988, que alterou substancialmente a organização sindical. No regime anterior, as associações sindicais podiam atuar na representação dos trabalhadores, porque constituíam "embrião" dos sindicatos. Assim, para criação de um sindicato, era preciso passar por experiência provisória por meio de uma associação profissional que, depois, conforme autorização discricionária do Ministério do Trabalho, poderia ou não ser transformada em sindicato (CLT, art. 515).

1.1.6. Das empresas individualmente

No caso de greve localizada apenas no âmbito de uma empresa, pode esta ajuizar o respectivo dissídio coletivo ou nele se defender, porque assegura o art. 611, § 1º[8] da CLT, a realização de acordo coletivo de trabalho com o sindicato profissional a fim de pôr fim ao movimento. Como sabido, a sentença normativa é um sucedâneo da negociação malograda, de maneira que, se a empresa pode assinar acordo coletivo, pode, também, atuar num dissídio coletivo, pedindo ao Tribunal que julgue a greve e decida sobre o conflito coletivo de trabalho.

Mas isso somente no caso de conflito que se restrinja aos empregados da empresa (suscitante ou suscitada), pois, se a greve for da categoria, a legitimidade para negociar e residir em juízo será do sindicato econômico, buscando solução uniforme para o conflito coletivo de trabalho (CF, art. 8º, inciso VI). Nesse sentido é a ementa a seguir transcrita:

> Dissídio Coletivo — Greve — Ilegitimidade de parte passiva. Não há ilegitimidade de parte se o dissídio coletivo foi instaurado pela Empresa, visando à declaração da abusividade da greve de seus trabalhadores, e o Sindicato suscitado é o substituto processual da categoria grevista, restando evidente a pertinência da ação em relação a ele, posto que sujeito da relação jurídica controvertida.[9]

---

(8) § 1º É facultado aos Sindicatos representativos de categorias profissionais celebrar Acordos Coletivos com uma ou mais empresas da correspondente categoria econômica, que estipulem condições de trabalho, aplicáveis no âmbito da empresa ou das acordantes respectivas relações de trabalho.

(9) TST-RO-DC 287.731/96.3, Ac. SDC 1.506/97, Rel. Min. Ursulino Santos, DJU 6.3.1998.

1.1.7. Dos Presidentes de Tribunais

Os Presidentes dos Tribunais Regionais do Trabalho e do TST, não obstante o que dispõe o art. 856 da CLT[10], não estão mais autorizados a instaurar dissídio coletivo de greve. Isso porque o inciso I[11] do art. 8º da Constituição Federal vedou a interferência do Estado na organização sindical, que seria afrontada com esse tipo de atuação, mesmo em se tratando de paralisação do trabalho.

Os Tribunais, em tal hipótese, seriam o Estado administrativamente considerado, intervindo na organização sindical, como ocorria anteriormente, quando a greve era considerada como delito e precisava ser reprimida pelo Estado. Como no modelo vigente a greve é um direito fundamental dos trabalhadores, compete a eles decidir sobre os interesses a serem defendidos e o momento de sua deflagração. A eles e às categorias patronais cabe levar a solução do conflito às barras dos Tribunais do Trabalho. Ao Estado, pelo Poder Judiciário, cabe apenas dar a solução ao conflito nos casos solicitados e nos termos da Constituição e das leis vigentes, porque a solução judicial é excepcional.

Dessa forma, entendo que o art. 856, com relação aos Tribunais, não foi recepcionado pela Lei Maior[12]. Aos juízes dos Tribunais cabe, no âmbito dos dissídios coletivos instaurados pelos legitimados legais, até mesmo de ofício, determinarem medidas de urgência no tocante ao atendimento das necessidades mínimas inadiáveis da comunidade, ante a existência de interesse público indisponível.

1.1.8. Do Ministério Público do Trabalho

No caso de greve de qualquer espécie, e não somente em atividades essenciais, o Ministério Público do Trabalho continua legitimado para ajuizar dissídio coletivo. Essa legitimação decorre do perfil institucional do órgão, que tem como funções a defesa da ordem jurídica, do regime democrático e dos interesses sociais e individuais indisponíveis, conforme prevê o art. 127[13] da

(10) Art. 856. A instância será instaurada mediante representação escrita ao Presidente do Tribunal. Poderá ser também instaurada por iniciativa do presidente, ou, ainda, a requerimento da Procuradoria da Justiça do Trabalho, sempre que ocorrer suspensão do trabalho.

(11) Art. 8º É livre a associação profissional ou sindical, observado o seguinte: I — a lei não poderá exigir autorização do Estado para a fundação de sindicato, ressalvado o registro no órgão competente, vedadas ao Poder Público a interferência e a intervenção na organização sindical.

(12) Em sentido contrário, NASCIMENTO, Amauri Mascaro. *Op. cit.*, p. 615 e MARTINS, Sergio Pinto. *Direito processual do trabalho*, p. 452.

(13) Art. 127. O Ministério Público é instituição permanente, essencial à função jurisdicional do Estado, incumbindo-lhe a defesa da ordem jurídica, do regime democrático e dos interesses sociais e individuais indisponíveis.

Lei Maior. Dessa forma, além de recepcionado pelo art. 856 da CLT, também asseguram essa prerrogativa os arts. 8º[14], da Lei n. 7.783, e 83, inciso VIII[15], da LC n. 75/93, reforçada pela nova disposição do § 3º[16] do art. 114 da Constituição, inserido pela Emenda Constitucional n. 45/04.

No caso, o Ministério Público não age como representante do Estado enquanto administração, mas como advogado da sociedade, ao qual a Lei Magna incumbe a defesa dos respectivos interesses. A sua atuação, no caso, deve nortear-se na ordem jurídica e nos critérios de oportunidade e conveniência. A sua atuação deve dar-se com muita temperança, porque estão em jogo, ao mesmo tempo, os interesses dos trabalhadores e da sociedade, o direito democrático de greve e a ordem jurídica. Assim, não pode mais agir o órgão ministerial apenas para reprimir a greve, como ocorria muitas vezes no regime anterior, porque hoje esta se trata de um direito fundamental/democrático de manifestação. A não ser que este esteja sendo exercido de forma irregular, quando então procurará o *Parquet* que as partes observem os comandos legais vigentes, que são pilares de um Estado Democrático de Direito.

Não obstante essa legitimação legal, a atuação do Ministério Público do Trabalho, por meio de dissídio coletivo de greve, deve ser excepcional. Não se deve abortar o exercício da negociação coletiva e do direito de greve. É preciso deixar que as partes exercitem mais o poder negocial e usem o direito democrático de greve. Em vez de se instaurar dissídio coletivo, deve-se defender os interesses da sociedade e a ordem jurídica por meio de outras medidas judiciais, *v. g.*, a ação civil pública de natureza cautelar, para fazer cumprir as atividades mínimas inadiáveis da sociedade, no caso de greve em atividades essenciais, ou mesmo buscar outros comandos necessários à observância da ordem jurídica e do próprio direito de greve.

Caso instaurado o dissídio coletivo, o que somente deverá ocorrer em casos excepcionais, terá o Ministério Público, de pedir ao Tribunal competente, conforme a situação, que aprecie as reivindicações motivadoras do movimento paredista e resolva definitivamente o conflito. Também, ao ingressar no polo processual, pode o sindicato profissional apresentar suas reivindicações,

---

(14) Art. 8º A Justiça do Trabalho, por iniciativa de qualquer das partes ou do Ministério Público do Trabalho, decidirá sobre a procedência, total ou parcial, ou improcedência das reivindicações, cumprindo ao Tribunal publicar, de imediato, o competente acórdão.

(15) Art. 83. Compete ao Ministério Público do Trabalho o exercício das seguintes atribuições junto aos órgãos da Justiça do Trabalho: ... VIII — instaurar instância em caso de greve, quando a defesa da ordem jurídica ou o interesse público assim o exigir.

(16) § 3º Em caso de greve em atividade essencial, com possibilidade de lesão do interesse público, o Ministério Público do Trabalho poderá ajuizar dissídio coletivo, competindo à Justiça do Trabalho decidir o conflito.

inclusive suplementando aquelas que foram elencadas pelo MPT, porque o dissídio coletivo é uma ação de natureza dúplice, em que a reconvenção não tem cabimento, como veremos mais à frente, e os interessados podem fazer pedidos, que deverão ser apreciados pela Justiça do Trabalho, como manda a lei (Lei n. 7.783/89). Apreciar apenas a legalidade ou ilegalidade da greve não é o suficiente, porque esta é apenas uma consequência do conflito de trabalho instaurado entre as partes. Portanto, o mais importante de tudo, além da apreciação do movimento, é a solução definitiva e equilibrada do conflito pelo órgão imparcial do Estado.

1.2. Competência para conciliação e instrução

Para conciliar e instruir os processos de dissídio coletivo, a competência ordinária é dos Tribunais Regionais do Trabalho e do Tribunal Superior do Trabalho.

Aos juízes de primeira instância (das Varas do Trabalho e demais juízes de Direito investidos na jurisdição trabalhista), contudo, podem ser delegadas a conciliação e instrução desses feitos. Assim, estabelece o art. 866 da CLT que o presidente do Tribunal poderá, se julgar conveniente, delegar à primeira instância a conciliação e instrução do dissídio coletivo quando este ocorrer fora da sede do Tribunal. Essa delegação se restringe às tentativas conciliatórias e à instrução do feito, após o que o processo será remetido ao Tribunal para homologar o acordo ou proferir decisão sobre o conflito.

É uma pena que essa delegação raramente aconteça, porque o juiz do local do conflito, mais próximo e dele conhecedor, tem melhores condições para encontrar uma solução mais adequada para o litígio. Ademais, a sede dos Tribunais fica distante da maioria das comarcas onde ocorrem as greves, o que constitui dificuldades para as partes, que se deslocam de regiões longínquas, com perda de tempo e dinheiro, para participarem de audiências, muitas vezes realizadas rapidamente, sem possibilidade de maior diálogo na solução do conflito. A tendência do processo moderno é cada vez mais aproximar o juiz do jurisdicionado e dos fatos e, com isso, permitir que as decisões espelhem melhor a realidade.

O juiz de primeira instância muitas vezes está vivendo, enquanto integrante da comunidade, os efeitos da greve, podendo contribuir sobremaneira para a conciliação do conflito, que é o que mais interessa para a sociedade. É preciso entender que as relações de trabalho no Brasil estão mudando, e com isso também deve haver mudança cultural dos órgãos julgadores, para que o Poder Normativo deixe de ser um *status* dos Tribunais, poder esse, aliás, diminuído com a Emenda Constitucional n. 45/04 e que tende a desaparecer na reforma sindical já em andamento no Congresso Nacional (PEC n. 369/05). A tendência é que a solução dos conflitos de greve na Justiça do Trabalho seja atribuída aos juízes de primeira instância, o que, ao que tudo indica, seria salutar.

1.3. Competência para julgamento

A competência para julgamento dos dissídios coletivos, qualquer que seja a espécie, é dos Tribunais Regionais do Trabalho e do Tribunal Superior do Trabalho, a qual é distribuída com base no critério da extensão territorial do conflito. Se este se restringir à jurisdição de um Tribunal Regional, é ele competente para solucioná-lo (CLT, art. 677: "A competência dos Tribunais Regionais determina-se pela forma indicada no art. 651 e seus parágrafos e, nos casos de dissídio coletivo, pelo local onde este ocorrer"). Se o movimento grevista exceder a jurisdição de um TRT, competente para solucioná-lo será o Tribunal Superior do Trabalho (Lei n. 7.701/88, art. 2º, inciso I, letra *a*: "Compete à Seção Especializada em dissídios coletivos, ou seção normativa: I — originariamente: a) conciliar e julgar os dissídios coletivos que excedam a jurisdição dos Tribunais Regionais do Trabalho...").

Entretanto, se a greve eclodir no Estado de São Paulo e abranger as duas regiões existentes, a 2ª e a 15ª, a competência para julgar o respectivo dissídio coletivo será do TRT da 2ª Região, uma vez que a decisão proferida terá de ser cumprida no âmbito das duas jurisdições, como estabelece a Lei n. 7.520/86 (art. 12: "Compete exclusivamente ao Tribunal Regional do Trabalho da 2ª Região processar, conciliar e julgar os dissídios coletivos nos quais a decisão a ser proferida deva produzir efeitos em área territorial alcançada, em parte, pela jurisdição desse mesmo tribunal e, em parte, pela jurisdição do Tribunal Regional do Trabalho da 15ª Região").

Essa competência, todavia, pode ser prorrogada, caso não arguida a incompetência territorial do órgão regional pelo interessado, como reconhece a jurisprudência e se observa da ementa de julgado a seguir transcrita:

> EMENTA: "Incompetência — Lei n. 9.254/96. A Lei n. 9.254/96, que alterou a legislação anterior regulamentadora da competência dos TRTs da 2ª e 15ª Região para apreciar dissídio coletivo, introduziu um critério misto para a fixação da competência de cada qual: o primeiro, conforme o grau jurisdicional, em função da matéria; e o segundo, em razão do lugar. Assim, o dissídio coletivo instaurado no grau de jurisdição certo (TRT), mas em Tribunal diferente, desatende ao critério da territorialidade e não ao do grau jurisdicional. Como a incompetência territorial é de índole relativa, uma vez não arguida pelo suscitado em sua contestação, opera-se a prorrogação da competência, e o TRT, anteriormente incompetente, deixa de sê-lo. Recurso Ordinário em dissídio coletivo do suscitado conhecido e ao qual se nega provimento."[17]

---

(17) TST-RO-DC 315.226/96.5, Ac. SDC 1.021/97, Rel. Min. Armando de Brito, DJU 31.10.1997.

1.3.1. Da greve no serviço público

Conforme disposto no art. 114, incisos e parágrafos da Constituição Federal, com nova redação dada pela Emenda Constitucional n. 45/04, a Justiça do Trabalho teve a sua competência ampliada para resolver conflitos não somente de empregados contra empregadores, como antes, mas também envolvendo trabalhadores *lato sensu* e tomadores de serviços, empregadores ou não, incluindo expressamente os servidores públicos.

Assim estabelece o art. 114, inciso I, dizendo que compete à Justiça do Trabalho processar e julgar "as ações oriundas da relação de trabalho, abrangidos os entes de direito público externo e da administração pública direta e indireta da União, dos Estados, do Distrito Federal e dos Municípios".

Em seguida, o inciso II do mesmo artigo fixa a competência da Justiça Trabalhista para "as ações que envolvam exercício do direito de greve".

Assim, no caso de greve de servidores públicos regidos pelas normas da Consolidação das Leis do Trabalho — CLT, a competência para apreciar e julgar a greve é da Justiça do Trabalho.

De forma diferente ocorre se os servidores públicos forem regidos por normas estatutárias, de natureza administrativa.

É que o Supremo Tribunal Federal, por decisão liminar do seu Presidente Ministro Nelson Jobim, *ad referendum* do Colegiado, na ADIn n. 3.395, deu interpretação ao inciso I, para afastar da competência da Justiça do Trabalho, até decisão final da ação, a apreciação e julgamento das causas entre servidores públicos estatutários e o respectivo poder público.

Decorre dessa decisão, cuja ADIn objetivava exclusivamente a interpretação do inciso I no tocante à expressão "relação de trabalho", primeiro, que a Justiça do Trabalho tem competência para resolver quaisquer conflitos envolvendo servidores públicos e os respectivos entes públicos, quando aqueles forem celetistas. Em segundo, afastou essa competência quando a relação de trabalho entre o servidor e o ente público for estatutária.

Pergunta-se, então: como ficam os conflitos decorrentes de greve, uma vez que deles cuida separadamente o inciso II do art. 114?

Numa interpretação isolada desse dispositivo, pode-se concluir que a competência, no caso, é da Justiça do Trabalho, porque consta explicitamente da Lei Maior em disposição não atingida explicitamente pela referida decisão proferida na ADIn n. 3.395. De início, eu me inclinei por esse caminho interpretativo, considerando ainda que é a Justiça do Trabalho, no ordenamento jurídico brasileiro, que detém poder normativo para solucionar conflitos coletivos de trabalho, cuja experiência acumulada nos quase 60 anos de criação como órgão do Poder Judiciário confere-lhe indiscutível vocação para tanto.

Todavia, realizando maior reflexão sobre o tema, depara-se com um obstáculo aparentemente intransponível, de ordem científico-constitucional. O inciso I do art. 114 da Constituição Federal foi declarado inconstitucional pelo STF, como já afirmado (liminar na ADIn n. 3.395), nos seguintes termos:

> Em face dos princípios da proporcionalidade e da razoabilidade e ausência de prejuízo, concedo a liminar, com efeito ex tunc. Dou interpretação conforme ao inc. I do art. 114 da CF, na redação da EC n. 45/04. Suspendo, ad referendum, toda e qualquer interpretação dada ao inc. I do art. 114 da CF, na redação dada pela EC n. 45/04, que inclua, na competência da Justiça do Trabalho, "a... apreciação ... de causas que... sejam instauradas entre o Poder Público e seus servidores, a ele vinculados por típica relação de ordem estatutária ou de caráter jurídico-administrativo...".

É certo que o inciso II do mesmo artigo assegura à Justiça Trabalhista a competência para julgar as ações que envolvam o exercício do direito de greve.

Porém, diante dos métodos de interpretação constitucional (da unidade da Constituição, da coerência valorativa interna e do lógico-sistemático), é realmente difícil sustentar a competência da Justiça do Trabalho apenas com base no aludido inciso II, considerado isoladamente do contexto constitucional, o qual, inicialmente, tinha como pressuposto, pela redação do inciso I, incluir na competência trabalhista a solução de todos os conflitos envolvendo servidores públicos, inclusive estatutários.

Mas, em contrário, e de forma explícita, a liminar do STF afastou peremptoriamente a competência da Justiça do Trabalho para apreciar conflitos instaurados entre o Poder Público e seus servidores, a ele vinculados por típica relação de ordem estatutária ou de caráter jurídico-administrativo.

A adoção dos critérios interpretativos acima aludidos fundamenta-se no fato de que, para se entender corretamente um preceito legal ou constitucional, é necessário relacioná-lo com todos os demais preceitos do ordenamento jurídico a respeito do tema em debate[18]. Na espécie em análise, a competência da Justiça do Trabalho consta dos incisos I e II do art. 114 da Constituição e, tendo o primeiro deles recebido interpretação do STF, que afasta peremptoriamente a competência do Poder Judiciário trabalhista em relação aos servidores públicos estatutários, perdeu, com efeito, qualquer força o inciso II no respeitante aos conflitos decorrentes de greve envolvendo servidores públicos estatutários.

---

(18) Ver, a respeito, DANTAS, David Diniz. *Interpretação constitucional no pós-positivismo.* Teoria e casos práticos, p. 236.

A competência para solucionar tais conflitos, com referida decisão, é da Justiça comum federal ou estadual, conforme sejam os servidores envolvidos, federais ou estaduais e municipais, respectivamente.

> Contudo, há quem entenda que o inciso II do art. 114 da Constituição é amplíssimo, quando fala: *ações que envolvam o exercício do direito de greve*. O vocábulo empregado daria um sentido muito mais alargado do que o usual (ações oriundas, decorrentes), porque envolver, no caso, significa relacionar-se direta ou indiretamente com o exercício do direito de greve. Ademais, podem ser parte os empregados, os empregadores, o Ministério Público, o Poder Público, os trabalhadores não empregados e até o vizinho afetado pela greve. Já não pode mais haver dúvida sobre o juízo competente nessa matéria. É o que entende o Juiz Reginaldo Melhado(19).

De outra forma, afirma-se que a liminar concedida na ADIn n. 3.395 pelo STF exclui da Justiça do Trabalho não só a competência para dirimir os dissídios individuais envolvendo interesses de servidores públicos estatutários fundamentados no item I do art. 114, da Constituição Federal, mas também os dissídios coletivos que interessem à mesma categoria(20).

Em ação de dissídio coletivo ajuizada perante o TRT da 22ª Região, a Procuradora Regional do Trabalho Evanna Soares assim sustentou a competência da Justiça do Trabalho para atuar nos conflitos de greve de servidores públicos estatutários:

> Com efeito, o paradigma do Excelso Pretório refere-se às causas previstas no *inciso I* do novo art. 114, da Lei Maior, que diz respeito "às ações oriundas da relação de trabalho, abrangidos os entes de direito público externo e da administração pública direta e indireta da União, dos Estados, do Distrito Federal e dos Municípios", conforme novo texto consignado pela EC n. 45. No caso do dissídio coletivo de greve em atividade essencial está-se diante não de competência demarcada para as "ações oriundas da relação de trabalho" (das quais se excluíram, liminarmente, as que envolvam os estatutários), mas de situação regida pelo *§ 3º do art. 114*, qual seja, *"em caso de greve em atividade essencial, com possibilidade de lesão do interesse público, o Ministério Público do Trabalho poderá ajuizar dissídio coletivo, competindo à Justiça do Trabalho decidir o conflito"*. Trata-se de hipóteses distintas — tão distintas que foram inscritas no novo art. 114 em itens separados, que versam sobre a competência da Justiça do Trabalho, e regidas por critérios igualmente distintos. Se as ações

(19) Da dicotomia ao conceito aberto: as novas competências da justiça do trabalho. In: COUTINHO, Grijalbo Fernandes; FAVA, Marcos Neves (coords.). *Nova competência da Justiça do Trabalho*. São Paulo: LTr, 2005. p. 332-333.

(20) MEIRELLES, Edilton. A nova justiça do trabalho — competência e procedimento. In: COUTINHO, Grijalbo Fernandes; FAVA, Marcos Neves (coords.). *Nova competência da Justiça do Trabalho*. São Paulo: LTr, 2005. p. 71.

referidas no inciso I sob comento abrangessem as ações acerca do exercício do direito de greve e as paralisações nas atividades essenciais, não existiriam o inciso II e o § 3º no referido novo art. 114. A decisão liminar prolatada naquela ADI (DJ de 4.2.2005, p. 2/3) não toca no assunto das ações que envolvam o exercício do direito de greve, limitando-se a examinar a extensão da expressão "relação de trabalho" contida no referido inciso I... .

A celeuma a respeito de qual órgão terá competência para resolver tais conflitos é preocupante, porque, enquanto isso, o País se acha mergulhado em greves intermináveis deflagradas no setor público, com dolorosos e irreparáveis prejuízos para a população carente de serviços essenciais, a exemplo dos servidores do INSS, que periodicamente entram em longas greves, dos servidores da saúde, da educação, etc., com a omissão da Administração Pública, que parece não se preocupar em resolver os motivos das reivindicações dos servidores nem em atender a população, o que chega mesmo, em certas hipóteses, a beirar as raias do absurdo.

Assim, acredita-se que, independentemente da decisão final sobre o tema, o órgão judiciário que receber as ações com pedidos de ordens de urgência para o atendimento das necessidades inadiáveis da população deve analisá-los e deferi-los de imediato, remetendo os autos, se for o caso, para o órgão que entenda competente.

Em se tratando de greves de servidores públicos municipais, na maioria dos casos, a competência ficará com a Justiça do Trabalho, porque, normalmente, mesmo sendo o regime estatutário, sempre haverá outros prestadores de serviços, trabalhadores temporários e alguns celetistas, o que atrairá a competência trabalhista, e a decisão, nesse caso, porque se refere à tutela de interesse metaindividual, será indivisível e atingirá todos.

Ademais, a Justiça do Trabalho é realmente o órgão mais vocacionado a solucionar conflitos de greve. Na hipótese, é salutar que, para a audiência de conciliação e julgamento, seja chamado, além do ente público, o presidente da Câmara Municipal, quando ocorrerá a discussão de eventual projeto de lei sobre as reivindicações dos servidores, a ser encaminhado pelo chefe do executivo. Também é salutar que essa tarefa (de conciliação e instrução do processo) seja delegada ao juiz de primeira instância, como autoriza o art. 866 da CLT, o qual está mais próximo do conflito, vivenciando-o até e, por isso, tem melhores condições de influenciar as partes para a mais adequada solução da pendência.

Apesar do quanto exposto neste subitem, parece-me que depois da decisão proferida pelo Supremo Tribunal Federal — STF — no Mandado de Injunção n. 712-8, a questão passou a merecer nova reflexão, como foi feito no subitem 7.1.8.6 (Competência da Justiça do Trabalho para solucionar os conflitos de greve no serviço público).

É que, como foi enfatizado, por quatro vezes o STF se referiu na decisão que estabeleceu a normatização da greve no serviço público à competência da Justiça do Trabalho para resolver os conflitos decorrentes dela (arts. 5º[21], 7º[22], 8º[23] e 14[24]).

É importante também salientar que no Mandado de Injunção n. 712-8, impetrado pelo Sindicato dos Trabalhadores do Poder Judiciário do Estado do Pará, cuidou-se da greve dos servidores públicos estatutários e não houve qualquer observação aplicando a decisão apenas a servidores regidos pela Consolidação das Leis do Trabalho, pois os servidores do Poder Judiciário, como se sabe, são estatutários.

Disso decorre, como conclui depois de fazer uma interpretação conforme a decisão proferida no Mandado de Injunção n. 712-8 e os textos constitucionais do art. 114, *caput* e incisos I e II, que a Justiça do Trabalho seria competente para resolver os conflitos coletivos de trabalho decorrentes de greves de servidores públicos regidos pela CLT e também por regime estatutário próprio, pois a decisão proferida na ADIn n. 3.395 teria aplicação dirigida apenas aos conflitos individuais envolvendo os servidores estatutários e a Administração Pública, mas não os coletivos. Foi uma interpretação coerente com a aludida decisão, que, repita-se, explicitamente, por quatro vezes, se referiu à competência da Justiça do Trabalho para resolver conflitos de greve de servidores públicos, sem fazer qualquer distinção entre celetistas e estatutários.

Mas o STF decidiu na Reclamação n. 6.568, na qual já havia sido deferida liminar pelo relator para suspender o trâmite do Processo de dissídio coletivo de Greve n. 20199.2008.000.02.00-7, em andamento no TRT da 2ª Região, onde se discutia um conflito de greve envolvendo os policiais civis e o Estado de São Paulo, que no caso dos servidores públicos civis estatutários, a competência para resolver conflitos decorrentes de greve não é da Justiça do Trabalho, mas, da Justiça Comum, Estadual ou Federal, conforme o caso, como se vê da decisão a seguir ementada:

> EMENTA: RECLAMAÇÃO. SERVIDOR PÚBLICO. POLICIAIS CIVIS. DISSÍDIO COLETIVO DE GREVE. SERVIÇOS OU ATIVIDADES PÚBLICAS ESSENCIAIS. COMPETÊNCIA PARA CONHECER E JULGAR O DISSÍDIO. ART. 114, INCISO I, DA CONSTITUIÇÃO DO BRASIL. DIREITO DE GREVE. ART. 37, INCISO

---

(21) Art. 5º A entidade sindical ou comissão especialmente eleita representará os interesses dos trabalhadores nas negociações ou na Justiça do Trabalho (grifados).

(22) Art. 7º Observadas as condições previstas nesta Lei, a participação em greve suspende o contrato de trabalho, devendo as relações obrigacionais, durante o período, ser regidas pelo acordo, convenção, laudo arbitral ou decisão da Justiça do Trabalho (grifados).

(23) Art. 8º A Justiça do Trabalho, por iniciativa de qualquer das partes ou do Ministério Público do Trabalho, *decidirá sobre a procedência, total ou parcial, ou improcedência das reivindicações,* cumprindo ao Tribunal publicar, de imediato, o competente acórdão (grifados).

(24) Art. 14. Constitui abuso do direito de greve a inobservância das normas contidas na presente Lei, em especial o comprometimento da regular continuidade na prestação do serviço público, bem como a manutenção da paralisação após a celebração de acordo, convenção ou decisão da Justiça do Trabalho (grifados).

VII, DA CONSTITUIÇÃO DO BRASIL. LEI N. 7.783/89. INAPLICABILIDADE AOS SERVIDORES PÚBLICOS. DIREITO NÃO ABSOLUTO. RELATIVIZAÇÃO DO DIREITO DE GREVE EM RAZÃO DA ÍNDOLE DE DETERMINADAS ATIVIDADES PÚBLICAS. AMPLITUDE DA DECISÃO PROFERIDA NO JULGAMENTO DO MANDADO DE INJUNÇÃO N. 712. ART. 142, § 3º, INCISO IV, DA CONSTITUIÇÃO DO BRASIL. INTERPRETAÇÃO DA CONSTITUIÇÃO. AFRONTA AO DECIDIDO NA ADI n. 3.395. INCOMPETÊNCIA DA JUSTIÇA DO TRABALHO PARA DIRIMIR CONFLITOS ENTRE SERVIDORES PÚBLICOS E ENTES DA ADMINISTRAÇÃO ÀS QUAIS ESTÃO VINCULADOS. RECLAMAÇÃO JULGADA PROCEDENTE.

1. O Supremo Tribunal Federal, ao julgar o MI n. 712, afirmou entendimento no sentido de que a Lei n. 7.783/89, que dispõe sobre o exercício do direito de greve dos trabalhadores em geral, é ato normativo de início inaplicável aos servidores públicos civis, mas ao Poder Judiciário dar concreção ao art. 37, inciso VII, da Constituição do Brasil, suprindo omissões do Poder Legislativo.

2. Servidores públicos que exercem atividades relacionadas à manutenção da ordem pública e à segurança pública, à administração da Justiça — aí os integrados nas chamadas carreiras de Estado, que exercem atividades indelegáveis, inclusive as de exação tributária — e à saúde pública. A conservação do bem comum exige que certas categorias de servidores públicos sejam privadas do exercício do direito de greve. Defesa dessa conservação e efetiva proteção de outros direitos igualmente salvaguardados pela Constituição do Brasil.

3. Doutrina do duplo efeito, segundo Tomás de Aquino, na Suma Teológica (II Seção da II Parte, Questão 64, art. 7º). Não há dúvida quanto a serem, os servidores públicos, titulares do direito de greve. Porém, tal e qual é lícito matar a outrem em vista do bem comum, não será ilícita a recusa do direito de greve a tais e quais servidores públicos em benefício do bem comum. Não há mesmo dúvida quanto a serem eles titulares do direito de greve. A Constituição é, contudo, uma totalidade. Não um conjunto de enunciados que se possa ler palavra por palavra, em experiência de leitura bem comportada ou esteticamente ordenada. Dela são extraídos, pelo intérprete, sentidos normativos, outras coisas que não somente textos. A força normativa da Constituição é desprendida da totalidade, totalidade normativa, que a Constituição é. Os servidores públicos são, seguramente, titulares do direito de greve. Essa é a regra. Ocorre, contudo, que entre os serviços públicos há alguns que a coesão social impõe sejam prestados plenamente, em sua totalidade. Atividades das quais dependam a manutenção da ordem pública e a segurança pública, a administração da Justiça — onde as carreiras de Estado, cujos membros exercem atividades indelegáveis, inclusive as de exação tributária — e a saúde pública não estão inseridos no elenco dos servidores alcançados por esse direito. Serviços públicos desenvolvidos por grupos armados: as atividades desenvolvidas pela polícia civil são análogas, para esse efeito, às dos militares, em relação aos quais a Constituição expressamente proíbe a greve [art. 142, § 3º, IV].

4. No julgamento da ADI n. 3.395, o Supremo Tribunal Federal, dando interpretação conforme ao art. 114, inciso I, da Constituição do Brasil, na redação a ele conferida pela EC n. 45/04, afastou a competência da Justiça do Trabalho para dirimir os conflitos decorrentes das relações travadas entre servidores públicos e entes da Administração à qual estão vinculados.

1.3.1.1. Conteúdo da decisão judicial nas greves no serviço público

De qualquer forma, seja a competência da Justiça do Trabalho ou a Justiça Comum (Federal ou Estadual), a atuação judicial nas greves de servidores públicos estatutários dar-se-á apenas para assegurar a essencialidade das atividades inadiáveis da população e resolver sobre outros conflitos decorrentes do exercício do aludido direito de greve, como vêm reconhecendo a doutrina e a jurisprudência. Não lhes cabe solucionar o conflito, estabelecendo normas e condições de trabalho, ante o princípio da reserva legal, pelo qual, vantagens aos servidores públicos, quer celetistas ou estatutários, somente podem decorrer de lei, cujo projeto é de iniciativa do chefe do respectivo Poder Executivo (CF, arts. 61, § 1º, inciso II, letra *a*[25] e 169, parágrafo único, incisos I e II[26]).

Nesse sentido, estabelece a Súmula n. 679 do STF: "A fixação de vencimentos dos servidores públicos não pode ser objeto de convenção coletiva".

Explicitamente sobre o dissídio coletivo trata a Orientação Jurisprudencial n. 5 da SDC/TST:

> Dissídio coletivo contra pessoa jurídica de direito público. Impossibilidade jurídica. Aos servidores públicos não foi assegurado o direito ao reconhecimento de acordos e convenções coletivas de trabalho, pelo que, por conseguinte, também não lhes é facultada a via do dissídio coletivo, à falta de previsão legal.

Por outro lado, estabelecem os arts. 18[27] e 19[28] da LC n. 101/00 (Lei de Responsabilidade Fiscal), que os gastos com pessoal da União não

---

(25) Art. 61, § 1º "São de iniciativa privativa do Presidente da República as leis que: (...) II — disponham sobre: a) criação de cargos, funções ou empregos públicos na administração direta e autárquica ou aumento de sua remuneração".

(26) Art. 169, § 1º, incs. I e II. "A concessão de qualquer vantagem ou aumento de remuneração, a criação de cargos, empregos e funções ou alteração de estrutura de carreiras, bem como a admissão ou contratação de pessoal, a qualquer título, pelos órgãos e entidades da administração direta ou indireta, inclusive fundações instituídas e mantidas pelo poder público, só poderão ser feitas:
I — se houver prévia dotação orçamentária suficiente para atender às projeções de despesa de pessoal e aos acréscimos dela decorrentes;
II — se houver autorização específica na lei de diretrizes orçamentárias, ressalvadas as empresas públicas e as sociedades de economia mista".

(27) Art. 18. Para os efeitos desta Lei Complementar, entende-se como despesa total com pessoal: o somatório dos gastos do ente da Federação com os ativos, os inativos e os pensionistas, relativos a mandatos eletivos, cargos, funções ou empregos, civis, militares e de membros de Poder, com quaisquer espécies remuneratórias, tais como vencimentos e vantagens, fixas e variáveis, subsídios, proventos da aposentadoria, reformas e pensões, inclusive adicionais, gratificações, horas extras e vantagens pessoais de qualquer natureza, bem como encargos sociais e contribuições recolhidas pelo ente às entidades de previdência.

(28) Art. 19. Para os fins do disposto no *caput* do art. 169 da Constituição, a despesa total com pessoal, em cada período de apuração e em cada ente da Federação, não poderá exceder os percentuais da receita corrente líquida, a seguir discriminados:

podem atingir mais que 50% do orçamento; nos Estados e Municípios, o limite é de 60%.

O caso é de impossibilidade jurídica do pedido, porque o servidor público civil não teve reconhecido o direito de negociação coletiva e, consequentemente, de ajuizamento de dissídio coletivo de natureza econômica (art. 39, § 2º c/c o art. 7º, inciso XXVI, ambos da Constituição Federal).

O princípio da reserva legal aplica-se a todas as categorias de servidores públicos, sejam celetistas ou estatutários, ficando de fora apenas os empregados das empresas públicas, das sociedades de economia mista e dos demais órgãos públicos que explorem atividade econômica, porque equiparados às empresas privadas (CF, art. 173, § 1º, inciso II[(29)]).

Com efeito, a Carta Magna de 1988 concedeu ao servidor público o direito de sindicalização e o direito de greve (CF, art. 37, incisos VI e VII), mas retirou-lhe, como categoria, o direito de firmar acordos e convenções coletivas (CF, art. 39, § 2º, conjugado com o art. 7º, inciso XXVI). Com isso, no entender do STF[(30)], restou comprometido o direito do servidor público em ajuizar dissídio coletivo, pois não se admite a hipótese de negociação entre a administração pública e seus servidores. "Como se infere do exposto, o servidor público ganhou apenas o direito de organização sindical, o que é importante, sem dúvida, mas este veio desacompanhado do seu fundamental complemento que é a negociação coletiva, o que mostra quão anacrônico é o nosso sistema de relações de trabalho que 'proíbe' a solução negociada dos conflitos coletivos de trabalho envolvendo a maior categoria de trabalhadores do país: os servidores públicos"[(31)].

Essa situação tem causado graves prejuízos à sociedade, que fica sem a prestação de importantes e indispensáveis serviços durante intermináveis greves de servidores públicos, os quais não têm as suas reivindicações atendidas, muitas vezes, justas. Ocorre que os administradores públicos não resolvem o problema dos servidores (em certos casos, nem "negociam" com eles as reivindicações) e também parece não se preocuparem com o desconforto acarretado ao povo. Trata-se de uma questão mal resolvida no nosso sistema de relações de trabalho no setor público.

I — União: 50% (cinquenta por cento);
II — Estados: 60% (sessenta por cento);
III — Municípios: 60% (sessenta por cento).

(29) Art. 173, § 1º "A lei estabelecerá o estatuto jurídico da empresa pública, da sociedade de economia mista e de suas subsidiárias que explorem atividade econômica de produção ou comercialização de bens ou de prestação de serviços, dispondo sobre: (...) II — a sujeição ao regime jurídico próprio das empresas privadas, inclusive quanto aos direitos e obrigações civis, comerciais, trabalhistas e tributários".

(30) ADIn n. 4.921, Rel. Min. Carlos Velloso.

(31) MELO, Raimundo Simão de. *Dissídio coletivo de trabalho*, p. 86.

Duas considerações finais nesse tema são oportunas. Em primeiro lugar, não obstante tenha o STF na mencionada ADIn n. 4.921 negado o direito de negociação coletiva ao servidor público, ante o princípio da reserva legal, tal deve ser considerado em relação à assinatura de instrumentos normativos, com força de lei, que são o resultado final do processo negocial. Porém, não está proibido o diálogo social entre os entes públicos e os sindicatos de servidores públicos na busca da necessária solução dos conflitos coletivos de trabalho. Esse diálogo pode levar à assinatura de um "protocolo de intenções", pelo qual se compromete o ente público a apresentar um Projeto de Lei ao Poder Legislativo com as reivindicações dos servidores, como na prática tem acontecido em algumas situações, até mesmo com a participação de membros da casa legislativa (o seu presidente ou outro representante), o que é salutar e mostra a responsabilidade dos dois Poderes em resolver o problema, para evitar prejuízos e desconfortos à população com relação ao atendimento do serviço público.

Em segundo lugar, considerando a situação surrealista do servidor público, que tem liberdade sindical, direito de greve (este até agora sem regulamentação), mas não o direito à assinatura de instrumento normativo, o C. TST, pela primeira vez, dando relevância à situação de fato, emitiu julgamento cindindo a Orientação Jurisprudencial n. 5, para extinguir sem julgamento de mérito um processo de dissídio coletivo no tocante às cláusulas econômicas, mas rejeitou a preliminar atinente às cláusulas sociais, apreciando-as, conforme se observa da notícia de rodapé[32]. Com esse entendimento, a Corte Superior

(32) CASO FEBEM-SP PODERÁ LEVAR TST A REVER SUA JURISPRUDÊNCIA — O julgamento do recurso da Fundação Estadual do Bem-Estar do Menor (Febem-SP) pela Seção de Dissídios Coletivos nesta quinta-feira (18) poderá resultar na revisão ou cancelamento de um item da jurisprudência do TST (OJ n. 5 da SDC), que aponta a impossibilidade jurídica de ajuizamento de dissídio coletivo contra pessoa jurídica de direito público, em razão da falta de lei que assegure aos servidores públicos o direito ao reconhecimento de convenções ou acordos coletivos de trabalho. A Comissão de Jurisprudência do TST analisará a conveniência de a OJ ser revisada. De acordo com o ministro Luciano de Castilho, a falta de lei regulamentadora do direito de greve no serviço público criou uma "situação surreal", que está obrigando a Justiça do Trabalho a rever conceitos para adaptar-se à realidade dos fatos. "Há dezessete anos aguardamos a regulamentação do direito de greve no serviço público. A situação é de um surrealismo absoluto na medida em que a Constituição assegura a liberdade sindical ampla, admite a greve, mas não permite a negociação coletiva. Trata-se de uma contribuição tupiniquim ao direito comparado em matéria de direito coletivo." A decisão da SDC no caso Febem significou uma cisão na OJ n. 5. O relator do recurso, ministro Luciano de Castilho, declarou a competência da Justiça do Trabalho para julgar as cláusulas sociais decorrentes do desdobramento da greve e acolheu a preliminar de impossibilidade jurídica somente em relação às cláusulas econômicas. Em relação às cláusulas econômicas, o processo foi extinto sem julgamento de mérito com base no princípio constitucional da "anterioridade orçamentária" (art. 169 da CF), que exige a prévia dotação de recursos no orçamento para as despesas com pessoal da União, Estados e Municípios. O ministro Luciano de Castilho acrescentou que a competência da Justiça do Trabalho para julgar ações que envolvam exercício do direito de greve foi reforçada pela Emenda Constitucional n. 45/04 (reforma do Judiciário). "Como juiz não pode deixar de julgar, só resta a ele decidir com a legislação disponível. Por isso fiz a distinção — de um lado, as reivindicações de natureza econômica, que não se

da Justiça do Trabalho faz uma importante distinção entre cláusulas eminentemente econômicas e cláusulas sociais e sinaliza a possibilidade de revisão da posição até então existente no Tribunal, fazendo uma adequação da lei à realidade dos fatos que todos conhecemos.

1.4. Ordens judiciais de urgência

Nos termos do art. 865 da CLT, "sempre que, no decorrer do dissídio, houver ameaça de perturbação da ordem, o presidente requisitará à autoridade competente as providências que se tornarem necessárias". Esta disposição, como se observa do enunciado e do momento em que foi criada, tem conotação autoritária e serviu por muito tempo para justificar arbitrariedades cometidas por autoridades públicas, especialmente policiais, contra o exercício do direito de greve.

Enquanto isso, de cunho muito mais democrático é o comando estabelecido na Lei de Greve (Lei n. 7.783/89), assim expresso:

> Art. 11. Nos serviços ou atividades essenciais, os sindicatos, os empregadores e os trabalhadores ficam obrigados, de comum acordo, a garantir, durante a greve, a prestação dos serviços indispensáveis ao atendimento das necessidades inadiáveis da comunidade.
>
> Parágrafo único. São necessidades inadiáveis da comunidade aquelas que, não atendidas, coloquem em perigo iminente a sobrevivência, a saúde ou a segurança da população.
>
> Art. 12. No caso de inobservância do disposto no artigo anterior, o Poder Público assegurará a prestação dos serviços indispensáveis.

---

sujeitam ao dissídio coletivo face ao princípio da reserva legal, e as sociais, que não teriam esse limite", explicou, durante o julgamento do recurso da Febem-SP. Para o ministro João Oreste Dalazen, a revisão da OJ n. 5 da SDC é urgente. "Penso que já é tempo de revisarmos essa orientação jurisprudencial. Quanto às cláusulas de natureza econômica, parece não haver dúvidas quanto à inviabilidade jurídica em face do art. 169 da Constituição e seus parágrafos. No que diz respeito às cláusulas de natureza social, não vejo razão para que o poder normativo não seja exercido, mesmo em face de ente público", afirmou. Dalazen lembrou que o art. 114 da Constituição, antes da reforma do Judiciário, já atribuía competência à Justiça do Trabalho para conciliar e julgar dissídios coletivos em face de ente público, desde que envolvesse servidores celetistas. O ministro Barros Levenhagen ponderou que este não era o melhor momento para a revisão da OJ n. 5 da SDC, devido às circunstâncias do caso. Ele afirmou que a cisão da OJ somente seria pertinente se se tratasse de dissídio de natureza econômica suscitado pelo sindicato dos trabalhadores. "Trata-se de um dissídio de greve suscitado pelo Ministério Público do Trabalho para exame da abusividade ou não do movimento. Quando o sindicato dos trabalhadores ajuizar o dissídio, aí sim teremos condições de fazer essa cisão entre claúsulas econômicas e sociais", explicou. Para Levenhagen, em casos em que se discute abusividade da greve, não pairam dúvidas sobre a competência da Justiça do Trabalho, mesmo em se tratando de fundação pública, porque o regime é celetista (Notícias do Tribunal Superior do Trabalho — 19.8.2005. Disponível em: <www.tst.gov.br>).

A par de regulamentar essas disposições, o Tribunal Superior do Trabalho baixou a Instrução Normativa n. 4/94 (revogada em 2004), dizendo que, noticiando os autos a paralisação do trabalho em decorrência de greve em serviços ou atividades essenciais, o presidente do tribunal poderá expedir ato dispondo sobre o atendimento das necessidades inadiáveis da comunidade. Assim, pode o juiz, a requerimento ou de ofício, expedir comandos judiciais com o objetivo não de reprimir a greve, mas preservar e tutelar outros direitos fundamentais do cidadão, constitucionalmente assegurados, como a sobrevivência, a saúde e a segurança da população.

Mas não é somente nas greves em atividades essenciais que cabem ordens de urgência. Há outras questões prementes que requerem a atuação preventiva cautelar da Justiça do Trabalho nos dissídios coletivos e em outras ações perante a primeira instância. Exemplo não raro é a ocorrência de demissões coletivas durante a greve, para desmotivar a sua continuidade, o que é vedado, quer porque os contratos de trabalho ficam suspensos durante a sua ocorrência (Lei n. 7.783/89, art. 7º), quer porque o empregador não pode mais adotar meios frustrantes do movimento (Lei n. 7.783/89, art. 6º e parágrafos), uma vez que a greve é, no nosso sistema jurídico, um direito fundamental/democrático assegurado aos trabalhadores para a defesa dos seus direitos e interesses resistidos. Além dessas, há outras inúmeras hipóteses em que se justifica a concessão de medidas preventivas cautelares, as quais estão asseguradas ao juiz por força do que dispõem a Constituição Federal (art. 5º, inciso XXXV), o CPC (art. 798), a Lei da ação civil pública (Lei n. 7.347/85, art. 12), entre outros dispositivos legais esparsos referentes ao poder geral de cautela inerente à função jurisdicional de qualquer espécie.

A concessão das medidas de urgência pode ocorrer de ofício ou a requerimento da parte interessada ou do Ministério Público do Trabalho, este como parte ou como fiscal da lei.

Para que tenham eficácia e efetividade, tais medidas são deferidas mediante a fixação de multa/cominação pecuniária (*astreintes*), com o objetivo de pressionar psicológica e economicamente a parte responsável pelo seu cumprimento.

São exemplos de medidas judiciais de urgência, entre outros, os seguintes casos:

a) tendentes ao cumprimento das atividades inadiáveis da comunidade, no caso de greve em atividades ou serviços essenciais;

b) para suspender demissões ilegais de trabalhadores durante a greve;

c) de interditos possessórios durante a greve;

d) para liberação de trabalhadores "enclausurados" no estabelecimento fabril durante a greve, por determinação patronal; e

e) para tutelar o próprio direito de greve.

Essas ordens judiciais de urgência são importantes como instrumentos de defesa do interesse público da sociedade e dos próprios trabalhadores e empregadores. Contudo, não podem ser utilizadas como mecanismos inibidores do direito democrático de greve dos trabalhadores. Por isso, a Lei n. 7.783/89, de forma sábia, não determinou, por exemplo, o percentual de atendimento nas chamadas atividades inadiáveis. O pedido deve ser feito de forma ponderada e analisado pelo juiz, levando em conta o caso concreto. O percentual não pode ser tão alto a ponto de inviabilizar o direito de greve, nem tão baixo que não atenda ao mínimo indispensável à manutenção das atividades inadiáveis.

Desse modo, numa greve em hospitais, os percentuais de manutenção da atividade deverão ser estabelecidos de acordo com cada setor de atendimento. Enquanto na UTI o atendimento deve ser integral, nas atividades administrativas, o percentual será o menor possível, apenas como suporte para não prejudicar a continuidade daquelas atividades inadiáveis. No transporte coletivo, embora algumas medidas tenham determinado percentuais superiores para o aludido atendimento, na maioria estes são fixados em 30%.

1.4.1. Multas/cominações nas ordens de urgência

Como forma de coagir econômica e psicologicamente o réu a cumprir o comando judicial referente a uma obrigação de fazer, de não fazer ou de suportar, impõe-se uma condenação cominatória de multa, também chamada *astreintes*. Essa cominação não tem natureza penal, como a multa fixada no tocante à obrigação de pagar. Ela é fixada, na Justiça do Trabalho, normalmente, por empregado ou por dia de atraso no cumprimento da decisão, ou as duas formas ao mesmo tempo[33].

Pode ser fixada a pedido do autor da ação ou de ofício pelo juiz (Lei n. 7.347/85, art. 11[34] e CPC, art. 461, § 4º[35]). Sem essa cominação, em certos casos, a decisão seria um tipo de "recomendação" daquilo que já consta da lei, sem eficácia, por falta de sanção.

---

(33) MELO, Raimundo Simão de. *Ação civil pública na Justiça do Trabalho*, p. 99.

(34) Art. 11. Na ação que tenha por objeto o cumprimento de obrigação de fazer ou não fazer, o juiz determinará o cumprimento da prestação da atividade devida ou a cessação da atividade nociva, sob pena de execução específica, ou de cominação de multa diária, se esta for suficiente ou compatível, independentemente de requerimento do autor.

(35) § 4º O juiz poderá, na hipótese do parágrafo anterior ou na sentença, impor multa diária ao réu, independentemente de pedido do autor, se for suficiente ou compatível com a obrigação, fixando-lhe prazo razoável para o cumprimento do preceito.

Os valores são fixados, normalmente, de forma diária, para obrigar empregados e empregadores a darem cumprimento aos serviços mínimos em favor da população, de maneira que, quanto mais demorarem a cumprir o comando judicial, maior será o montante final da cominação.

As importâncias arrecadadas normalmente são destinadas ao FAT — Fundo de Amparo ao Trabalhador, que tem como principais finalidades custear o seguro-desemprego e promover reabilitação e requalificação dos trabalhadores.

Com o aumento a cada dia da atuação do Ministério Público do Trabalho, tomando Termos de Ajustamento de Conduta e ajuizando ações coletivas e também dos sindicatos ajuizando ações semelhantes, os valores das multas e das condenações por danos genéricos têm sido consideráveis e a sua reversão ao FAT, ao contrário, não tem mostrado resultado satisfatório no que diz respeito à reconstituição dos bens lesados, exatamente porque esse fundo tem outras finalidades institucionais, não conta com a participação da comunidade e do Ministério Público do Trabalho na sua composição e, como é natural, não prioriza o objetivo do art. 13 da Lei n. 7.347/85, que assim estabelece:

> Havendo condenação em dinheiro, a indenização pelo dano causado reverterá a um fundo gerido por um Conselho Federal ou por Conselhos Estaduais de que participarão necessariamente o Ministério Público e representantes da comunidade, sendo seus recursos destinados à reconstituição dos bens lesados.

Na verdade, a remessa dos valores aludidos para o FAT foi "um acidente de percurso", num momento inicial em que, por falta de um fundo difuso próprio para a área trabalhista, não se sabia o que fazer com o dinheiro arrecadado, adotando-se o FAT como alternativa provisória.

A par dessa situação e procurando dar adequada aplicação à lei (art. 13 da Lei n. 7.347/85) e aos valores das multas e condenações por danos genéricos, procuradores e juízes do trabalho têm sido criativos com relação à destinação desses valores não apenas para o FAT, mas também para outros órgãos públicos e entidades privadas, com a finalidade de reconstituir os bens lesados e, assim, beneficiar diretamente as vítimas dos danos.

São alternativas ao FAT, por exemplo:

a) a compra de equipamentos de trabalho para o Ministério do Trabalho (veículo e demais equipamentos adequados para a fiscalização e combate do trabalho escravo);

b) remessa para os Centros de Referência de Saúde do Trabalhador e outros órgãos públicos, cuja atuação se destine à tutela dos direitos dos trabalhadores;

c) construção de creches e de hospitais numa região carente dos mesmos;

d) custeio de cursos de formação e de aperfeiçoamento para os trabalhadores e seus filhos, numa dada região;

e) custeio de campanhas de esclarecimentos à população sobre o combate ao trabalho escravo, à erradicação do trabalho infantil e regularização do trabalho do adolescente, sobre a proteção do meio ambiente do trabalho, a inserção dos portadores de deficiência no mercado de trabalho, as discriminações nas relações de trabalho, entre outros temas de importância no âmbito trabalhista;

f) ou ainda para a realização de campanhas educativas, que incluam desde a publicação de anúncios em jornais de grande circulação, até a distribuição de cartilhas aos funcionários, para explicar sobre os direitos trabalhistas dos mesmos.

Na I Jornada de Direito e de Processo do Trabalho promovida pela ANAMATRA e TST, em novembro de 2007, foi aprovado o Enunciado n. 12, tratando do tema ora analisado, nos seguintes termos:

> AÇÕES CIVIS PÚBLICAS. TRABALHO ESCRAVO. REVERSÃO DA CONDENAÇÃO ÀS COMUNIDADES LESADAS. Ações civis públicas em que se discute o tema do trabalho escravo. Existência de espaço para que o magistrado reverta os montantes condenatórios às comunidades diretamente lesadas, por via de benfeitorias sociais tais como a construção de escolas, postos de saúde e áreas de lazer. Prática que não malfere o art. 13 da Lei n. 7.347/85, que deve ser interpretado à luz dos princípios constitucionais fundamentais, de modo a viabilizar a promoção de políticas públicas de inclusão dos que estão à margem, que sejam capazes de romper o círculo vicioso de alienação e opressão que conduz o trabalhador brasileiro a conviver com a mácula do labor degradante. Possibilidade de edificação de uma Justiça do Trabalho ainda mais democrática e despida de dogmas, na qual a responsabilidade para com a construção da sociedade livre, justa e solidária delineada na Constituição seja um compromisso palpável e inarredável.

Depois de fixada a multa, não pode o autor da ação dispor ou aceitar redução do seu valor. Somente o juiz poderá reduzi-lo ou aumentá-lo (CPC, art. 461, § 6º[36]), conforme o caso.

O valor dessa cominação, ante a sua finalidade, deve ser elevado a ponto de desmotivar o infrator da norma legal a continuar descumprindo-a. Mas não deve haver excessivo rigor na sua fixação, como ocorreu num caso real, numa greve de petroleiros, em que o Tribunal Superior do Trabalho determinou o retorno de trabalhadores ao serviço e condenou os sindicatos profissionais numa multa de R$ 100.000,00 (cem mil reais) por dia de greve após o

---

(36) § 6º O juiz poderá, de ofício, modificar o valor ou a periodicidade da multa, caso verifique que se tornou insuficiente ou excessiva.

julgamento(37). No caso, os trabalhadores não voltaram ao trabalho e os valores a serem executados ultrapassaram os patrimônios das entidades classistas e tornaram-se impossíveis de satisfação. Foram penhorados os prédios dos sindicatos e receitas decorrentes das contribuições e, mesmo assim, não foi possível a execução.

No referido caso, como não era mais possível ao TST rever a decisão, que também não poderia ser desmoralizada, e, diante das pressões políticas exercidas pelo movimento sindical(38), inclusive com reclamação perante a OIT, o Congresso Nacional votou a anistia dos sindicatos, liberando-os daquela condenação, considerada excessiva. Tal aconteceu pela Lei n. 9.689/98, cujo art. 1º ficou assim redigido:

> É concedida anistia das multas cominadas pelo Tribunal Superior do Trabalho a entidades sindicais representativas da categoria dos trabalhadores na indústria de extração, exploração, estocagem, transferência, perfuração, destilação, produção e refinação de petróleo e seus derivados, gás natural e outros similares da indústria petroquímica, química e de plásticos e afins, entre 1º de setembro de 1994 e a data da publicação desta lei, em decorrência de sentenças judiciais declaratórias de ilegalidade ou abusividade de movimento grevista ou de improcedência de reivindicações de categorias profissionais.(39)

---

(37) Proc. TST-DC-177734/1995, DJ de 19.5.1995, p. 14.188, Rel. Min. Ursulino Santos.

(38) Houve até denúncia perante a OIT, sob alegação de que o governo brasileiro descumprira de forma exaustiva o direito de greve assegurado na Constituição Federal.

(39) A motivação do Projeto de Lei n. 195/95, do Senador José Eduardo Dutra, que deu origem à presente lei, foi: "O Tribunal Superior do Trabalho impôs, após o término da greve dos petroleiros, graves penalidades aos sindicatos desta categoria. Baseando-se na declaração de abusividade e ilegalidade do movimento grevista, o referido Tribunal aplicou hiperbólicas multas às instituições classistas dos petroleiros que poderão inviabilizar a própria existência destas. A Constituição versa em seu art. 8º que 'ao sindicato cabe a defesa dos direitos e interesses coletivos ou individuais da categoria, inclusive em questões judiciais ou administrativas'. Deste modo, no exercício de suas atividades garantidas constitucionalmente, o sindicato e demais entidades sindicais não poderiam naquele momento esquivar-se de expressar as decisões da categoria que representam, pois tratavam-se de interesses coletivos da categoria. Este projeto, portanto, tem como escopo impedir que tais penalidades sejam aplicadas aos sindicatos de uma forma geral e especificamente ao dos petroleiros, já que provocariam desastroso impacto sobre o movimento sindical, inviabilizando a organização da classe trabalhadora. Ainda, a manutenção destas punições, em nosso ver, refletiriam um objetivo subjacente de desmoralizar o movimento sindical, além de inviabilizá-los sob o ponto de vista de seu funcionamento. Diante disso, pela relevância e oportunidade, defendemos a anistia das multas cominadas, pelo TST a entidades sindicais, e esperamos o apoio dos ilustres pares à presente proposição, uma vez que, encerrada a greve, não subsistem motivos para que entidades sejam penalizadas, além dos desgastes decorrentes, já por si de grande monta.Embora favoráveis à aprovação do projeto, houve ressalva de parlamentares, como as do Sr. Gerson Peres, que ressaltou os prejuízos causados à sociedade brasileira com aquela greve, mas que entendia ser oportuno o perdão, como uma forma de reflexão aos dirigentes sindicais e para que em outras situações fizessem a greve conforme a lei. Assim se expressou aquele parlamentar: 'Somos favoráveis a essa anistia específica, concedendo aos líderes sindicais uma oportunidade de reflexão. Quando fizerem outra greve, reflitam sobre a situação em que fica o povo brasileiro, dependente desse setor estratégico que atinge os interesses sociais do país.

O "remédio", portanto, deve ser na dose certa, pois, se ministrado em pequena quantidade, não fará efeito, mas, se em dose excessiva, em vez de curar, "matará o paciente". O objetivo não pode ser coibir a greve, mas fazer com que seja ela exercida dentro dos parâmetros do bom-senso, da responsabilidade e da legalidade democrática, mediante o atendimento dos serviços mínimos da população.

1.5. Defesa no dissídio coletivo de greve

De acordo com a Constituição Federal (art. 5º, incisos XXXIV, letra *a,* e LV), ao direito de ação corresponde o direito de ampla defesa, consistente na contestação, exceção e reconvenção (CPC, art. 297). No dissídio coletivo de greve, em face das peculiaridades que o norteiam, especialmente aquelas referentes à declaração de abusividade ou não abusividade do movimento e possível criação de condições de trabalho (CF, art. 114, § 2º), o direito de defesa sofre adaptações.

A defesa, escrita ou oral, pode, conforme o caso, consistir em exceções, preliminares processuais e nas questões de mérito, como na afirmação ou negativa de abusividade da greve, na apresentação de reivindicações (pedidos) e na impossibilidade de atendimento dos pedidos.

1.5.1. Contraditório

A atuação da Justiça do Trabalho na solução dos conflitos coletivos de trabalho constitui um "poder de equidade", uma espécie de permissão em branco dada pelo legislador para se criar normas e condições de trabalho, como forma de solução do conflito. Por isso, há quem entenda que o dissídio coletivo de interesses não se submete ao princípio do contraditório na sua essência, porque o julgamento obedece à equidade, mercê da qual o Tribunal do Trabalho contrabalança os interesses opostos de empregados e de empresários.

Não me parece, *data venia*, ser exatamente assim. Embora se trate na espécie de julgamento de equidade, isso não significa abandono do princípio do contraditório, que é uma consequência do devido processo legal, cabível

---

Somos favoráveis ao projeto para que os líderes sindicais fiquem sabendo, como disse o eminente Deputado Luís Eduardo Greenhalgh, que a anistia tem mão dupla, dois sentidos. E o sentido do perdão, do entendimento e da conscientização o Congresso Nacional lhes está oferecendo ao aprovar esta lei, porque na realidade todo o povo brasileiro sofre muito com esse tipo de greve. E os brasileiros não irão pagar pelo que eles fizeram, porque a concessão do perdão tem como objetivo a reflexão. Que as entidades sindicais façam a greve, segundo o que determina a lei, o que não fizeram à época'."

em qualquer tipo de processo judicial ou administrativo (CF, art. 5º, inciso LV), pelo qual se assegura aos litigantes, em processo judicial ou administrativo, e aos acusados em geral, o contraditório e a ampla defesa, com os meios e recursos a ela inerentes.

Há, na verdade, um abrandamento do referido princípio em face das peculiaridades inerentes a esse tipo excepcional de ação coletiva. Não se pode dispensar a contrariedade da categoria suscitada, porquanto sempre será expedida notificação para que ela venha a juízo, se quiser, e apresente defesa no prazo legal. Se não oferecê-la, a consequência não é a revelia nos seus efeitos preconizados pelo Código de Processo Civil, com aplicação da pena de confissão. Assim, embora haja revelia(40), os seus efeitos são inócuos no dissídio coletivo, não produzindo, pois, a confissão ficta, pois o julgamento será feito com base em fatos, no direito e na equidade, mediante os critérios de conveniência e oportunidade. Também não se pode, por exemplo, deixar de dar vista a um litigante, de documento juntado pela parte contrária, mesmo que isso ocorra na própria audiência de conciliação e instrução, ou designar audiência fora dos prazos previstos na CLT, inclusive nos conflitos coletivos decorrentes de movimento grevista, pois, ao contrário, restará violado o direito democrático do exercício regular da greve. O que há no dissídio coletivo é uma maior flexibilidade de procedimento.

1.5.2. Exceções

Com relação às exceções, aplicam-se as regras da CLT e do CPC, quando compatíveis (CLT, art. 769). Como exceções, podem ser alegadas as questões sobre incompetência, suspeição e impedimento do órgão julgador. Já as preliminares se referem, normalmente, à impossibilidade jurídica do pedido, ilegitimidade *ad causam*, ilegitimidade *ad processum*, falta de interesse processual, litispendência, incompetência material e funcional e a existência de norma coletiva em vigor.

1.5.3. Oposição

Nas ações de dissídio coletivo, não raro ocorrem incidentes de representação sindical, em que dois ou mais sindicatos disputam a representatividade das categorias econômica ou profissional, por meio de oposição processual.

Há quem entenda incabível essa figura própria do processo civil na ação de dissídio coletivo de trabalho. Conforme dispõem o art. 56 e seguintes do CPC, visa-se com a oposição a obtenção do todo ou parte da coisa ou direito

(40) Ives Gandra Martins Filho sustenta que não ocorre revelia no dissídio coletivo (*Processo coletivo do trabalho*, p. 40).

sobre que controvertem autor e réu. Na espécie, a oposição visaria a excluir somente suscitante(s) ou suscitado(s), o que se enquadraria mais como assistência, que tem procedimento diverso.

Assim, pretender o reconhecimento, por meio de oposição processual, da representatividade de uma categoria econômica ou profissional, é impróprio na Justiça do Trabalho, porque o processo de dissídio coletivo tem características e finalidades próprias, cuja sentença normativa visa à criação de direitos, como forma de solução do conflito coletivo de trabalho. A sua finalidade principal é solucionar o conflito rapidamente e restabelecer a paz social entre patrões e empregados.

As categorias profissionais e econômicas são constituídas dos seus integrantes (trabalhadores e empresas), os quais não podem ser considerados como coisa ou direito a serem "pleiteados" pelo oponente, como dispõe o art. 56 do CPC, *in verbis:*

> Quem pretender, no todo ou em parte, a coisa ou o direito sobre que controvertem autor e réu, poderá, até ser proferida a sentença, oferecer oposição contra ambos.

Assim, parece-me, sem qualquer prejuízo para as partes, que a solução mais adequada para o caso é o simples recebimento da arguição de oposição como preliminar de representação processual, para ser resolvida como questão prejudicial incidental, como pressuposto necessário para posterior e imediato julgamento do mérito do dissídio coletivo.

Essa decisão, que na verdade é uma simples resolução incidental, não tem força de coisa julgada (CPC, arts. 469, III(41), e 470(42)) no tocante à disputa de representação, que deve ser decidida originária e definitivamente por juiz de primeira instância, porque os tribunais não têm competência originária para resolver questões de representação sindical (CF, art. 114, inc. III(43)).

Desse modo, seja como oposição ou simples preliminar processual, constituindo a questão prejudicial pressuposto necessário para julgamento do dissídio coletivo, o juiz pode apreciá-la de duas formas:

a) em ação declaratória incidental (CPC, arts. 5º(44) e 325(45)), quando a decide como mérito e com força de coisa julgada, desde que competente

---

(41) Art. 469. Não fazem coisa julgada: (...) III — a apreciação da questão prejudicial, decidida incidentemente no processo.

(42) Art. 470. Faz, todavia, coisa julgada a resolução da questão prejudicial, se a parte o requerer (arts. 5º e 325), o juiz for competente em razão da matéria e constituir pressuposto necessário para o julgamento da lide.

(43) Art. 114. Compete à Justiça do Trabalho processar e julgar: (...) III — as ações sobre representação sindical, entre sindicatos, entre sindicatos e trabalhadores, e entre sindicatos e empregadores.

(44) Art. 5º Se, no curso do processo, se tornar litigiosa relação jurídica de cuja existência ou inexistência depender o julgamento da lide, qualquer das partes poderá requerer que o juiz a declare por sentença.

(45) Art. 325. Contestando o réu o direito que constitui fundamento do pedido, o autor poderá requerer, no prazo de 10 (dez) dias, que sobre ele o juiz profira sentença incidente, se da declaração

em razão da matéria (CPC, art. 470[46]). É o que acontece quando a ação sobre a disputa sindical é ajuizada na primeira instância da Justiça do Trabalho;

b) ou a resolve como razão de decidir a causa principal, independentemente de ser ou não competente originária e materialmente (CPC, arts. 469, III, e 470), o que é a hipótese do dissídio coletivo, pois como dito, a competência originária para decidir questão de disputa sindical é do juiz da Vara do Trabalho.

Portanto, a decisão do tribunal não terá força de coisa julgada, servindo apenas como um antecedente para o deslinde da causa principal. Tanto é assim que as mesmas partes chegam a discutir a questão da representação sindical em vários dissídios coletivos, em anos diferentes, obtendo, às vezes, decisões contraditórias, dependendo da composição do órgão julgador e do entendimento no momento do julgamento.

De qualquer forma, não deve ocorrer o processamento em apartado da oposição ou preliminar a respeito de disputa de representação sindical, pois tal procedimento, como se vê na prática, acarreta tumulto e mais demora na solução final da questão de mérito, com prejuízo irreparável para as partes.

É que, enquanto existente no nosso sistema jurídico, os processos de dissídio coletivo precisam ser solucionados com urgência, porque as respectivas sentenças normativas, na prática, têm prazo de vigência de um (1) ano, o que desde logo desaconselha soluções demoradas, que no final não servem para nada.

1.5.4. Reconvenção

A reconvenção, como forma de defesa, é uma ação na qual o réu contra-ataca o autor, quando houver conexão entre o pedido e a reconvenção ou com o fundamento da defesa (CPC, art. 315[47]).

Há divergências sobre o seu cabimento na ação de dissídio coletivo. A favor, sustentam Ives Gandra Martins[48], Everaldo Gaspar de Andrade[49],

---

da existência ou da inexistência do direito depender, no todo ou em parte, o julgamento da lide (art. 5º).

(46) Art. 470. Faz, todavia, coisa julgada a resolução da questão prejudicial, se a parte o requerer (arts. 5º e 325), o juiz for competente em razão da matéria e constituir pressuposto necessário para o julgamento da lide.

(47) Art. 315. O réu pode reconvir ao autor no mesmo processo, toda vez que a reconvenção seja conexa com a ação principal ou com o fundamento da defesa.

(48) *Processo coletivo do trabalho*, p. 103/104.

(49) *Dissídio coletivo*, p. 123.

exemplificando com o dissídio de greve, e Amauri Mascaro Nascimento[50]. De forma contrária, posicionam-se João Carlos de Araújo[51] e Sergio Pinto Martins[52].

Não obstante o brilho das argumentações favoráveis à reconvenção no processo de dissídio coletivo, parece haver um equívoco na conclusão final. Embora seja certo que nessa ação especial o suscitado possa apresentar suas reivindicações, isso não significa devam ser recebidas como reconvenção. O dissídio coletivo, especialmente o de greve, é um processo especial, pois a sua finalidade é solucionar o conflito coletivo de forma rápida e eficaz, para restabelecer a paz social entre os litigantes. Além disso, e também por isso, trata-se de uma ação de natureza dúplice, na qual o réu está autorizado a apresentar, na contestação, os seus pedidos[53]. Então, para que a reconvenção? Somente para prolongar a solução do litígio?

Estabelece o § 1º do art. 278 do CPC que, no procedimento sumário, "é lícito ao réu, na contestação, formular pedido em seu favor, desde que fundado nos mesmos fatos referidos na inicial".

É o caso do processo de dissídio coletivo de greve, que equivale a um procedimento sumaríssimo, pelo que é incompatível com os seus fins e peculiaridades a reconvenção nos moldes do Código de Processo Civil. Ela é desnecessária porque o suscitado, normalmente a categoria profissional, pode apresentar em contestação as reivindicações motivadoras da greve, que constituem os pedidos, os quais serão analisados pelo Tribunal sem nenhum problema. E quando se tratar de greve em atividade essencial, com prejuízos para a população? Para atrasar o julgamento do movimento, basta que o suscitado apresente uma reconvenção, quando o Tribunal teria de designar outra audiência e, com isso, procrastinar desnecessariamente o julgamento do processo. A decisão, no caso, não servirá mais para os fins a que se destina.

Nesse sentido, é ilustrativa a jurisprudência majoritária do TST, como se vê das ementas a seguir transcritas:

> EMENTA: DISSÍDIO COLETIVO DE GREVE — RECONVENÇÃO. Incompatibilidade da ação de cumprimento com a reconvenção. Por mais flexível que possa ser a ação coletiva, não há como admitir-se a ação de cumprimento em reconvenção apresentada em dissídio de greve.[54]

> EMENTA: FUNÇÃO UNIFORMIZADORA DE JURISPRUDÊNCIA TAMBÉM EM DISSÍDIO COLETIVO — RECONVENÇÃO — NÃO CABIMENTO NOS PROCESSOS DOS DISSÍDIOS COLETIVOS. O procedimento dos dissídios

(50) *Curso de direito processual do trabalho*, p. 612.

(51) *Ação coletiva do trabalho*, p. 41.

(52) *Direito processual do trabalho*, p. 455.

(53) Cf. *Dissídio coletivo de trabalho*, p. 100.

(54) TST-RO-DC n. 237519/1995, Rel. Min. José Luiz Vasconcelos.

coletivos é sui generis, sendo com ele incompatível o instituto da reconvenção. O Tribunal Superior do Trabalho é a última instância em matéria trabalhista, pelo que tem o papel de uniformizador da jurisprudência também em matéria de dissídio coletivo. Por isso, apreciando recurso ordinário contra sentenças normativas dos Tribunais Regionais, faz a adaptação de cláusulas aos seus precedentes normativos.(55)

Mas também existem entendimentos divergentes no TST, como se vê dos processos a seguir indicados: Proc. TST-RODC n. 156/2005-000-08--00.0 e Proc. RODC n. 934/2006-000-04-00. Todavia, como se observa do conteúdo das respectivas decisões proferidas, trataram-se de pedidos contrapostos e não de reconvenções no sentido estrito do CPC, com abertura de novo prazo para contestação. Quer dizer, apreciar pedidos contrapostos na contestação, os tribunais podem fazê-lo. O que não é aconselhável e adequado, tendo em vista as peculiaridades do dissídio coletivo, é receber e processar uma reconvenção com as formalidades do CPC.

Portanto, entendo incompatível e desnecessária a reconvenção nos dissídios coletivos de trabalho, sobretudo nos casos de greve, a qual serviria apenas para tumultuar e procrastinar a solução final do conflito trabalhista, com prejuízos às próprias partes e à sociedade.

1.5.5. Revelia e confissão

Enquanto nas ações comuns se reputam verdadeiros os fatos afirmados pelo autor, no dissídio coletivo de greve, se o réu não contestar a ação, a situação será outra. Nessa ação especial, a falta de contestação não acarreta maiores consequências, uma vez que o objeto do processo normalmente é a declaração da abusividade da greve e a criação, manutenção, extinção ou modificação de direitos como motivo do movimento grevista. Quanto às reivindicações motivadoras da greve, com base no interesse subjetivo da parte reivindicante, está livre o juiz para concedê-las ou não, independentemente de contestação.

Assim, embora haja revelia, os seus efeitos são praticamente inexistentes no dissídio coletivo, não produzindo, pois, a confissão ficta, uma vez que, com ou sem contestação, o julgamento será feito com base em fatos, no direito e na equidade, mediante os critérios de conveniência e oportunidade.

Nesse sentido, entende Manoel Antonio Teixeira Filho, para quem: "Se o suscitado não comparecer à audiência, esse fato não impedirá o julgamento do dissídio, que, nesta hipótese, ocorrerá à revelia. A ninguém deve causar sobressalto o fato de estarmos afirmando a possibilidade de haver revelia em sede de dissídio coletivo, desde que se saiba que revelia nada mais é do que

(55) TST-RO-DC n. 77623/1993, Rel. Min. Rider Nogueira de Brito.

a ausência de defesa; portanto, um *fato processual negativo*. O que não se concebe, isto sim, é o efeito da revelia, vale dizer, a presunção de veracidade dos fatos alegados na petição inicial. A razão é elementar: nos dissídios coletivos, a atividade jurisdicional se afasta de sua função clássica — consistente na aplicação de normas jurídicas preexistentes —, para adotar uma atitude *sui generis*, traduzida na própria criação (ou, em alguns casos, na interpretação) da norma que regerá as relações das categorias enredadas em um antagonismo de interesses tuteláveis pela ordem jurídica"(56).

No dissídio coletivo de greve, embora não seja obrigatória a presença do suscitado (CLT, art. 856), é aconselhável que ele compareça em juízo e apresente defesa e provas sobre a regularidade da greve, em se tratando da categoria profissional, porque, se considerada abusiva, consequências poderão advir para os contratos individuais de trabalho ou sobre a relativa abusividade, se o suscitado for a classe patronal. É neste momento que se deve apresentar as reivindicações que deram causa ao conflito, trazendo, assim, elementos de convicção para o Tribunal embasar o julgamento. Depois, a presença do suscitado é importante para efeito de uma possível conciliação em juízo, perante um órgão neutro que poderá ajudar as partes a encontrar uma solução pacificadora para o litígio.

1.6. Conciliação

De acordo com o art. 860 da CLT, recebida e protocolada a representação, e estando na devida forma, o presidente do tribunal designará a audiência de conciliação, dentro do prazo de 10 (dez) dias, determinando a notificação dos dissidentes, para, querendo, comparecerem à audiência de conciliação.

Em se tratando de instauração da instância de ofício, no caso de greve, hoje somente pelo Ministério Público do Trabalho, conforme já fundamentado, a audiência deverá ser realizada dentro do prazo mais breve possível.

A agilidade no dissídio coletivo, que deve sempre ser priorizada, não mais pode se distinguir pelo simples fato de se tratar determinado dissídio coletivo de um conflito de greve, mas pela razão de que a sentença normativa tem como fundamento norteador da sua existência a solução rápida e eficaz dos conflitos coletivos de trabalho e o restabelecimento da paz social.

É claro que no caso de greve, especialmente em atividades essenciais, todo esforço deve ser feito para uma solução rápida e eficaz por conta dos prejuízos causados à coletividade.

---

(56) *Dissídio coletivo* — curso de processo do trabalho em perguntas e respostas, n. 24, p. 16.

Na audiência de conciliação, comparecendo ambas as partes ou seus representantes, o presidente do tribunal proporá as bases da conciliação que lhe pareçam mais adequadas para a solução do conflito. Havendo acordo e ouvido obrigatoriamente o Ministério Público do Trabalho, o juiz conciliador o submeterá à homologação do tribunal por meio do órgão competente ou do pleno, conforme a competência funcional estabelecida no Regimento Interno.

O tribunal, com efeito, poderá homologá-lo no todo, em parte ou rejeitar as cláusulas ajustadas, quando entender lesivas à ordem jurídica, ao interesse público e aos interesses dos trabalhadores.

Não se pode dizer que o tribunal está adstrito, em respeito à autonomia privada coletiva, ao que avençado pelas partes e que a homologação deve levar em conta o conjunto da avença. A função homologatória do tribunal continua sendo de natureza normativa, criando, mantendo, modificando ou extinguindo condições de trabalho, devendo, para tanto, observar sobre os limites mínimo e máximo de atuação do poder normativo da Justiça obreira e sobre a existência de eventual ilegalidade.

A fase da conciliação nos dissídios coletivos é considerada a mais importante e requer do juiz conciliador qualidades indispensáveis à obtenção de êxito, como bom-senso, paciência, conhecimento da realidade social e econômica do país e das verdadeiras condições das categorias profissional e econômica envolvidas, o que nem sempre é fácil, pois, especialmente com relação aos fatores técnicos e econômicos, inexistem nos tribunais, salvo raras exceções, suportes para subsidiarem os magistrados, o que ocorre, igualmente, com os membros do Ministério Público do Trabalho, que primeiro opinam nessa ação.

1.7. Instrução

Não havendo acordo, ou não comparecendo ambas as partes ou uma delas, o juiz instrutor submeterá o processo a julgamento, depois de realizadas as diligências que entender necessárias e ouvido o Ministério Público do Trabalho (CLT, art. 864), que também pode pedir diligências (LC n. 75/93, art. 83, inc. IX).

O art. 864 da CLT é a única disposição consolidada que, indiretamente, se refere à instrução processual no dissídio coletivo, razão por que há quem sustente que ela inexiste nesse tipo especial de procedimento.

A instrução probatória, como se sabe, visa a recolher e formar provas necessárias ao convencimento do órgão julgador na solução do litígio, com base em fatos e no direito existente.

No dissídio coletivo, cuja finalidade é criar, manter, modificar ou extinguir condições de trabalho, portanto, elaborando normas jurídicas, a atuação da Justiça do Trabalho se dá com base nos fatos sociais e não no direito posto.

A prova, como já acentuavam as ordenações, é a alma do processo e a luz que deve guiar o juiz, a qual, no processo comum, é analisada nos autos em função do ônus distribuído às partes.

Parece claro que nos dissídios coletivos que têm por fim a criação de normas jurídicas inexiste o ônus probatório. Mas a falta de elementos de prova, que devem ser levados aos autos pelas partes ou buscados pelo juiz, mediante o poder instrutório que lhe assegura a lei, pode beneficiar uma parte e prejudicar a outra, pois mesmo atuando o poder normativo com liberdade e flexibilidade, o juiz não parte do nada. Para criar ou modificar uma norma jurídica, levará em conta os subsídios de que dispõe, quer pela experiência de vida quer pelo conhecimento técnico do assunto ou por meio dos elementos constantes dos autos.

Com maior razão, no caso do julgamento de um dissídio de greve, cujo objetivo primeiro é a declaração da abusividade ou não do movimento. Imagine-se a hipótese, ocorrente com frequência, da alegação da abusividade da greve em razão do descumprimento de formalidades indispensáveis, como, por exemplo, a falta de comunicação prévia, irregularidades na sua aprovação pela assembleia de trabalhadores, ilegitimidade sindical, falta de *quorum,* não atendimento das necessidades inadiáveis da população. Em tais situações, melhor se sairá a parte que conseguir apresentar subsídios no processo, nada impedindo possa o tribunal ouvir as partes e testemunhas e até mesmo proceder à inspeção judicial no local de trabalho.

É, pois, aconselhável que sejam juntados aos autos documentos, estudos técnicos, laudos etc., para subsidiarem o tribunal no julgamento das reivindicações referentes a aumentos reais, reajustamentos salariais e outros pleitos semelhantes, incumbindo ao juiz instrutor, até como forma de se valorizar mais as decisões normativas, a determinação de diligências concernentes à realização de perícia técnica na empresa ou no setor econômico, para verificação sobre as reais condições alegadas pelas partes.

O desprezo à realização de diligências indispensáveis nos dissídios coletivos tem levado a um certo descrédito das sentenças normativas, especialmente no tocante às reivindicações de natureza econômica, cujas decisões, em alguns casos, são fulcradas apenas na convicção subjetiva do órgão julgador.

Portanto, embora não obrigatória legalmente, é salutar a instrução probatória nos dissídios coletivos, dependendo de cada caso, quer por meio da juntada de subsídios pelas partes, quer mediante realização de diligências por determinação do juiz instrutor ou a requerimento daquelas, a fim de que as sentenças normativas sejam proferidas com fundamentos mais técnicos e objetivos.

1.8. JULGAMENTO

Não havendo conciliação do conflito coletivo de greve, cabe ao tribunal proferir julgamento, analisando todas as reivindicações formuladas pelos suscitantes e pelos suscitados, como os pedidos da categoria econômica e dos trabalhadores.

No dissídio coletivo de greve, o Tribunal determina sobre o atendimento das atividades essenciais, declara sobre a abusividade ou não do movimento paredista, determina o retorno dos trabalhadores ao trabalho, se for o caso, aprecia as reivindicações que deram motivo à greve e resolve sobre o pagamento dos dias parados, entre outros possíveis comandos judiciais, levando em conta as peculiaridades de cada caso.

Pode ainda o Tribunal fixar multa/cominação pelo descumprimento dos comandos judiciais referentes às obrigações de fazer ou não fazer.

Mas não pode o Tribunal, no caso de greve por atraso do pagamento de salários, condenar a empresa a efetuar esse pagamento, porque tal constitui objeto de pedido condenatório na primeira instância, individual ou coletivamente. Pode, contudo, reconhecer a mora salarial e estabelecer cominação diária enquanto não satisfeita a obrigação contratual pela empresa. É uma forma de dar efetividade à decisão judicial, pois sem esse comando a sentença normativa não terá efeito prático.

Em todos eles, o Tribunal estabelece condenação pelas custas processuais.

O julgamento do dissídio coletivo nos tribunais é colegiado, proferido por um órgão especializado na solução de conflitos coletivos, como no TST e nos tribunais maiores (Seção Especializada em dissídios coletivos) ou pelo tribunal, na sua composição plena, quando não dividido em turmas.

Também cabe ao tribunal a apreciação de acordos entabulados pelas partes, mediante julgamento, quando serão apreciadas todas as cláusulas avençadas.

No caso de um acordo nos autos de dissídio coletivo, há quem entenda ser dispensável a sua homologação, faltando mesmo competência à Justiça do Trabalho para tanto, pois o acordo e a convenção coletiva (CLT, art. 614) adquirem validade apenas com o depósito de uma via perante um dos órgãos do Ministério do Trabalho. Assim, havendo acordo extrajudicial, basta às partes pedirem o arquivamento do processo de dissídio coletivo por perda de objeto, em face da inexistência de interesse que justifique o uso da máquina judiciária.

Nesse sentido, é a jurisprudência trabalhista, como se infere da Orientação Jurisprudencial n. 34, da SDC do TST, *verbis*:

> EMENTA: ACORDO EXTRAJUDICIAL. HOMOLOGAÇÃO. JUSTIÇA DO TRABALHO. PRESCINDIBILIDADE. É desnecessária a homologação, por Tribunal Trabalhista, do acordo extrajudicialmente celebrado, sendo suficiente, para que surta efeitos, sua formalização perante o Ministério do Trabalho (art. 614 da CLT e art. 7º, inciso XXXV, da Constituição Federal).

Homologado o acordo nos autos do dissídio coletivo, não cabe recurso pelas partes, ressalvada a faculdade atribuída ao Ministério Público do Trabalho, que poderá impugnar a decisão homologatória quanto às cláusulas atentatórias da ordem jurídica (Lei n. 7.701/88, § 5º do art. 7º[57]).

Proferida a sentença normativa, esta deverá ser publicada no prazo de 15 dias, a partir de quando pode a parte interessada pedir o seu cumprimento fundado no acórdão em inteiro teor ou somente na certidão de julgamento (Lei n. 7.701/88, art. 7º, § 6º[58] e Lei n. 10.192/01, art. 12º, § 2º[59]).

O procedimento para julgamento começa com a distribuição a um relator, que remeterá os autos ao Ministério Público do Trabalho para emissão de parecer, caso não tenha sido ofertado em audiência ou ficado para a sessão de julgamento.

Às partes é facultada sustentação oral na sessão de julgamento, pelo prazo de 10 minutos, que pode ser prorrogado a critério do presidente da sessão, que levará em conta as peculiaridades e complexidade do caso.

O julgamento dar-se-á, após a apreciação da regularidade da greve, cláusula por cláusula.

Sobre o julgamento de dissídios coletivos que envolvam questões econômicas, a Lei n. 10.192/01 estabelece algumas importantes regras, a saber:

a) no ajuizamento do dissídio coletivo, as partes deverão apresentar, fundamentadamente, suas propostas finais, que serão objeto de conciliação ou deliberação do tribunal, na sentença normativa (art. 12);

---

(57) Art. 7º, § 5º — "Formalizado o acordo pelas partes e homologado pelo Tribunal, não caberá qualquer recurso, salvo por parte do Ministério Público".

(58) Art. 7º, § 6º — "A sentença normativa poderá ser objeto de ação de cumprimento a partir do 20º (vigésimo) dia subsequente ao do julgamento, fundada no acórdão ou na certidão de julgamento, salvo se concedido efeito suspensivo pelo Presidente do Tribunal Superior do Trabalho".

(59) Art. 12, § 2º — "A sentença normativa deverá ser publicada no prazo de quinze dias da decisão do Tribunal".

b) a decisão que puser fim ao dissídio será fundamentada, sob pena de nulidade, e deverá traduzir em seu conjunto a justa composição do conflito de interesses das partes, e guardar adequação com o interesse da coletividade (art. 12, § 1º);

c) no acordo ou convenção e no dissídio coletivo, é vedada a estipulação ou fixação de cláusula de reajuste ou correção salarial automática vinculada a índices de preços (art. 13);

d) qualquer concessão de aumento salarial a título de produtividade deverá estar amparada em indicadores objetivos (art. 13, § 2º).

Dessas regras, devem ser ressaltadas:

a) aquelas que obrigam as partes a fundamentarem suas propostas finais, que deverão ser levadas em conta no julgamento;

b) as sentenças deverão, sempre, ser fundamentadas, sob pena de nulidade, o que não é novidade porque qualquer decisão está sujeita a esse requisito, conforme estabelece a Constituição Federal (art. 93, inciso IX);

c) as decisões que estipularem sobre aumento de produtividade deverão se amparar em indicadores objetivos, o que reforça o nosso entendimento quanto à necessidade da realização de laudos técnicos em tais situações, para se evitar julgamentos "políticos";

d) proibiu-se a fixação de reajustes automáticos de salários (essa vedação, contudo, é ofensiva à Constituição Federal, que no § 2º do art. 114 apenas estabelece limite mínimo de atuação do poder normativo, com respeito às garantias legais e convencionais já existentes);

e) finalmente, restringiu-se a concessão de efeito suspensivo de cláusulas normativas ao Presidente do TST, o que, sem dúvida, constitui maior controle sobre as decisões judiciais de tal espécie, uma vez que as mesmas ficam limitadas ao entendimento de um único julgador, o que pode ser definido como inconstitucional, porque ofende o princípio do juiz natural (CF, art. 5º, inciso XXXVII).

Sobre a concessão de reajustamentos salariais, interessantes são as decisões a seguir ementadas, que mostram como os Tribunais do Trabalho, especialmente o TST, incorporaram os mandamentos econômicos da referida lei, mesmo que contrariando a própria norma constitucional do art. 114, § 2º, que atribui amplo poder normativo à Justiça do Trabalho para solucionar os conflitos de interesse da melhor forma a restabelecer a paz social, baseando-se, sempre, na equidade.

EMENTA: "Reajuste Salarial — O entendimento desta egrégia SDC tem sido no sentido de que, após o advento do denominado 'Plano Real' é inviável a concessão, via sentença normativa, de reajuste salarial superior ao determinado pela legislação vigente na época da data-base. Existindo diploma legal definindo a forma de recomposição dos salários, qual seja a livre negociação, não há campo para o exercício do poder normativo da Justiça do Trabalho".

EMENTA: "Dissídio coletivo — Condições deferidas na origem somente por negociação exitosa poderiam ser alcançadas — Na realidade atual do dissídio coletivo, que começou a ser delineada pela Constituição Federal de 1988, e na qual veio a inserir-se, rapidamente, o processo globalizante, não se concebe manifestação de anseio por regulamentação própria, sem demonstração de que a categoria vive uma realidade singular, distinta da dos demais trabalhadores, a ponto de justificar o estabelecimento, para si, de condições especiais de trabalho, acima dos patamares legais. Num momento mundial em que o emprego é raro bem! Sem elementos justificadores de um tratamento 'diferenciado', prevalece a regulamentação genérica, e o empregador só confere maiores garantias se assim o desejar".

1.8.1. Greve abusiva e apreciação das reivindicações

Estabelece o art. 8º da Lei n. 7.783/89 que a Justiça do Trabalho, por iniciativa de qualquer das partes ou do Ministério Público do Trabalho, decidirá sobre a procedência, total ou parcial, ou improcedência das reivindicações, cumprindo ao Tribunal publicar, de imediato, o competente acórdão.

Disso decorre que, além de declarar sobre a abusividade ou não da greve, incumbe ao Tribunal resolver a respeito das reivindicações que a motivaram. A sentença normativa, como já se ressaltou, tem como principal fundamento a solução do conflito coletivo de trabalho de forma ágil e eficaz, na busca do restabelecimento da paz social entre as partes.

É imprescindível que o Tribunal aprecie cada pedido formulado pelos interessados, independentemente de a greve ser declarada abusiva ou não. A declaração de abusividade não pode prejudicar a análise das reivindicações, que são o fundamento do conflito coletivo, sob pena de se acirrar mais ainda os ânimos das partes envolvidas no litígio.

Nesse sentido, manifestou-se o então presidente do C. Tribunal Superior do Trabalho, Ministro Almir Pazzianotto Pinto, *in verbis*.[60]

(60) Não faria sentido que a Justiça do Trabalho ficasse reduzida ao exame de abusividade ou não abusividade das greves e impedida de se manifestar sobre as reivindicações formuladas pelos trabalhadores grevistas, a teor do que determinam os arts. 9º e 114 da Constituição e 8º da Lei n. 7.783, de 1989 (PAZZIANOTTO PINTO, Almir. Justiça do Trabalho e poder normativo. *Correio Brasilienze*, Caderno S, p. 1/4, de 20.7.1998).

A abusividade da greve pode decorrer da ausência de uma simples formalidade (falta de comprovação nos autos da comunicação prévia ou dos documentos referentes à autorização assemblear). Esses requisitos são importantes, porém mais ainda é a solução do conflito.

Nesse sentido é a decisão a seguir transcrita:

> ABUSIVIDADE FORMAL RELEVÁVEL — ABRUPTA E UNILATERAL MODIFICAÇÃO DE JORNADA DE TRABALHO — EXEGESE DO ART. 14 DA LEI N. 7.783/89. INTERPRETAÇÃO DA MESMA COM BASE NOS FUNDAMENTOS DO ESTADO DEMOCRÁTICO DE DIREITO. Pode haver hipótese em que o exercício do direito de greve seja reconhecido e justificado, apesar de não cumpridas as formalidades de deflagração. É o caso dos autos, no qual a empresa abrupta e unilateralmente modificou a jornada de trabalho de mais de sessenta empregados, pouco importando a coleta posterior de "acordos individuais". A proteção constitucional da jornada e a própria Lei de Greve (inciso II do parágrafo único do art. 14) proscrevem a alteração substancial. A Lei de Greve deve ser analisada, materialmente, sob o enfoque da dignidade do trabalhador e do valor social do trabalho. A alteração de jornada, feita sem negociação coletiva prévia, exigindo trabalho aos domingos, fere princípios constitucionais e regras celetistas elementares, justificando a parede para o restabelecimento da situação pretérita. Deferimento de dias parados, cancelamento de demissões e garantia de emprego, condições de trabalho estas, que decorrem da aplicação do Poder Normativo.(61)

Outro aspecto importante sobre a apreciação da greve pelos Tribunais diz respeito à diferenciação que fazem algumas decisões sobre abusividade formal e material. A primeira, referente ao descumprimento de formalidades requeridas pela lei e não atendimento das atividades inadiáveis da comunidade nas atividades e nos serviços essenciais. A segunda, que se refere ao conteúdo das reivindicações formuladas como motivo da deflagração do movimento, cuja constatação acarretará consequências para os obreiros, além da decretação da abusividade.

Essa classificação não encontra respaldo na Constituição Federal, cujo art. 9º assegura aos trabalhadores o direito de greve, competindo-lhes decidir sobre a oportunidade de exercê-lo e sobre os interesses que devam por meio dele defender, nem na lei ordinária.

Demais, não há parâmetro para se estabelecer que essa ou aquela reivindicação é abusiva, inoportuna ou inconveniente. Tudo ficaria ao livre-arbítrio do julgador que, subjetivamente, neste e naquele caso diria se os pleitos são abusivos ou não. Imagine-se uma greve motivada pela reivindicação resistida de 10% de aumento por conta da elevação da produtividade da empresa ou setor produtivo. Para uns, essa reivindicação pode ser considerada

---

(61) TRT/SP 15ª Região, DC 83/95-D, Ac. SE 327/95-A, Rel. Juiz José Pedro de Camargo Rodrigues de Souza, DOESP de 8.5.1995, p. 55.

abusiva e impertinente, mediante argumentos vários; para outros, no entanto, o pleito pode ser considerado mais do que justo e pertinente, também mediante farta argumentação.

Também é de se ressaltar que a abusividade da greve pode levar a consequências várias, mediante a responsabilização concernente aos aspectos penais, civis e trabalhistas. Assim, não se deve declarar a abusividade de um movimento paredista apenas diante de fundamentações discricionárias e subjetivistas, porque todo julgamento deve basear-se em fatos objetivos e no direito.

1.9. Ajuizamento do dissídio coletivo *de comum acordo*

1.9.1. Dissídio coletivo de natureza econômica

Um dos pontos mais polêmicos da reforma do Judiciário por meio da Emenda Constitucional n. 45/04 na Justiça do Trabalho diz respeito à novidade do ajuizamento de dissídio coletivo *de comum acordo*. Desse modo, tudo o que se disser neste momento são reflexões, porque, finalmente, é a jurisprudência, especialmente do TST e, por fim, do STF, que vai definir sobre o verdadeiro alcance do chamado *comum acordo* para propositura da ação de dissídio coletivo.

É claro que a doutrina, que tem o privilégio de se pronunciar em primeiro lugar, terá um papel fundamental na busca da melhor interpretação para a novidade introduzida no § 2º do art. 114 da Constituição Federal. Para se chegar a isso, não se pode fazer uma interpretação meramente gramatical do dispositivo, o qual deve ser analisado dentro do contexto geral do sistema jurídico e, em especial, levando-se em conta o perfil do atual modelo sindical existente no Brasil, o qual ainda é de sindicatos fracos, desorganizados e sem poder negocial para enfrentar as classes econômicas. Nesse ponto, é importante lembrar que, mesmo os sindicatos mais fortes, organizados nos grandes centros urbanos, estão encontrando sérias dificuldades para negociar melhores condições de trabalho, em razão do desmonte projetado e em execução do Direito do Trabalho, agravado pelo processo de globalização econômica, que obriga os países emergentes a eliminar conquistas sociais trabalhistas e evitar novos pleitos dos trabalhadores.

Em decorrência disso, entende-se que a alteração concernente ao *de comum acordo* para instauração do dissídio coletivo, embora salutar para incentivar a negociação coletiva, deveria ser implementada juntamente com a reforma sindical, por meio da qual se pretende fortalecer os sindicatos e priorizar a negociação coletiva. Quando tal ocorrer, conforme o resultado final, é o caso mesmo de se extinguir de vez o poder ou atividade normativa da Justiça do Trabalho.

Com efeito, estabelece o referido dispositivo que:

> recusando-se qualquer das partes à negociação coletiva ou à arbitragem, é facultado às mesmas, *de comum acordo, ajuizar dissídio coletivo de natureza econômica*, podendo a Justiça do Trabalho decidir o conflito, respeitadas as disposições mínimas legais de proteção ao trabalho, bem como as convencionadas anteriormente. (grifados)

A primeira indagação sobre esse dispositivo é se ele ofende o disposto no inciso XXXV do art. 5º da Constituição Federal, que assegura o livre acesso do jurisdicionado ao Poder Judiciário, nos termos seguintes:

> A Lei não excluirá da apreciação do Poder Judiciário lesão ou ameaça a direito.

Já existem respostas no sentido positivo, *data venia*, equivocadas. O princípio da inafastabilidade jurisdicional aplica-se, como estabelece explicitamente o referido dispositivo, às ofensas ou ameaças a direitos. Não é o caso do dissídio coletivo econômico, por meio do qual o que se discute são meros interesses das categorias, especialmente, e sobretudo, das categorias profissionais, consubstanciados em reivindicações econômicas e sociais, que visam à melhoria das condições de trabalho dos respectivos membros. Não há falar, pois, em ofensa a direito[62]. É o caso, apenas para ilustrar, do pleito de concessão de cesta básica, que o Tribunal, ao analisá-lo, poderá concedê-lo ou não, baseando-se tão somente nos critérios de oportunidade e conveniência, portanto, de forma subjetiva.

Como sustenta Edson Braz da Silva, "o exercício do poder normativo pela Justiça do Trabalho não se presta a julgar lesão ou ameaça a direito. Visa, isso sim, a criar normas e condições de trabalho satisfazendo interesses econômicos e sociais da categoria profissional. Logo, é ilação autorizada pela interpretação sistemática da Carta Magna a inexistência de divergência entre os preceitos dos seus arts. 114, § 2º, e 5º, inciso XXXV. Ao conferir poder normativo à Justiça do Trabalho, o constituinte atribuiu-lhe, de forma excepcional à tradicional divisão republicana de poderes, pequena competência legislativa concorrente e não excludente do Poder Legislativo. Assim, quando a Justiça do Trabalho exerce o poder normativo, ela se afasta da atividade típica de Poder Judiciário e cria, mediante sentença normativa, normas e

---

(62) Nessa linha de raciocínio, Edson Braz da Silva estabelece a diferença entre direitos e interesses jurídicos: "Interesse corresponde a uma vantagem ou benefício pretendido para a satisfação de um desejo ou necessidade, sem que haja uma norma garantidora dessa satisfação. Por sua vez, direito corresponde a um bem garantido ao indivíduo por uma norma jurídica (Lei ou contrato). Por isso, o direito seria passível de ser violado ou sofrer a ameaça de violação, enquanto o interesse não teria essa capacidade, podendo exclusivamente ser contrariado" (*Aspectos processuais e materiais do dissídio coletivo frente à Emenda Constitucional n. 45/04*).

condições de trabalho como se fosse o próprio Poder Legislativo. Porquanto, a sentença normativa é formalmente uma sentença e materialmente uma lei"[63].

Também pela constitucionalidade da nova exigência, embora por outro fundamento, manifestou-se Otávio Brito Lopes, nos seguintes termos: "A se considerar o Poder Normativo como atividade jurisdicional, não se poderá deixar de reconhecer que a exigência do mútuo consentimento dos atores sociais para deflagrar o Poder Normativo se configura em verdadeiro cerceamento do acesso amplo ao Judiciário, o que seria inadmissível. Em se tratando, entretanto, de arbitragem judicial voluntária, como a nosso ver é a hipótese, não há que se falar em tal inconstitucionalidade, mesmo porque a arbitragem voluntária é de nossa tradição e decorre de nosso ordenamento jurídico (Lei n. 9.307, de 23 de setembro de 1996), haja vista que o Brasil não adota a arbitragem compulsória"[64].

Arguindo a inconstitucionalidade da expressão *de comum acordo* inserida no § 2º do art. 114 da Constituição, existem várias Ações de Declaração de Inconstitucionalidades — ADINs — movidas por entidades sindicais de trabalhadores, sob o fundamento de violação do inciso XXXV do art. 5º da Constituição, que assegura o direito de ação. Numa delas (3.432-4/600 — DF), o Procurador-Geral da República já emitiu parecer negando a inconstitucionalidade alegada, com a seguinte ementa:

> Ação direta de inconstitucionalidade em face do § 2º do art. 114 da Constituição, com a redação dada pelo art. 1º da Emenda Constitucional n. 45, de 8 de dezembro de 2004. O poder normativo da Justiça do Trabalho, por não ser atividade substancialmente jurisdicional, não está abrangido pelo âmbito normativo do art. 5º, inciso XXXV, da Constituição da República. Assim sendo, sua restrição pode ser levada a efeito por meio de reforma constitucional, sem que seja violada a cláusula pétrea que estabelece o princípio da inafastabilidade do Poder Judiciário.

Fundamenta-se o parecer ministerial em que no dissídio coletivo não há um conflito ou uma lide propriamente dita, porque a pretensão deduzida em juízo não visa a evitar lesão ou a reparar lesão a direito reconhecido pelo ordenamento jurídico. O caráter das suas decisões é substancialmente legislativo, pelo que, no âmbito dos dissídios coletivos de natureza econômica, desempenha a Justiça do Trabalho atividade legislativa, diferenciada em substância da atividade tipicamente jurisdicional, que não está abarcada pelo âmbito normativo do inciso XXXV do art. 5º da Constituição.

Ademais, como enfatiza, no caso de persistir o impasse nas negociações, é natural que os trabalhadores se utilizem de seu direito coletivo de greve, assegurado constitucionalmente pelo art. 9º da Constituição. A deflagração

(63) *Op. cit., passim.*

(64) *O poder normativo da Justiça do Trabalho após a Emenda Constitucional n. 45*, p. 168.

da greve serve como mais um instrumento de pressão da classe trabalhadora na reivindicação de melhores condições de trabalho, que tem como meta final o estabelecimento do acordo[65].

Como sabido, o parecer do Ministério Público não vincula o órgão julgador, no caso, o STF, mas já sinaliza positivamente sobre o acolhimento da modificação constitucional introduzida pela Emenda Constitucional n. 45/04.

1.9.1.1. O DE COMUM ACORDO: *PRESSUPOSTO PROCESSUAL OU MAIS UMA CONDIÇÃO DA AÇÃO?*

Trata-se a novidade inserida no § 2º do art. 114 da Constituição de pressuposto processual e não de mais uma nova condição da ação, como já vem sustentando parte da doutrina[66]. Esse pressuposto para o dissídio coletivo de natureza econômica, que abrange as cláusulas econômicas e sociais, quando a ação tratar originária e estritamente disso, não é inconstitucional, embora devesse ser criado juntamente com a reforma de fortalecimento dos sindicatos, como já ressaltado. Como estabelecido esse pressuposto, poderá trazer mais prejuízos para os trabalhadores, que em sua maioria não contam ainda com sindicatos fortes e organizados para responderem às recusas injustificadas de negociação e consentimento para ajuizamento do dissídio coletivo, com a greve.

Com efeito, não se confundem os pressupostos processuais com as condições da ação.

> Os pressupostos, portanto, são dados reclamados para a análise de viabilidade do exercício do direito de ação, sob o ponto de vista estritamente processual. Já as condições da ação importam o cotejo do direito de ação concretamente exercido com a viabilidade abstrata da pretensão de direito material. Os pressupostos, em suma, põem a ação em contato com o direito processual, e as condições de procedibilidade põem-na em relação com as regras do direito material.[67]

Por oportuno, cabe lembrar a existência, no nosso sistema jurídico, de alguns pressupostos processuais semelhantes, aliás, não inquinados de inconstitucionais. Eis alguns deles:

---

(65) Mas tudo depende da força e organicidade do sindicato representativo da categoria profissional respectiva. Como ressalta José Luciano de Castilho Pereira, "se o sindicato obreiro for fraco — estou falando da grande maioria —, crítica será a situação dos trabalhadores. Não haverá negociação coletiva, nem greve e nem Dissídio Coletivo" (A reforma do poder judiciário — o dissídio coletivo e o direito de greve. In: COUTINHO, Grijalbo Fernandes; FAVA, Marcos Neves (coords.). *Justiça do Trabalho:* competência ampliada. São Paulo: LTr, 2005. p. 249.

(66) Ver, nesse sentido, SILVA, Edson Braz da. *Aspectos processuais e materiais do dissídio coletivo frente à Emenda Constitucional n. 45/04.*

(67) THEODORO JÚNIOR, Humberto. *Curso de direito processual civil*, p. 75.

a) a prévia negociação coletiva como pressuposto para o ajuizamento da ação de dissídio coletivo (arts. 114, § 2º, da CF e 616, §§ 2º e 3º, da CLT);

b) o transcurso de um ano para ajuizamento da ação revisional de dissídio coletivo (CLT, art. 873);

c) o esgotamento das instâncias desportivas privadas nos casos de disciplina e competições, nos termos da lei (CF, art. 217, § 1º)[(68)]; e

d) o depósito prévio de 5% sobre o valor da causa, para o ajuizamento da ação rescisória no cível (CPC, art. 488, inciso II).

Ressalvando o devido respeito por manifestações contrárias, entendo que a inexistência do *comum acordo* para ajuizamento do dissídio coletivo econômico, como indispensável à propositura da ação (art. 283 do CPC), significa mais um pressuposto processual, o qual, não atendido, leva ao indeferimento da petição inicial, depois de esgotado o prazo assinado pelo juiz para o cumprimento de tal providência (art. 284 do CPC).

Dessa forma, a decisão que extinguir o feito por indeferimento da petição inicial, como é óbvio, não resolverá a lide, nem entrará na análise das condições da ação, cabendo, portanto, a sua repetição desde que se corrija o defeito que levou à extinção do feito.

1.9.1.2. Formas de ajuizamento de dissídio coletivo de comum acordo

Interessante questão sobre o ajuizamento do dissídio coletivo *de comum acordo* diz respeito à forma de cumprimento dessa exigência. Quer dizer, *dissídio de comum acordo* significa petição inicial assinada conjuntamente pelas partes? Ou tal pode ocorrer na resposta do suscitado, de modo expresso ou tácito? A primeira alternativa é, em certos casos, de difícil e até mesmo impossível efetivação, pois, no calor das discussões nas negociações coletivas malogradas, os ânimos se acirram e ninguém quer ceder à parte contrária. A segunda alternativa parece estar mais em conformidade com a filosofia da informalidade do Direito do Trabalho, como, aliás, é a tônica do art. 442 da CLT.

Nesse sentido, pronunciou-se José Luciano de Castilho Pereira: "começamos por indagar o significado da expressão *de comum acordo*. Evidentemente não pode significar, necessariamente, petição conjunta. Logo, estou entendendo que o comum acordo não precisa ser prévio. Ele pode vir — de modo expresso ou tácito — na resposta do suscitado ao dissídio ajuizado. Assim, ajuizado o dissídio coletivo pelo sindicato dos empregados, sem o

---

(68) NERY JÚNIOR, Nelson. *Princípios do processo civil na Constituição Federal*, p. 95.

acordo expresso da parte contrária, deve o juiz mandar citar o suscitado e apenas na hipótese de recusa formal ao dissídio coletivo, a inicial será indeferida"[69].

Semelhante é a opinião de Edson Braz da Silva, assim vazada: "Desse modo, o suscitado deve externar a objeção ao dissídio coletivo unilateral na primeira oportunidade, ou seja, no início da audiência de conciliação e instrução, que é o primeiro ato processual do dissídio coletivo pós-citação. Se o suscitado participar da tentativa de conciliação promovida pelo Tribunal, sem antes deixar clara a discordância com o ajuizamento unilateral do dissídio coletivo, terá tacitamente suprido a exigência legal do 'comum acordo'"[70].

O mesmo caminho parece trilhar a jurisprudência dos Tribunais do Trabalho, cujo exemplo é o Processo TST-DC n. 150.085/05, no qual o Tribunal Superior do Trabalho aceitou como *comum acordo* o fato de a suscitada ter retirado a última proposta de acordo e manifestado o interesse de aguardar o julgamento do processo, o que significa, conforme entendeu, assentimento à solução judicial, porquanto a oposição ao dissídio tem de ser formal e fundamentada.

A decisão nesse processo ficou assim ementada:

> EMENTA: "DISSÍDIO COLETIVO — ACORDO PARA SEU AJUIZAMENTO — MANUTENÇÃO DE CLÁUSULAS SOCIAIS ANTERIORMENTE AJUSTADAS EM NEGOCIAÇÃO COLETIVA. A) Na Delegacia Regional do Trabalho a Suscitada diz que retirava suas propostas para aguardar o dissídio coletivo. Ajuizado o dissídio, em 26.1.2005, na audiência de conciliação foi dito pelo Ministro Instrutor que o processo se encontrava devidamente formalizado pela legislação atual e em seguida deu a palavra à Suscitada, que nada disse sobre a necessidade de acordo e foi iniciada uma negociação que, entretanto, não se concretizou. Mas, apresentando a sua resposta, a Suscitada disse que não concordava com o ajuizamento do dissídio. Não poderia mais manifestar a sua oposição, pois, até então, comportara-se como se concordasse com o mesmo. B) Cláusulas Sociais conquistadas em negociações anteriores devem ser mantidas pela Sentença Normativa por aplicação do § 2º do art. 114 da Constituição Federal com as modificações feitas pela EC n. 45/04".

As tratativas negociais em audiência de conciliação, portanto, elidem o comum acordo prévio ao ajuizamento do dissídio coletivo de natureza econômica, como assim entendeu o TRT da 2ª Região no processo a seguir ementado:

> EMENTA: "DISSÍDIO COLETIVO. GREVE. MORA SALARIAL CONFESSADA. NÃO ABUSIVIDADE DO MOVIMENTO. REEMBOLSO DOS DIAS PARADOS. COMPREENSÃO DO ART. 114, § 2º, DA CF (EC n. 45/04) — O resultado negativo das negociações coletivas exaustivamente realizadas em juízo

---

(69) *Op. cit.*, p. 245.
(70) *Op. cit.*

estabelece o acordo das partes com o dissídio apresentado pelo Sindicato suscitante. A natureza alimentar do abono salarial coletivamente convencionado, cujo não pagamento foi expressamente confessado pela suscitada, à defesa, impõe a declaração de não abusividade do movimento que paralisou as atividades da empresa. Disponibilidade dos bens da suscitada e dos sócios que é reconhecida nos termos propostos pelo Ministério Público. Procedência parcial dos pedidos" (TRT2; PROC: 20085-2005-000-02-00; DOE SP, PJ, TRT 2ª; Data: 13.5.2005; Relator Carlos Francisco Berardo).

Todavia, há entendimento no sentido de que o consentimento para ajuizamento do dissídio coletivo de trabalho necessariamente terá de ser expresso. É como entende Davi Furtado Meirelles[71], nos seguintes termos: "O poder normativo somente pode ser exercido pela Justiça do Trabalho se as partes assim desejarem. E a forma de ajuizamento poderá ser por petição em conjunto, ou por instauração de uma delas com declaração de concordância da outra parte (...) O fato de a parte contrária não apresentar contestação ao pedido de julgamento do dissídio coletivo, fazendo apenas a sua defesa contra os termos aludidos na peça inaugural, não nos parece ser suficiente para interpretar como concordância tácita ao exercício do poder normativo. Se a nova regra constitucional impõe a condição de concordância mútua, compete ao instrutor do feito verificar o preenchimento dessa condição".

1.9.1.3. Recusa de uma das partes ao ajuizamento do dissídio coletivo econômico

Havendo recusa por uma das partes ao ajuizamento da ação de dissídio coletivo pela parte contrária, essa recusa deve ser fundamentada, porquanto a exigência representa uma restrição ao acesso ao Judiciário, que, embora não signifique ofensa ao direito de ação, não pode ser usada por um dos sujeitos das relações coletivas de trabalho como abuso de direito ou má-fé em relação ao outro contendor. Havendo recusa comprovadamente abusiva ou de má-fé pela parte que se opõe ao ajuizamento do dissídio coletivo, pode a parte interessada na solução judicial do conflito coletivo de trabalho pedir suprimento judicial ao Tribunal competente. Desse entendimento comunga Júlio Bernardo do Carmo, para quem, "se o sindicato dos trabalhadores for inexpressivo, pífio, sem poder de barganha contra o patronato e sem meios de exercer com sucesso o direito de greve, a recusa de consentimento da categoria econômica para o ajuizamento conjunto do dissídio coletivo de natureza econômica pode sim caracterizar a recusa abusiva, injurídica ou de extrema má-fé que obsta efetivamente o exercício do direito de ação coletiva por parte do operariado. Nesse contexto parece-me que a parte prejudicada poderá sim, de imediato, ajuizar o dissídio coletivo de natureza econômica e

(71) *Poder normativo:* momento de transição, p. 696.

nele requerer de forma incidental o suprimento judicial da recusa da categoria econômica contraposta. Sopesando o caso dos autos, o Tribunal do Trabalho poderá, desde que visualizado má-fé, abuso de direito ou ilicitude por parte da categoria econômica, outorgar o suprimento judicial suplicado, quando sua decisão terá a mesma eficácia jurídica do consentimento denegado, possibilitando assim a tramitação normal do dissídio coletivo de natureza econômica, até seu final julgamento"[(72)].

A solução negociada para os conflitos coletivos de trabalho é a melhor, e foi com esse objetivo que o legislador constituinte derivado implementou o pressuposto do ajuizamento do dissídio coletivo de comum acordo, para forçar as partes à negociação. Contudo, uma coisa é o desejável, no caso o prestígio do negociado; outra coisa é a realidade brasileira, da qual não se pode fazer abstração. Essa realidade é a existência de um modelo, na maioria dos casos, de sindicatos frágeis, que não têm poder negocial e de pressão contra o empresariado, pelo que seria, como já ressaltado, mais adequado implementar essa mudança no dissídio coletivo juntamente com a reforma sindical, mediante fortalecimento dos sindicatos.

No dia a dia, raros não são os casos em que a empresa ou a categoria econômica não reconhece o sindicato dos trabalhadores, não negocia as reivindicações dos trabalhadores e também, por razões óbvias, não concorda com o ajuizamento do dissídio coletivo, ficando caracterizada a existência de ato antissindical, de abuso de direito e de má-fé, situação extrema que reclama a outorga de suprimento judicial, para que, mais uma vez, não seja o trabalhador prejudicado em benefício do poderio econômico, que ficaria realmente numa situação cômoda.

1.9.2. Dissídio coletivo de greve

Diferentemente ocorre em relação ao dissídio coletivo de greve, no tocante ao pressuposto do *de comum acordo* para ajuizamento da ação. Em primeiro lugar, porque nem a Emenda Constitucional n. 45/04 nem qualquer outro dispositivo normativo exigem tal pressuposto. Em segundo, porque a natureza jurídica da sentença normativa proferida na ação coletiva ora tratada é declaratória da regularidade ou não do exercício do direito de greve. Na espécie, não importa que o dissídio tenha sido instaurado pelas partes da relação capital--trabalho ou pelo Ministério Público e muito menos que a atividade atingida pela paralisação do trabalho seja essencial ou não.

Assim já entendeu o TRT da 2ª Região, como se observa na parte transcrita a seguir do respectivo acórdão:

---

(72) *Do mútuo consenso como condição de procedibilidade do dissídio coletivo de natureza econômica*, p. 597.

A questão referente ao *comum acordo* somente vem a ser exposta no § 2º, como complemento direto ao *caput*, e não como restrição retroativa ao precedente inciso II. Se o legislador pretendesse — argumentando com o absurdo — condicionar a instauração do *dissídio coletivo de greve* ao entendimento prévio dos litigantes, teria inserido a ressalva no próprio inciso II. O texto do § 2º não deixa margem a dúvidas quanto à evidência de que a locução *de comum acordo* diz respeito a uma *faculdade* outorgada às partes para o ajuizamento de *dissídio coletivo de natureza econômica*, quando resultarem frustradas suas tentativas de negociação coletiva ou de arbitragem extrajudicial. De qualquer forma, não se pode forjar uma antinomia entre o art. 114 e a cláusula pétrea da indeclinabilidade da jurisdição, contemplada no inciso XXXV do art. 5º da Carta Magna, resumida no princípio segundo o qual a lei não excluirá da apreciação do Poder Judiciário lesão ou ameaça a direito (TRT/SP — DCG 20086.2005.000.02.00-9, Rela. Juíza Wilma Nogueira de Araújo Vaz da Silva).

Mas há outras situações, quando, por exemplo, o dissídio coletivo de greve for instaurado pela parte econômica, com o objetivo apenas de ver declarada a abusividade do movimento. Neste caso, como também é normal, comparece o suscitado em juízo para impugnar as alegações de abusividade e apresentar os motivos do movimento paredista, que, regra geral, se consubstanciam em reivindicações de natureza econômica e social. Há duas alternativas nesse caso: o Tribunal do Trabalho aprecia apenas o pedido de declaração de abusividade ou, além disso, também examina as reivindicações e demais questões incidentais, como legitimidade, enquadramento sindical, etc. Na primeira hipótese, a decisão estará incompleta, porquanto, como corretamente estabelece o art. 8º da Lei de Greve (Lei n. 7.783/89), cabe à Justiça do Trabalho decidir sobre a procedência total ou parcial ou improcedência das reivindicações, resolvendo, definitivamente, o conflito. É isto que tem de fazer o Tribunal, porque, repito, a sentença proferida num dissídio coletivo, de qualquer natureza, tem importante função social, qual seja, resolver a pendência e restabelecer a harmonia entre as partes envolvidas na pendência. Ao contrário, pergunta-se: para que serve uma decisão da Justiça do Trabalho dizendo apenas que a greve é abusiva ou ilegal? A resposta é simples: haverá maior agravamento do conflito, porque o que querem as partes, especialmente os trabalhadores, é a solução dele. Se não for para isso, não precisará mesmo existir solução heterônoma de conflitos coletivos de trabalho pelos Tribunais.

E o *acordo em comum*, como fica? Resposta: não se exige no caso, porque o dissídio, na verdade, é de greve, de natureza declaratória, sendo que a análise das questões econômicas e sociais surge apenas incidentalmente, como consequência necessária para a solução do problema, pelo que, na hipótese, não pode uma parte depender da outra para vir a juízo, como acontece no dissídio de natureza originária e exclusivamente econômica.

Ademais, ressalta-se, a decisão que apreciar apenas a abusividade do movimento é incompleta e inservível para o papel a que se destina a ação coletiva normativa.

Nessa linha, já existem algumas decisões judiciais, como se vê da ementa seguinte:

> Pedidos econômicos e sociais em dissídio de greve: a ação com natureza de dissídio coletivo de greve obviamente possui um objeto que, no caso, é traduzido por condições econômicas e sociais (TRTSP — DCG 20086.2005.000.02.00--9, Rela. Juíza Wilma Nogueira de Araújo Vaz da Silva).

Nesse processo, o TRT de São Paulo julgou o dissídio coletivo de greve sem concordância do empregador. Para os juízes da Seção Especializada em dissídios coletivos (SDC), a ausência de anuência concomitante de patrões e empregados para o ajuizamento de dissídio coletivo não impede o Tribunal de julgar, além da greve, as reivindicações dos sindicatos que ocasionaram a paralisação.

Com base nesse entendimento, o Tribunal da 2ª Região julgou o dissídio coletivo de greve da Fundação São Paulo, mantenedora da PUC/SP, e concedeu reajuste de 7,66% aos empregados, além de outras cláusulas econômicas e sociais. Para a relatora do processo, juíza Wilma Nogueira de Araújo Vaz da Silva, a tese da extinção do processo com base na falta de consenso para ajuizamento da ação, levantada pela Fundação suscitada, está equivocada, porque "a suscitada não se dá conta do paradoxo que formula, em sua equivocada tese, ao ignorar que jamais se chegaria a um comum acordo, supostamente imprescindível na hipótese, se a instauração de um dissídio coletivo de greve dependesse — no calor de uma situação traumática de relacionamento laboral — da prévia anuência da empresa ou instituição contra a qual irrompe a paralisação. A compulsão e o espírito de contradição afloram em tal circunstância e passam a ser manipulados pela vontade dos antagonistas, como ferramenta de pressão". Acrescenta o acórdão que "salta aos olhos, à simples leitura do referido texto, a completa inexistência de qualquer restrição, ressalva, condicionamento, contenção ou limite que, de alguma forma, altere *in pejus* o direito de greve consagrado como fundamental no art. 9º da mesma Carta Magna" e que, "mais do que um fato jurídico, a greve é um fato social e sob esse aspecto há de ser sempre analisado o conflito mais grave das relações de trabalho".

É importante notar dois interessantes argumentos trazidos pela referida decisão. Primeiro, de que seria mesmo impossível a obtenção do *comum acordo* durante a greve, cujo clima, como se sabe, não é dos mais amistosos, mas muito pelo contrário, existe um acirramento dos ânimos dos dois lados e cada qual tudo fará para inviabilizar o êxito da parte contrária. Depois, como a greve é um direito fundamental, não se pode criar empecilhos ou restrições ao seu exercício, como instrumento de pressão de que se valem os trabalhadores na busca de melhores condições de trabalho. Portanto, decidir o conflito de greve, como determina a lei, é resolver todas as pendências que envolvem o dissídio, como base do desentendimento entre capital e trabalho, porque a greve não é um fim em si mesmo, mas um instrumento de equilíbrio em face das forças do capital.

Entendendo de forma contrária à posição *supra*, decidiu o TRT da 5ª Região, com a seguinte fundamentação:

> Devo esclarecer que, conquanto haja pedido relacionado com a abusividade da greve deflagrada, essa característica paredista não tem o condão de desclassificar a natureza intrinsecamente econômica do dissídio, vez que originário de interesses econômicos da categoria profissional, que, inclusive, na fase de negociação prévia, incluiu na pauta de discussão outras matérias de conteúdo patrimonial, como as constantes da inicial de fls. 6 e 7, itens de 1 a 9, fato que enseja a incidência do § 2º do art. 114 da Constituição Federal, com redação dada pela Emenda n. 45/04, que estabelece como condição da ação que as partes estejam de comum acordo no que diz respeito ao ajuizamento do dissídio. Sendo assim, entendo faltar à presente ação requisito básico de admissibilidade, claramente delineado pela Carta Política. Em consequência, resta prejudicada a análise da abusividade da greve, assim como as demais preliminares levantadas no dissídio, restando à presente promoção sua extinção sem julgamento de mérito nos termos do inciso VI, do art. 276 do CPC (TRT 5ª Região SDC; Proc. DCG n. 00247.2005.000.05.00.1; Rel. Juíza Maria Adna Aguiar, 5.4.2005).

Nesse processo, a NEDL — Construções de Dutos do Nordeste Ltda. instaurou o Dissídio coletivo com pedido de declaração de abusividade da greve contra o SITICCAN — Sindicato dos Trabalhadores na Indústria de Construção Civil, Montagem e Manutenção de Candeias, Simões Filho, São Sebastião do Passe, São Francisco do Conde e Madre de Deus, pretendendo a declaração de abusividade da greve deflagrada e indenização pelos danos decorrentes da greve.

Imagine-se, para ilustrar, a situação, já ocorrida após a Emenda Constitucional n. 45/04, em que determinada empresa simplesmente deixa de negociar com o Sindicato profissional, dizendo que não pertence mais à respectiva categoria econômica correspondente à dos trabalhadores. Estes, então, decretam greve e pedem ao Tribunal a declaração de regularidade do movimento, a confirmação de enquadramento sindical e apreciação das reivindicações, as quais sequer foram negociadas ante a recusa do setor patronal. É claro que a empresa suscitada, ao comparecer em juízo, vai dizer que não concorda com a apreciação das reivindicações econômicas e sociais. Nessa hipótese, cabe à Justiça do Trabalho apreciar a greve e, incidentalmente, decidir sobre o enquadramento sindical dos trabalhadores e da empresa e julgar as reivindicações, para pôr fim ao conflito.

Finalmente, como tenho observado na prática, a discussão sobre o comum acordo nos dissídios coletivos de greve não tem apresentado maiores utilidades, uma vez que na audiência de conciliação e instrução, comparecendo ambas as partes, discute-se em primeiro lugar as propostas de solução do conflito, a qual interessa, regra geral, aos empregados e aos empregadores. Em tais situações é rara a arguição de falta de comum acordo, principalmente porque é inócua a alegação e, por isso, não deve ser acolhido pelo tribunal o fato de depois de horas de tentativas de negociação, uma das partes, porque não saiu o acordo, dizer que não concorda mais com a ação, sendo que tal conduta configurada como má-fé processual.

1.9.3. Dissídio coletivo jurídico e de manutenção de cláusulas anteriores

O dissídio coletivo de greve é uma espécie de dissídio jurídico, quando destinado a buscar a declaração da legalidade ou ilegalidade da paralisação, não se aplicando a ele o pressuposto do consentimento mútuo para o respectivo ajuizamento.

Mas há o dissídio coletivo propriamente jurídico, destinado a obter do Judiciário Trabalhista a interpretação de uma norma jurídica preexistente (lei formal de aplicação particular a determinada categoria econômica ou profissional, convenção coletiva de trabalho, acordo coletivo de trabalho, sentença normativa ou sentença arbitral, norma costumeira ou regulamento de empresa)[73]. A este também não se aplica o pressuposto do comum acordo, criado pelo § 2º do art. 114 da Constituição Federal, porque tal dispositivo se refere expressamente a dissídio coletivo estritamente econômico, o que não é o caso[74].

Nesse sentido caminha a jurisprudência do C. TST, como ilustrado pela decisão a seguir ementada:

---

(73) A Emenda Constitucional n. 45/04 não pôs fim à ação de dissídio coletivo de natureza jurídica, uma vez que, anteriormente à citada EC, o art. 114 da CF/88 não se referia a dissídio coletivo jurídico, que continua sendo cabível, na Justiça do Trabalho, quando houver divergência de interpretação de cláusulas de sentenças normativas, de instrumentos de negociação coletiva, acordos e convenções coletivas, de disposições legais particulares de categoria profissional ou econômica e de atos normativos (art. 10 da Lei n. 7.701/88 e art. 220, II, do RI-TST). (Proc. DC n. 196518/2008-000-00-00; DJ 22.8.2008, Rel. Ministro Walmir Oliveira da Costa).

(74) O pressuposto processual do comum acordo entre as partes, nos termos do que dispõe o art. 114, § 2º, da Constituição Federal, introduzido pela Emenda Constitucional n. 45/04, não se aplica aos dissídios coletivos de natureza jurídica, mas apenas aos de natureza econômica (...) Na espécie, trata-se de ação coletiva típica e de índole declaratória (art. 4º do CPC), na qual a parte postula que a Justiça do Trabalho procede à interpretação do sentido e alcance de norma jurídica trabalhista aplicável à categoria profissional, quando houver controvérsia a respeito de sua aplicação, o que não se coaduna com a negociação autônoma para a instituição de normas e condições de trabalho, própria do dissídio coletivo de natureza econômica, quando frustrada a negociação coletiva, conforme decisão proferida por esta Subseção no RODC n. 604.502/1999.8. (Proc. DC n. 196518/2008-000-00-00; DJ 22.8.2008, Rel. Ministro Walmir Oliveira da Costa).

DISSÍDIO COLETIVO DE NATUREZA JURÍDICA. COMUM ACORDO PARA A INSTAURAÇÃO DO DISSÍDIO COLETIVO. IMPERTINÊNCIA. A exigência do comum acordo como pressuposto para o desenvolvimento válido do processo de dissídio coletivo, objeto do § 2º do art. 114 da Constituição da República, introduzida pela Emenda Constitucional n. 45/04, visa estimular e prestigiar a negociação coletiva como forma de composição dos conflitos coletivos do trabalho. Tendo em vista que para o dissídio coletivo de natureza jurídica não se exige negociação prévia, aquele pressuposto processual somente tem lugar em sede de dissídio coletivo de natureza econômica.

AUSÊNCIA DE PREVISÃO CONSTITUCIONAL DE DISSÍDIO COLETIVO DE NATUREZA JURÍDICA. POSSIBILIDADE JURÍDICA DO PEDIDO. Questiona-se a possibilidade jurídica do pedido, em face da ausência de previsão constitucional, após a Emenda Constitucional n. 45/04, de dissídio coletivo de natureza jurídica. Ocorre que o art. 114, inc. I, da Constituição da República trata da competência da Justiça do Trabalho para julgar litígio oriundo da relação de trabalho. Ora, o dissídio coletivo é a ação destinada a dirimir o conflito coletivo de trabalho nascido da relação empregatícia. Assim, ainda que o objeto do litígio seja mera interpretação de texto normativo, matéria própria do dissídio coletivo de natureza jurídica, competirá à Justiça do Trabalho apreciar a demanda decidindo o conflito. O art. 1º da Lei n. 7.701/88, editada sob a égide da Constituição da República de 1988, contempla a modalidade de dissídio coletivo de natureza jurídica (PROC: DC n. 174611/2006-000-00-00; DJ 11.9.2007; Rel. Min. João Batista Brito).

Há quem entenda, como David Furtado Meirelles[75], "que o dissídio coletivo que visa à manutenção de cláusulas sociais já existentes, revigorando sua vigência por mais algum tempo (com limite temporal de dois anos, segundo o art. 614, § 3º da CLT), da mesma forma que o dissídio coletivo jurídico, não sofreu interferência no seu procedimento pela Emenda Constitucional n. 45", considerando, assim, que restou ressuscitada a ultra-atividade das normas coletivas em vigor, ainda que de forma indireta, pelo novo comando constitucional do § 2º do art. 114 da Constituição, porquanto, como assegura, essas normas somente deixarão de vigorar se uma das partes tomar a iniciativa de propor novas condições de trabalho e forçar a outra parte a vir para a mesa de negociação, porque foi propósito do legislador, com a limitação do poder normativo, dar condições para que se criasse novo campo de relações de trabalho, com o revigoramento da negociação coletiva e o consequente fortalecimento dos sindicatos.

Data venia, ainda não consigo assentir com esse entendimento, porque o dissídio coletivo de manutenção de cláusulas trabalhistas nada mais é do que uma espécie do gênero dissídio coletivo econômico, para ajuizamento do qual exige expressamente a Constituição Federal consentimento mútuo de empregados e empregadores.

---

(75) *Poder normativo:* momento de transição, p. 695.

1.10. Natureza jurídica da sentença

O que determina a natureza jurídica de uma ação e, consequentemente, de sua decisão, é a espécie de provimento jurisdicional buscado em juízo.

O dissídio coletivo de greve, em regra, não tem natureza condenatória, porque o pedido principal normalmente é de declaração sobre a abusividade ou não do movimento. Nesse caso, a natureza da sentença é declaratória. Mas também pode ocorrer de o Tribunal apreciar e conceder as reivindicações dos trabalhadores, criando, assim, condições de trabalho, além da condenação no pagamento de multas, custas e demais despesas processuais. Nessa hipótese, a natureza jurídica da sentença é mista: declaratória, constitutiva (porque inova na ordem jurídica, criando normas e condições de trabalho não previstas em lei, daí ser também dispositiva) e condenatória.

1.11. Efeito *erga omnes* da sentença

Estabelece a Consolidação das Leis do Trabalho — CLT, no art. 611, que a "Convenção Coletiva de Trabalho é o acordo de caráter normativo, pelo qual dois ou mais Sindicatos representativos de categorias econômicas e profissionais *estipulam condições de trabalho aplicáveis, no âmbito das respectivas representações*, às relações individuais do trabalho. § 1º É facultado aos Sindicatos representativos de categorias profissionais celebrar Acordos Coletivos com uma ou mais empresas da correspondente categoria econômica, que estipulem *condições de trabalho, aplicáveis no âmbito da empresa ou das empresas acordantes* às respectivas relações de trabalho" grifados.

Disso decorrem os efeitos gerais (*erga omnes*) e abstratos dos instrumentos coletivos de trabalho, quer judiciais, como as sentenças normativas, quer extrajudiciais, como os acordos, convenções e contratos coletivos e os laudos arbitrais. Assim, as disposições estabelecidas nesses instrumentos normativos se aplicam a todos os integrantes das categorias econômica e profissional (empregadores e empregados), independentemente de serem associados ou não do sindicato respectivo.

Esse efeito é próprio do regime de unicidade sindical, como ora vigente. Arnaldo Süssekind entende que, no regime de pluralidade sindical, esse efeito geral dos instrumentos normativos de trabalho dependerá da observância do critério da representatividade dos sindicatos, assim se manifestando: "Ora, no regime da unicidade compulsória, adotado pela CLT (art. 516) e consagrado pela nova Constituição (art. 8º, n. II), os sindicatos representam, *ex vi legis*, todos os integrantes das correspondentes categorias profissionais ou econômicas, sejam ou não seus associados. A todas, portanto, aplica-se automaticamente a convenção ou acordo coletivo. Se, como se espera, o referido art. 8º vier a ser modificado para consagrar a liberdade sindical coletiva, ensejando a pluralidade de sindicatos na mesma categoria, empresa ou profissão, a lei deverá dispor sobre a aferição dos mais representativos, a fim de assumir o papel de agente negociador, e, bem assim, a respeito da incidência *erga omnes*, ou não, da convenção ou do acordo coletivo por ele negociado"(76).

1.12. Efeito suspensivo da sentença

Constitui praxe no sistema jurídico brasileiro a concessão de efeito suspensivo de cláusulas consideradas impertinentes, inadequadas, ilegais ou inconstitucionais, em face da faculdade atribuída ao trabalhador ou respectivo sindicato de pedir o cumprimento imediato da decisão normativa antes do seu trânsito em julgado (Lei n. 4.725/1965, art. 6º, §§ 1º e 3º(77) e Súmula n. 246(78) do TST), porque não pode haver restituição aos empregadores de salários e de outras vantagens, caso o recurso interposto seja provido, como se observa da decisão a seguir ementada:

> NORMA COLETIVA — REAJUSTE SALARIAL — REDUÇÃO PELO TST. PAGAMENTO JÁ EFETUADO. O valor já pago em obediência à sentença normativa Regional não poderá ser descontado posteriormente com base em decisão superior que reduziu o percentual. A tanto se opõe o art. 6º, § 3º, Lei n. 4.725/65.(79)

Infringido o princípio do juiz natural, a Lei n. 10.192/01 (art. 14(80)) atribui exclusivamente ao Presidente do Tribunal Superior do Trabalho competência para apreciar o pedido de efeito suspensivo, quando deveria atribuí-la aos ministros daquela corte, mediante distribuição aleatória. Eis, sobre o tema, o entendimento de Everaldo Gaspar Lopes de Andrade: "Mas a questão

(76) SÜSSEKIND, Arnaldo. *Direito constitucional do trabalho*, p. 418.

(77) Art. 6º Os recursos das decisões proferidas nos dissídios coletivos terão efeito meramente devolutivo.

§ 1º O Tribunal Superior do Trabalho poderá suspender a execução da decisão do Tribunal Regional, na pendência de julgamento de recurso, a requerimento do vencido, fundamentadamente, VETADO.

§ 2º O Tribunal *ad quem* deverá julgar o recurso no prazo de 60 (sessenta) dias, improrrogavelmente.

§ 3º O provimento do recurso não importará na restituição dos salários ou vantagens pagos, em execução do julgado.

(78) TST — Súmula n. 246. Trânsito em Julgado da Sentença Normativa — Ação de Cumprimento. É dispensável o trânsito em julgado da sentença normativa para propositura da ação de cumprimento.

(79) TRT 2ª Região, Ac. 19990517056, de 28.9.1999, RO 02980459580/1998, 5ª Turma, Rel. Juiz Francisco Antonio de Oliveira, DOESP de 15.10.1999.

(80) Art. 14. O recurso interposto de decisão normativa da Justiça do Trabalho terá efeito suspensivo, na medida e extensão conferidas em despacho do presidente do Tribunal Superior do Trabalho.

envolvendo a eficácia imediata da sentença normativa, face a ausência do malsinado despacho suspensivo, trouxe inquietações às partes. O problema deve ser colocado da seguinte maneira: uma vez proferida a sentença coletiva, tem-se mais uma regra ingressando no subsistema normativo trabalhista, com eficácia imediata. Regra (ou norma) de eficácia temporal (quase sempre valendo por um ano). Suponhamos que o tribunal defira aumentos reais astronômicos, inteiramente dissociados da realidade e incapazes de serem cumpridos pelas empresas. Ao mesmo tempo, crie um sistema de punição aos empregados incompatível com os princípios da atualidade, imediatidade e gravidade. O que poderão fazer suscitante e suscitado? Ingressar com o recurso ordinário e esperar o seu julgamento que, sem dúvida, só ocorrerá muito tempo depois de transbordada a vigência da norma? Não nos parece ser esta a solução adequada. Por isso, acatamos a tese do ingresso da ação cautelar ou atípica. O poder geral de cautela, portanto, é o remédio jurídico para suspender a eficácia de uma norma que ingressa no subsistema. A subsunção admitida é entre a norma produzida pela sentença coletiva e outras normas já existentes. No caso, o argumento de fundado receio do suscitante e do suscitado (no exemplo) em sofrerem grave lesão aos seus direitos que, na hipótese, é de difícil (ou de impossível) reparação"(81).

No modelo jurídico vigente, o pedido é feito pela parte interessada ou pelo Ministério Público do Trabalho, mediante simples petição dirigida ao presidente do Tribunal Superior do Trabalho, sendo indispensáveis para a sua análise a juntada:

a) da decisão recorrida;

b) do recurso interposto; e

c) do despacho de recebimento do recurso aviado, proferido pelo Tribunal *a quo*.

Por critérios subjetivos, mas que devem estar embasados na lei, concede-se ou nega-se o efeito suspensivo requerido, de todas as cláusulas impugnadas no recurso ou somente de algumas delas, cabendo, desse despacho, agravo regimental para o TST(82). Na sua apreciação, deve ser levada em conta a existência do *fumus boni iuris* (possibilidade de provimento do recurso) e do *periculum in mora* (demora do julgamento do recurso ordinário e não devolução dos salários, conforme § 3º(83) do art. 6º da Lei n. 4.725/65).

---

(81) *Dissídio coletivo de trabalho*, p. 200/201.

(82) MARTINS FILHO, Ives Gandra. *Processo coletivo do trabalho*, p. 150.

(83) § 3º O provimento do recurso não importará na restituição dos salários ou vantagens pagos, em execução do julgado.

A ementa a seguir transcrita mostra o entendimento e justificativas para a concessão de efeito suspensivo em recurso ordinário de dissídio coletivo:

> Efeito suspensivo. Natureza cautelar. O pedido de efeito suspensivo possui natureza de ação cautelar. Seu deferimento, por decisão monocrática do presidente do tribunal, visa a resguardar a ordem jurídica, o respeito à jurisprudência da C. SDC e a estabilidade das relações coletivas e individuais de trabalho, evitando o surgimento de conflitos desnecessários entre patrões e empregados decorrentes do eventual descumprimento de cláusulas indevidamente inseridas em sentenças normativas coletivas, que, certamente, serão cassadas em decisão definitiva a ser proferida no recurso ordinário. Agravo regimental desprovido.[84]

Parece-me que, na maioria dos casos, o efeito suspensivo das sentenças normativas tem servido muito mais às categorias econômicas que, sabendo da posição do TST sobre os assuntos mais importantes, como os econômicos, não têm interesse em negociar para valer. O assunto deve ser repensado como forma de se prestigiar e incentivar mais a negociação coletiva entre as partes.

1.13. DECISÕES *EXTRA, ULTRA* E *CITRA PETITA* NAS SENTENÇAS NORMATIVAS

Diz-se *extra petita* a decisão que concede o que não foi pedido pelo autor da ação e *ultra petita* a que concede além do pedido. *Citra petita* é a sentença aquém do pedido, ou seja, não examina todos os pedidos formulados pelo autor da ação.

As sentenças *extra* e *ultra petita* não comportam nulidade, caso impugnadas via recursal. Na hipótese, o Tribunal *ad quem* deve proceder à devida adequação, cortando da decisão impugnada aquilo que foi concedido além e fora do pedido. A decisão *citra petita* é nula, cabendo ao Tribunal, caso acolha o recurso, devolver o processo ao órgão *a quo* para proferir nova decisão, apreciando o mérito dos pedidos omitidos, como estabelece o CPC (arts. 128 e 460), *verbis*: "O juiz decidirá a lide nos limites em que foi proposta, sendo-lhe defeso conhecer de questões, não suscitadas, a cujo respeito a lei exige a iniciativa da parte". "É defeso ao juiz proferir sentença, a favor do autor, de natureza diversa da pedida, bem como condenar o réu em quantidade superior ou em objeto diverso do que lhe foi demandado".

Indaga-se se no dissídio coletivo há espaço para as decisões *extra, ultra* e *citra petita*. Entendo que, para a última, não, pois o Judiciário deve, como manda a Lei de Greve (Lei n. 7.783/89, art. 9º), resolver o conflito, apreciando as reivindicações formuladas pela parte interessada.

---

(84) TST-Proc. 678443/00, AR, Rel. Min. Almir Pazzianotto Pinto; DJU de 2.2.2001, p. 456.

Já as outras duas espécies de decisões são possíveis, ante as peculiaridades que norteiam essa ação especial, cuja finalidade principal é resolver o conflito adequando e criando, inclusive, novas condições de trabalho. No dia a dia dos Tribunais, encontram-se decisões normativas concedendo direitos não pleiteados pelos interessados ou pleiteados a menor, especialmente no caso de greve, quando o Tribunal observa o propósito retaliatório por parte da empresa contra os trabalhadores. Para evitar demissões e outras punições e assegurar que estes usufruam dos benefícios fixados na sentença normativa quando da solução do conflito, os tribunais proíbem as empresas de demitir trabalhadores durante certo lapso de tempo (30 ou 60 dias, por exemplo), conforme as peculiaridades de cada caso. Essa garantia pode até ser suspensa pelo TST, como também tem ocorrido, porém, o mais importante é que o TRT, mais próximo do conflito, apresente solução que entender mais adequada para a situação ocorrente. Isso é compatível com o dissídio coletivo, que é um processo informal, cuja extraordinária peculiaridade é a criação de condições de trabalho.

Assim também entende Manoel Antonio Teixeira Filho, que assevera: "Em rigor, esses princípios não incidem nos sítios peculiares dos dissídios coletivos. Primeiramente, porque aqui, como dissemos, a atividade jurisdicional se afasta de sua função tradicional de aplicar a norma legal preexistente, para revestir-se de uma atribuição, uma potestade especial, consistente na própria elaboração da norma material, que regerá, por certo tempo, as relações entre as categorias em conflito; segundamente, porque, se bem refletirmos, verificaremos que nos dissídios coletivos não há *pedido*, segundo o sentido clássico desse vocábulo na terminologia processual, mas *reivindicações*, que têm um significado político mais intenso do que jurídico. Dessa forma, a Justiça do Trabalho, no exercício do poder normativo que lhe confere a Constituição da República (art. 114, § 2º), não estará, necessariamente, adstrita aos termos da petição inicial, podendo, em razão disso, conceder, em alguns casos, cláusulas não pleiteadas. (...) o procedimento das ações coletivas não dispensa o contraditório. No entanto, em situações verdadeiramente especiais, ao Tribunal será lícito conceder cláusula não postulada, desde que isso corresponda a uma providência necessária para realizar-se um juízo de equidade, vale dizer, para adotar uma solução socialmente mais justa para as categorias envolvidas no conflito de interesses"[85].

A decisão a seguir ementada ilustra a aludida prática:

> Dissídio coletivo — Inexistência de julgamento *extra petita*. O dissídio coletivo não pode ser confundido com o dissídio individual, pois, enquanto no primeiro, a Justiça do Trabalho estabelece normas e condições de trabalho, no individual, aprecia fatos e aplica a lei.[86]

---

(85) *Dissídio coletivo* — curso de processo do trabalho em perguntas e respostas, p. 28/29, v. 24.
(86) TST-RODC 43845/1992; Ac. 296, Rel. Min. Newton Rossi, DJU de 20.5.1994.

2. OUTRAS AÇÕES JUDICIAIS SOBRE O EXERCÍCIO DO DIREITO DE GREVE

Parece indene de dúvida a ampliação da competência da Justiça do Trabalho para apreciar e julgar as ações que envolvam o exercício do direito de greve, como estabelece o inciso II do art. 114 da Constituição Federal, acrescentado pela Emenda Constitucional n. 45/04. Os conflitos decorrentes de greve são muitos, impossíveis mesmo de identificação no momento. Pode--se exemplificar com os atos antissindicais contrários ao exercício da greve, com a falta de atendimento das atividades inadiáveis da comunidade, com a desocupação de estabelecimentos durante a greve (interditos possessórios) e com os pedidos de reparação pelos prejuízos causados em razão do exercício abusivo do referido direito.

Como se vê, a atuação da Justiça do Trabalho não mais se restringe à verificação da abusividade do movimento e apreciação das reivindicações trabalhistas por meio do dissídio coletivo, como antes.

Veja-se a seguir algumas situações mais comuns, envolvendo os aspectos da competência funcional das Varas do Trabalho para julgar as novas ações e a legitimidade ativa para ajuizá-las.

2.1. PARA ASSEGURAR O CUMPRIMENTO DAS ATIVIDADES INADIÁVEIS DA COMUNIDADE

Como já aludido, nas atividades normais, a greve era praticamente proibida no nosso sistema jurídico anterior à Constituição Federal de 1988, o que pode ser visto pelo histórico legislativo antes feito, especialmente pela Lei n. 4.330/64. Nos serviços e atividades essenciais, o rigor era maior, como se pode observar pela leitura da mencionada Lei n. 4.330/64, do Decreto-Lei n. 1.632/78 e da Lei n. 6.620/78 (Lei de Segurança Nacional).

Mas, a partir de 1988, o legislador constituinte estabeleceu como postulado democrático o direito de greve, inclusive nos serviços e atividades essenciais e para os servidores públicos, proibindo-a, apenas, com relação aos militares (CF, arts. 9º, 37, VII, e 142, IV).

Esse direito, entretanto, foi consagrado sob o pálio da responsabilidade pelos abusos cometidos (CF, art. 9º, § 2º), mediante restrições especiais, sobretudo nos serviços e atividades essenciais (CF, art. 9º, § 1º, e Lei n. 7.783/89, art. 11). Nesse sentido, andou bem o constituinte, porquanto os países estrangeiros, em boa parte, ao admitirem a greve nas atividades essenciais, estabelecem restrições como resguardo dos direitos constitucionais dos cidadãos, como é o caso da Itália, que, por meio da Lei n. 146/90, regulamentou o exercício desse direito, estabelecendo restrições ao seu exercício e garantias de manutenção dos direitos mínimos do cidadão.

A referida lei, é bom lembrar, decorreu da iniciativa e vontade das próprias organizações sindicais de trabalhadores, com o objetivo de coibir abusos e o desrespeito aos direitos mínimos da comunidade que, em dado momento, se voltou irritada contra os movimentos grevistas descontrolados e até desmoralizantes do regime democrático.

Como primado da liberdade e autonomia sindicais, a greve é um importante direito, mas não absoluto, porque encontra restrições nos demais direitos assegurados à sociedade, devendo ser utilizado como *ultima ratio*, ou seja, como remédio extremo, depois de esgotada totalmente a via do diálogo, principalmente quando em atividades e serviços essenciais ao asseguramento da sobrevivência, da saúde e segurança da população, que já sofre muito no dia a dia com a deficiência desses serviços, sobretudo em relação aos serviços públicos de saúde.

Assim, para preservar e fortalecer o direito de manifestação dos trabalhadores, deve haver atuação responsável destes e dos seus sindicatos nas greves em atividades essenciais para, ao invés de prejudicar a população, envidar esforços quanto ao esclarecimento da categoria e cumprimento, durante a paralisação, daquelas atividades inadiáveis da comunidade, como previsto constitucional e legalmente (CF, arts. 9º, § 1º, e Lei n. 7.783/89, arts. 10 e 11). Para tanto, devem procurar a classe patronal ou interpelá-la, já que a obrigação do cumprimento das aludidas atividades é conjunta (Lei n. 7.783/89, art. 11), e, não obtendo êxito, solicitar intermediação e ajuda do Ministério Público do Trabalho para, até se for o caso, interferir judicialmente, conforme visto a seguir.

A responsabilidade pelo cumprimento da lei no tocante ao exercício da greve em atividades essenciais, é bom que se diga, não é exclusiva dos trabalhadores, mas destes, dos sindicatos e das empresas conjuntamente, como estabelece o art. 11 da Lei de Greve ("Nos serviços ou atividades essenciais, os sindicatos, os empregadores e os trabalhadores ficam obrigados, de comum acordo, a garantir, durante a greve, a prestação dos serviços indispensáveis ao atendimento das necessidades inadiáveis da comunidade").

Diz o art. 12 da mencionada lei que, no caso de inobservância do disposto no artigo anterior (11), com relação ao descumprimento das atividades inadiáveis da população, o Poder Público assegurará a prestação dos serviços indispensáveis, assim consideradas as necessidades inadiáveis da comunidade, aquelas que, não atendidas, coloquem em perigo iminente a sobrevivência, a saúde ou a segurança da população. Essa orientação está em harmonia com a doutrina e jurisprudência internacionais, inclusive do Comitê de Liberdade Sindical da OIT, conforme preleciona Arnaldo Lopes Süssekind[87].

---

(87) *Direito internacional do trabalho*, p. 292/3.

Disso exsurge a conclusão, reconhecida também internacionalmente, de que prejuízos e transtornos existem durante a greve, daí o porquê de esta só dever ser utilizada como último remédio. É claro que tais incômodos são inerentes ao exercício da greve, pois sem eles o instituto não teria nenhuma valia. Seria como que um sino sem badalo, portanto, um instituto desvalioso.

Dentre os organismos dos Poderes Públicos, destaca-se o Ministério Público na esfera trabalhista, que tem por dever, e não mera faculdade, defender a ordem jurídica, o regime democrático e os interesses indisponíveis da sociedade, que é, sem dúvida, o caso do atendimento das atividades inadiáveis na greve.

Como instrumentos de autuação, pode o Ministério Público do Trabalho, na espécie, valer-se da instauração do dissídio coletivo, da mediação, da arbitragem, da abertura de inquérito civil, do ajuizamento de ação civil pública ou de outras medidas legais pertinentes para tutelar os direitos mínimos da população no caso de greve.

A instauração de dissídio coletivo, como se disse, embora autorizada em lei, não parece ser o meio mais adequado, devendo ser utilizada apenas em casos gravíssimos e excepcionais, visto que a melhor forma de solução dos conflitos de trabalho é a negociação coletiva.

Por isso, se as partes envolvidas no conflito não buscam a solução heterônoma, não é aconselhável que o Ministério Público o faça, para não abortar o exercício do direito de greve e o desenvolvimento da negociação coletiva, como postulados básicos do regime democrático na seara trabalhista. Em vez de ajuizar o dissídio coletivo ou outra medida judicial, sendo possível na situação concreta, deve-se chamar as partes e oferecer uma mediação para a solução do conflito trabalhista e para cumprimento conjunto das atividades inadiáveis da comunidade durante o movimento.

Nesse sentido, pondera Edson Braz da Silva que "a prudência aconselha que deixemos a greve cumprir a sua função social, mesmo se ocorrente em atividade essencial. A greve traz ínsito em si o condão de mexer com a química social, fazendo movimentar as relações de trabalho. Portanto, mesmo que a greve em atividade essencial venha acarretar significativo desconforto social, nem assim o MPT terá respaldo jurídico para sufocá-la, abortando prematuramente a produção de seus possíveis efeitos, de modo a impedir que sirva como legítimo instrumento de pressão dos trabalhadores. A Constituição Federal no seu art. 9º não proibiu a greve em serviços essenciais, apenas determinou que seja resguardado o atendimento das necessidades inadiáveis da comunidade. Por sua vez, a Lei de Greve define como inadiáveis aquelas necessidades que, se não atendidas, coloquem em perigo iminente a sobrevivência, a saúde, a segurança da população"[(88)].

---

(88) *Aspectos processuais e materiais do dissídio coletivo frente à Emenda Constitucional n. 45/04.*

Relutando as partes em fazer qualquer acordo, então, o órgão ministerial deve agir prontamente para assegurar os direitos básicos do cidadão à saúde, ao transporte, à segurança, etc., utilizando o adequado instrumento da ação civil pública, com pedido liminar e cominação de multa diária pelo não cumprimento da obrigação de fazer — atendimento das atividades inadiáveis da população — pelos sindicatos, empregadores e trabalhadores.

Essa multa — (*astreintes*) — tem por fim desestimular as partes ou a parte recalcitrante quanto ao descumprimento da lei, levando-a(s) a atender, durante a greve, àqueles direitos mínimos da coletividade. Fala-se em direitos mínimos, porque, se fossem totais, a greve seria proibida.

Com efeito, importante questão na greve nas atividades essenciais diz respeito a saber qual será o percentual mínimo de atendimento das necessidades inadiáveis da população. A Lei n. 7.783/89 (art. 11 e parágrafo único) não fixou qualquer percentual, o qual há de ser estabelecido mediante análise ponderada de cada caso concreto, de modo que, de um lado, se evite o prejuízo iminente da população e, de outro, não se inviabilize o exercício do direito de greve. Realmente é preciso que haja prudência na acomodação pacífica e sintonizada dos diversos direitos democráticos assegurados às pessoas como trabalhadores e como cidadãos.

A ação civil pública intentada pelo Ministério Público do Trabalho, para garantir a prestação das atividades inadiáveis durante a greve, é hoje de competência das Varas do Trabalho, por força do que dispõe o inciso II do art. 114 da Constituição, alterado pela Emenda Constitucional n. 45/04, porque não se visa com tal medida à solução do conflito coletivo de trabalho (declaração *in abstrato* de abusividade do movimento e apreciação das reivindicações), mas somente ao atendimento das referidas atividades na função de órgão defensor da ordem jurídica e dos interesses indisponíveis da sociedade.

Os efeitos da decisão são *erga omnes*, espraiando-se para além da jurisdição do juiz prolator, por força do que dispõem o art. 2º e parágrafo único da Lei n. 7.347/85.

O juiz, a exemplo do que ocorre no Mandado de Segurança, deverá examinar imediatamente o pedido, deferindo-o ou não, liminarmente e *inaudita altera pars*, conforme se convença ou não da fumaça do bom direito e do perigo da demora, este, na hipótese, sempre presente, porquanto o exercício da greve sem atendimento daquelas atividades mínimas sempre acarreta prejuízo irreparável à sociedade.

Do deferimento ou indeferimento da liminar ou até da omissão em despachar a ação com a urgência que o caso requer, cabe Mandado de Segurança para o Tribunal Regional do Trabalho respectivo, vez que incompatível na Justiça do Trabalho o agravo de instrumento previsto no art. 12 da Lei n. 7.347/85.

Com ou sem concessão de liminar, a ação civil pública terá o seu regular prosseguimento, independentemente da existência de processo de dissídio coletivo em andamento, visto que se trata de uma ação autônoma, devendo as partes (réus) ser intimadas para oferecer contestação no prazo de 5 (cinco) dias (CPC, art. 802).

Na instrução dessa ação, será apurada a responsabilidade pelo eventual descumprimento da lei ou da medida liminar deferida, para efeito de cobrança da multa estipulada, o que não seria possível numa simples ação cautelar ou mesmo no dissídio coletivo acaso instaurado, haja vista a sistemática procedimental e natureza jurídica de ambos.

A ação cautelar, porque tem por fim, em regra, assegurar a utilidade de um processo em andamento ou ainda a ser instaurado, admitindo instrução processual tão somente sobre a existência dos pressupostos a ela inerentes: o *fumus boni iuris* e o *periculum in mora*.

O dissídio coletivo, que em razão de ter como natureza precípua e peculiar a criação de direitos, tem um procedimento totalmente diferenciado e, no caso de greve, será julgado com maior brevidade, após singela instrução.

Na ação civil pública, ao contrário, o que se busca é o cumprimento de uma obrigação de fazer, mediante a cominação de multa, para o que é necessário se abra às partes a oportunidade para ampla e adequada defesa, em respeito ao devido processo legal.

Nessa ação civil pública, pode ser pedida também reparação pelos danos causados à população, quando o juiz examinará incidentalmente sobre a existência de irregularidades/abuso do direito. Além do Ministério Público do Trabalho, entendo que as associações de usuários dos serviços essenciais também têm legitimidade para ir a juízo defender os interesses dos seus representados, nos termos do art. 5º da Lei n. 7.347/85, e 5º, inciso XXI, da Constituição Federal, como nesse sentido entende Cássio Casagrande[89]: "Assim, nada obstaria que o Ministério Público ajuizasse ação civil pública para que o sindicato obreiro fosse condenado pelo dano à coletividade e, incidentalmente, no mesmo feito, pedisse a declaração do caráter abusivo da greve. Ou ainda, poderia obter esta declaração em dissídio coletivo no TRT ou TST e logo a seguir (ou mesmo concomitantemente) requerer as medidas preventivas ou reparatórias perante a Vara do Trabalho. Observe-se, quanto a estas, que diante dos termos dos arts. 5º, inc. XXI e 129, § 1º, da Constituição, poderiam ser requeridas inclusive por associações de usuários dos serviços essenciais, já que se trata de legitimação concorrente".

(89) A nova competência material e hierárquica da justiça do trabalho para apreciar conflitos decorrentes do exercício do direito de greve. Breves anotações, com destaque para as atribuições do Ministério Público. *Revista do MPT*, São Paulo: LTr, ano 15, n. 30, set. 2005.

Se a ação não for ajuizada pelo Ministério Público, deverá o juiz chamá-lo para atuar como *custos legis*, o qual, se for o caso, poderá aditar os pedidos e até mesmo assumir a titularidade ativa da ação (Lei n. 7.347/85, art. 5º, §§ 1º e 3º).

2.2. Interditos possessórios

Não raro ocorrem conflitos durante a greve sobre os direitos de posse e de propriedade, quando os trabalhadores fazem a paralisação acampados no estabelecimento do empregador ou se manifestam na porta ou imediações das empresas e estabelecimentos patronais.

No primeiro caso, o objetivo não é exercer um direito real, mas pressionar a empresa a negociar as reivindicações trabalhistas que deram ensejo ao movimento. Essa ocupação pode ser pacífica ou não. Pode ainda ser acompanhada de atos impeditivos da entrada de pessoas e coisas no interior do estabelecimento. No caso de manifestações, estas, de forma pacífica, estão asseguradas aos grevistas na lei de greve, como será visto a seguir.

Por conta disso, surgem os chamados interditos possessórios, que são pedidos feitos pelas empresas no Judiciário, com a finalidade de proteger a posse ou propriedade.

Os interditos possessórios são ações judiciais que o possuidor utiliza quando se sente ameaçado ou ofendido no exercício de seu direito de posse. São formas de defesa indireta da posse. São de três tipos os interditos possessórios (ação de manutenção de posse, ação de reintegração de posse e interdito proibitório). O art. 1.210, *caput,* do Código Civil traz a especificação dessas três formas de ação, nos seguintes termos:

> O possuidor tem direito a ser mantido na posse em caso de turbação, restituído no de esbulho, e segurado de violência iminente, se tiver justo receio de ser molestado.
>
> § 1º O possuidor turbado, ou esbulhado, poderá manter-se ou restituir-se por sua própria força, contanto que o faça logo; os atos de defesa, ou de desforço, não podem ir além do indispensável à manutenção, ou restituição da posse.

Os interditos possessórios no direito brasileiro vêm desde o século XX para proteger os latifundiários das ocupações de terras e, depois, passaram a ser usados por empresários, para, inicialmente, debelar as greves de ocupação.

A Justiça comum os conhece bem, onde sempre foram utilizados por proprietários e possuidores de imóveis.

A Justiça do Trabalho passou a manejar essas ações há pouco tempo, quando da entrada em vigor da Emenda Constitucional n. 45/04, tendo as empresas encontrado uma importante solução contra as greves, porque se tratam de instrumentos processuais ágeis e rápidos, que têm servido, ademais, para legitimar a atuação da polícia, que, diante das liminares deferidas pelo Judiciário, tem pretexto para sufocar e reprimir os movimentos grevistas e, assim, antecipar punições aos seus executores, muitas vezes antes mesmo de ocorrer o movimento; antes mesmo de se saber se são abusivos ou não. Servem também para confundir e assustar os trabalhadores, que imaginam estar a greve sendo proibida.

Por meio de liminares buscadas pelos patrões, Juízes proíbem sindicalistas e trabalhadores de se posicionarem próximos da empresa; proíbem manifestações e carros de som a alguns metros de distância da empresa; determinam apreensão de objetos e até de pessoas nas imediações dos locais de trabalho, tudo em nome da proteção da posse e da propriedade, aplicando pesadas multas aos sindicatos de trabalhadores.

Mas, *data venia,* tem havido equívocos por parte de alguns juízes, e, o que não se esperava, juízes do trabalho, que mais estão acostumados com as nuances das relações de trabalho. Esses equívocos decorrem de uma falta de compreensão sobre o sentido e natureza da greve no atual contexto constitucional brasileiro, que não pode mais ser considerada como delito ou ato antissocial, mas como um direito fundamental e democrático dos trabalhadores, destinado a pressionar os patrões e lhes causar prejuízos com o objetivo de negociarem as reivindicações profissionais[90]. A greve, não se pode esquecer, é um instrumento de defesa dos trabalhadores para buscarem a negociação coletiva sobre melhores condições de trabalho. No mundo moderno, ela deriva da liberdade de trabalho, da associação e da autonomia sindicais.

Na a greve, regra geral, não existe justo receio de perda da posse da propriedade da empresa durante o movimento, como é óbvio, porque se trata de um fenômeno transitório. Não há intenção dos trabalhadores grevistas de ocupação perpétua da propriedade (empresa), quando isso ocorrer. O objetivo dos grevistas é pressionar o empregador para assumir a negociação coletiva e resolver o conflito coletivo de trabalho.

Ademais, também é preciso lembrar que a propriedade, que continua recebendo proteção estatal (o que está correto) não obstante isso, não é mais um direito absoluto. Assim estabelece o art. 5º da Constituição Federal, nos incisos XXII e XXIII, respectivamente:

É garantido o direito de propriedade.

(90) Por conta desses equívocos, que na visão dos sindicalistas, vêm causando prejuízos ao exercício do direito fundamental e democrático de greve, as centrais sindicais brasileiras, pelos respectivos presidentes, deram entrada em 2010 numa Reclamação perante a OIT — Organização Internacional do Trabalho, acusando o Estado brasileiro de violar esse direito dos trabalhadores.

> A propriedade atenderá a sua função social.

O art. 170, que cuida da ordem econômica, por sua vez determina que:

> A ordem econômica, fundada na valorização do trabalho humano e na livre-iniciativa, tem por fim assegurar a todos existência digna, conforme os ditames da justiça social, observados os seguintes princípios: (...) função social da propriedade.

Portanto, a propriedade, para continuar gozando da proteção do Estado, tem que cumprir a sua função social.

Assim, quando o empregador se recusa a negociar[91] as reivindicações dos trabalhadores, deixa de cumprir essa função e, então, justifica e legitima a eclosão da greve na busca da valorização do trabalho e da dignidade humana, que são hoje primados da República Federativa do Brasil (art. 1º).

O problema maior hoje não é as empresas pedirem interditos possessórios nos casos de greve, mas o Judiciário, agora o trabalhista, que tem acolhido alguns pedidos indevidos, sem sequer ouvir os trabalhadores e sindicatos, inviabilizando, assim, o direito de greve.

É preciso lutar contra a criminalização dos movimentos sociais, entre eles, a greve, e, precisa acabar de vez com a ideia de que "a questão social é um caso de polícia", como já dizia Washington Luís em 1920.

Nesse diapasão, deve o juiz do trabalho, mesmo a pretexto de proteger a posse e o direito de propriedade, também não se descurar da proteção do direito de greve, que é um direito igualmente fundamental.

Cabe ponderar que os interditos possessórios, no caso de greve, devem ser apreciados pelos juízes com muito cuidado e bom-senso para não se frustrar simplesmente o direito de greve. Não se deve, a pretexto de proteger o direito de propriedade, proibir os trabalhadores de fazerem manifestações nas proximidades da empresa, pois esse direito está assegurado por lei aos trabalhadores durante a greve, na forma da Lei n. 7.783/89, art. 6º e parágrafos, *in verbis*:

> Art. 6º São assegurados aos grevistas, dentre outros direitos:
>
> I — o emprego de meios pacíficos tendentes a persuadir ou aliciar os trabalhadores a aderirem à greve;
>
> II — a arrecadação de fundos e a livre divulgação do movimento.

---

(91) Negociar não quer dizer conceder algo, mas dialogar, justificando os trabalhadores os seus pedidos e, da mesma forma, de modo transparente, mostrando o empregador porque não pode conceder essa ou aquela reivindicação, porque não pode atendê-la integralmente, porque não pode atendê-la no momento, mas somente depois de algum tempo. Ou seja, a negociação coletiva é um processo civilizado de diálogo social.

§ 1º Em nenhuma hipótese, os meios adotados por empregados e empregadores poderão violar ou constranger os direitos e garantias fundamentais de outrem.

§ 2º É vedado às empresas adotar meios para constranger o empregado ao comparecimento ao trabalho, bem como capazes de frustrar a divulgação do movimento.

§ 3º As manifestações e atos de persuasão utilizados pelos grevistas não poderão impedir o acesso ao trabalho nem causar ameaça ou dano à propriedade ou pessoa.

Os interditos possessórios podem ser deferidos, sim, mas somente nas hipóteses em que comprovadamente esteja sendo turbada, ameaçada ou esbulhada a posse (turbação, esbulho ou violência iminente, mediante justo receio de ser o possuidor molestado).

O mais adequado, quando o juiz recebe um pedido de interdito possessório no caso de greve, é, se possível, diante das peculiaridades do caso concreto, determinar a realização de uma audiência com a maior brevidade possível, ouvir as partes e tentar a solução do conflito coletivo de trabalho, que é o maior desiderato da Justiça do Trabalho. Somente em casos excepcionais, devidamente comprovado o perigo de dano irreparável, deve o juiz conceder liminares *inaldita altera pars*.

Finalmente, para equilibrar os direitos de propriedade e de greve, é preciso coibir igualmente os atos antissindicais praticados pelas empresas na greve, podendo os sindicatos se anteciparem e irem ao Judiciário pedir a adoção de medidas judiciais contra os empregadores para proteger o direito de greve, este, que não é o primeiro, mas, o último remédio a ser utilizado pelos trabalhadores, depois de esgotadas todas as outras formas diretas de solução dos conflitos coletivos de trabalho.

2.2.1. Competência jurisdicional para apreciar os interditos possessórios

De acordo com o art. 114, e inc. II, da Constituição Federal, com redação dada pela Emenda Constitucional n. 45, de 2004:

> Compete à Justiça do Trabalho processar e julgar: (...) II — as ações que envolvam exercício do direito de greve.

Aplicando a Constituição Federal e precedentes jurisprudenciais da Corte (CJ n. 6959), o STF emitiu a seguinte decisão, reconhecendo a competência da Justiça do Trabalho para apreciar e julgar os interditos possessórios:

> EMENTA: "CONSTITUCIONAL. COMPETÊNCIA JURISDICIONAL. JUSTIÇA DO TRABALHO X JUSTIÇA COMUM. AÇÃO DE INTERDITO PROIBITÓRIO. MOVIMENTO GREVISTA. ACESSO DE FUNCIONÁRIOS E CLIENTES À

AGÊNCIA BANCÁRIA: 'PIQUETE'. ART. 114, INCISO II, DA CONSTITUIÇÃO DA REPÚBLICA. JURISPRUDÊNCIA DO SUPREMO TRIBUNAL FEDERAL. COMPETÊNCIA DA JUSTIÇA DO TRABALHO.

1. '*A determinação da competência da Justiça do Trabalho não importa que dependa a solução da lide de questões de direito civil*' (Conflito de Jurisdição n. 6.959), bastando que a questão submetida à apreciação judicial decorra da relação de emprego.

2. Ação de interdito proibitório cuja causa de pedir decorre de movimento grevista, ainda que de forma preventiva.

3. O exercício do direito de greve respeita a relação de emprego, pelo que a Emenda Constitucional n. 45/04 incluiu, expressamente, na competência da Justiça do Trabalho conhecer e julgar as ações dele decorrentes (art. 114, inciso II, da Constituição da República).

4. Recurso extraordinário conhecido e provido para fixar a competência da Justiça do Trabalho" (RE/579648, Rela. Min. Cármen Lúcia).

Finalmente, em 11.12.2009, baixou o STF a Súmula Vinculante n. 23, do seguinte teor:

A Justiça do Trabalho é competente para processar e julgar ação possessória ajuizada em decorrência do exercício do direito de greve pelos trabalhadores da iniciativa privada.

Portanto, está resolvida a questão e sedimentada de vez por todas, que é da Justiça do Trabalho a competência para apreciar e julgar os pedidos de interditos possessórios nos casos de greves.

2.3. Para assegurar o direito de greve

Como estabelece a Constituição Federal (art. 9º), é assegurado o direito de greve, competindo aos trabalhadores decidir sobre a oportunidade de exercê-lo e sobre os interesses que devam por meio dele defender.

Trata-se, como se vê, de um direito fundamental, como instrumental necessário nas relações de trabalho, com a finalidade de pressionar as classes patronais a atenderem às reivindicações dos trabalhadores e, assim, propiciar melhor equilíbrio entre o trabalho e as forças do capital.

Como suporte e garantia do exercício desse direito, assegura a Lei de Greve, no art. 6º[(92)], importantes garantias para os trabalhadores e vedações

(92) Art. 6º São assegurados aos grevistas, dentre outros direitos:
I — o emprego de meios pacíficos tendentes a persuadir ou aliciar os trabalhadores a aderirem à greve;
II — a arrecadação de fundos e a livre divulgação do movimento.

aos empregadores, para que não pratiquem atos antissindicais, violadores ou constrangedores do exercício da greve.

De grande importância nesse aspecto é o art. 8º da Constituição da República do Brasil, que veda ao Poder Público a interferência e intervenção na organização sindical (inciso I).

Desse modo, nem o Estado, nem os empregadores, nem pessoa alguma, podem interferir ou criar empecilhos contra o exercício do direito de greve, como igualmente ocorre com relação aos demais direitos assegurados aos cidadãos, que podem deles usufruir livremente, desde que não prejudiquem os direitos de outrem. Trata-se, como tenho dito, de compatibilizar e harmonizar o direito de manifestação dos trabalhadores com os demais direitos assegurados no ordenamento jurídico, mediante equilíbrio, freios e contrapesos, porque não há direitos absolutos.

Não havendo abuso no exercício do direito de greve, todos devem respeitá-lo como decorrência lógica da primazia do princípio da legalidade inerente ao Estado Democrático de Direito.

Se a todos se impõe o respeito ao exercício regular dos direitos dos cidadãos, ao Ministério Público, como instituição independente e essencial à função jurisdicional do Estado, cabe defender a ordem jurídica, o Estado Democrático de Direito e os direitos e interesses indisponíveis da sociedade, o que encontra pertinência no tocante ao direito de greve. Desse modo, se referido direito não estiver sendo exercido regularmente, o Ministério Público deverá atuar na busca do retorno à normalidade. Mas, por outro lado, se a ele houver desrespeito, igualmente é dever do órgão ministerial atuar firmemente para fazer com que tal direito prevaleça. Assim, podem ser instaurados inquéritos civis pelo Ministério Público do Trabalho para apurar sobre a existência de atos antissindicais praticados por quem quer que seja contra o direito de greve e, não sendo possível a obtenção de um termo de ajustamento de conduta às disposições legais, o *Parquet* ajuizará Ações Civis Públicas ou quaisquer outras medidas judiciais cabíveis, buscando um comando judicial atinente a uma obrigação de fazer, não fazer ou suportar alguma coisa mediante cominação de multa.

Tal ocorre, por exemplo, quando a empresa proíbe manifestações pacíficas dos trabalhadores; usa de meios intimidatórios para que voltem ao trabalho; os mantém enclausurados no interior do estabelecimento em períodos

---

§ 1º Em nenhuma hipótese, os meios adotados por empregados e empregadores poderão violar ou constranger os direitos e garantias fundamentais de outrem.

§ 2º É vedado às empresas adotar meios para constranger o empregado ao comparecimento ao trabalho, bem como capazes de frustrar a divulgação do movimento.

§ 3º As manifestações e atos de persuasão utilizados pelos grevistas não poderão impedir o acesso ao trabalho nem causar ameaça ou dano à propriedade ou pessoa.

de trabalho superiores à jornada legal, com o objetivo de substituir aqueles que não entraram para trabalhar; contrata trabalhadores temporários para substituir os grevistas, etc. Igualmente, cabe aos sindicatos irem a juízo defender contra quaisquer atos antissindicais atentatórios ao direito de greve e às liberdades individuais e coletivas dos trabalhadores e dos dirigentes sindicais.

Essas ações, por não dizerem respeito ao poder normativo da Justiça do Trabalho, quando for o caso, se se destinarem exclusivamente à liberdade do exercício do direito de greve, devem ser ajuizadas na primeira instância da Justiça do Trabalho, a quem cabe apreciá-las por força do que dispõem o art. 114 e inciso II da Constituição. Isso não quer dizer que não se possa requerer alguma medida de urgência no âmbito de um dissídio coletivo, como, por exemplo, para tornar sem efeito dispensas coletivas de trabalhadores durante a greve ou o atendimento das necessidades inadiáveis da população. São medidas que podem ser buscadas tanto numa como noutra ação, dependendo da situação, pois, como é certo, a exclusividade do dissídio coletivo existe somente para a declaração abstrata da abusividade da greve e apreciação das reivindicações dos grevistas.

No caso da atuação do Ministério Público, poderá ele ajuizar tanto o dissídio coletivo perante o Tribunal do Trabalho como uma ação civil pública perante a Vara do Trabalho, conforme seja o provimento requerido. Assim, quando se buscar unicamente a obtenção da declaração da abusividade da greve e a apreciação das reivindicações dos grevistas, o instrumento será o dissídio coletivo. Mas, se se pretender apenas uma decisão condenatória em obrigação de fazer, não fazer ou suportar (atendimento das necessidades inadiáveis da população; manutenção de um número mínimo de trabalhadores para cuidar de equipamentos e maquinários que não podem ser desligados; proibição da dispensa de trabalhadores e permissão para que o sindicato possa fazer assembleia, divulgar o movimento e orientar os trabalhadores sobre o andamento deste e das negociações) ou obrigação de pagar (indenização por danos à coletividade), o instrumento adequado será uma ação civil pública.

Nesse sentido, é semelhante a manifestação de Cássio Casagrande(93), *in verbis*: "O novo inciso II do art. 114 agora estabelece competir à Justiça do Trabalho 'as ações que envolvam o exercício do direito de greve'. Portanto, a partir de agora, o fenômeno da greve não mais será analisado unicamente sob o prisma do poder normativo da Justiça do Trabalho, mas envolverá todo e qualquer fato atinente ao direito de greve, o que, em nossa percepção, repercutirá na restrição da competência funcional dos TRTs, através de suas

(93) A nova competência material e hierárquica da Justiça do Trabalho para apreciar conflitos decorrentes do exercício do direito de greve. Breves anotações, com destaque para as atribuições do Ministério Público. *Revista do MPT*, São Paulo: LTr, ano 15, n. 30, set. 2005.

seções especializadas, tendo em conta que as hipóteses de cabimento dos dissídios coletivos foram severamente restringidas, como se verá adiante".

Portanto, a partir da Emenda Constitucional n. 45/04, salvo o exercício excepcional do poder normativo dos Tribunais, a regra é que as ações que cuidem do exercício do direito de greve sejam de competência originária das Varas do Trabalho, como decorre da interpretação do art. 114 e inciso II da Constituição, porquanto não há vinculação entre poder normativo e acesso às garantias constitucionais do exercício do direito de greve e respectivo direito de ação.

2.4. De reparação dos prejuízos anormais decorrentes da greve

Como exposto com mais vagar no item 17.2 do Capítulo I, os danos causados aos empregadores, à comunidade e às demais pessoas afetadas pela greve, consistentes nos prejuízos anormais, são passíveis de reparação mediante o pagamento de reparação (indenizações pecuniárias, prestação de serviços alternativos à comunidade e outras medidas compatíveis com a hipótese real).

A competência para apreciar os pedidos respectivos é, a partir da Emenda Constitucional n. 45/04, da Justiça trabalhista, por meio das Varas do Trabalho.

Quanto à nova competência da Justiça do Trabalho para apreciar a questão, apoia-se, com a devida vênia, as palavras de Cássio Casagrande, a seguir transcritas: "Outra modificação relevante trazida pela EC n. 45 diz respeito aos efeitos da greve, notadamente no caso de seu exercício abusivo. Como é sabido, o § 2º do art. 9º da Constituição estabelece que os abusos cometidos durante a greve 'sujeitam os responsáveis às penas da lei'. Anteriormente à alteração do art. 114 da Constituição, não raro os empregadores vinham acionando as entidades sindicais na Justiça Comum para pleitear indenização ou medidas inibitórias ao exercício abusivo do direito de greve(94). Em nosso entendimento, este tipo de demanda passou definitivamente à competência da Justiça do Trabalho. Primeiramente, porque é o que se depreende literalmente da redação do inc. II do art. 114. Percebe-se que o reformador utilizou a expressão 'ações que envolvam *exercício* do direito de greve' e não 'ações que envolvam o direito de greve'. Em segundo lugar, porque o inc. VI do mesmo art. 114 atribuiu à Justiça do Trabalho 'as ações de indenização por

---

(94) A própria jurisprudência do TST parecia limitar a competência da Justiça do Trabalho nesta matéria à simples declaração da abusividade do movimento grevista, sem ir além dessa questão, conforme Súmula n. 189: "Greve — Competência da Justiça do Trabalho — Abusividade. A Justiça do Trabalho é competente para declarar a abusividade, ou não, da greve".

dano moral ou patrimonial, decorrentes da relação de trabalho'. Portanto, a interpretação sistemática dos dois incisos referidos está a indicar que as ações de indenização (ou seja, reparatórias) por danos materiais ou morais decorrentes do exercício do direito de greve (relação coletiva de trabalho) devem ser julgadas pelos Juízes do Trabalho de primeiro grau. Aqui se inclui não somente as ações ajuizadas pelas partes diretamente envolvidas na greve, mas vai 'desde aquelas apresentadas por terceiro prejudicado por movimento paredista, exigindo reparações por prejuízos sofridos'".

Capítulo III

Atuação do Ministério Público do Trabalho nas Greves

1. O novo papel institucional do Ministério Público nas relações de trabalho

Até 4.10.1988, o Ministério Público do Trabalho estava subordinado ao Poder Executivo (CLT, art. 736) e tinha como principais funções emitir parecer, por escrito, em *todos* os processos dos Tribunais do Trabalho (CLT, art. 746), instaurar instância em casos de greve (CLT, art. 856), propor reclamações trabalhistas em favor de menores e incapazes (CLT, arts. 793 e 524, § 3º, respectivamente) e atuar como apurador de votos em eleições sindicais.

Tais funções, compatíveis com o modelo legal corporativista criado pela CLT, fizeram do Ministério Público do Trabalho um órgão caracteristicamente burocrático e subalterno ao Executivo.

Todavia, a Constituição cidadã de 1988, de visão democrática, realçou o papel do Ministério Público como pilar do Estado de Direito e do regime democrático(1), consagrando-o como instituição permanente e essencial à função jurisdicional do Estado, atribuindo-lhe autonomia funcional, administrativa e financeira (CF, art. 127, e LC n. 75/93, art. 22), incumbindo-lhe a defesa da ordem jurídica, do regime democrático e dos interesses indisponíveis da sociedade.

Diante do novo comando constitucional, ganhou substancial realce a função de defesa dos interesses sociais indisponíveis, sendo que a atividade parecerista obrigatória se restringe hoje aos casos elencados no art. 83 da LC n. 75/93 (quando envolvidos no litígio menores, incapazes, índios, entes

(1) MARTINS FILHO, Ives Gandra. *Processo coletivo do trabalho.* São Paulo: LTr, 1994.

públicos internos e externos, nos feitos originários dos Tribunais e em qualquer processo, quando existente interesse público aferido a critério do órgão ministerial (LC n. 75/93, art. 83, inciso II)).

A função parecerista foi reduzida aos casos em que presente interesse público, para que os membros do Ministério Público do Trabalho possam dar cumprimento às novas funções institucionais: instaurar procedimentos administrativos e inquéritos civis, propor ação civil pública e demais ações previstas na Constituição e nas leis infraconstitucionais e atuar como mediador e árbitro na solução de conflitos trabalhistas (LC n. 75/93, arts. 7º, inciso I, e 83, incisos I, III, IV, V e XI).

Por isso, passou a ser chamado por alguns, embora de forma equivocada, como quarto poder ou suprapoder, cujas denominações são incompatíveis com a instituição Ministério Público — designada em certos países como *ombudsman* da sociedade —, que tem como atribuições defender a ordem jurídica, o Estado Democrático de Direito e os interesses indisponíveis da sociedade perante quem quer que seja, inclusive em face dos Poderes da República (Executivo, Legislativo e Judiciário). No novo papel do Ministério Público, não mais se insere a defesa do interesse público da Administração, como antes. O papel institucional do Ministério Público é defender o interesse público primário da sociedade, o que, em muitos casos, colide com o interesse do Estado enquanto administração. A defesa desta, ante a nova ordem constitucional, cabe aos seus advogados e procuradores.

Mas, como toda inovação acarreta impactos, principalmente quando é substancial, com relação às novas funções do Ministério Público do Trabalho, têm havido muitos equívocos, preconceitos e incompreensões, sobretudo na área do Direito Coletivo do Trabalho e, especialmente, no caso de greve, porque até então a sua atuação dava-se muito mais para reprimir os movimentos e abafar as reivindicações das classes operárias. Tudo estava em conformidade com o sistema legal vigente baseado na filosofia da mão forte do Estado que deveria dar a solução para os conflitos coletivos de trabalho.

Pretende-se, neste Capítulo, como fruto de experiência vivida antes e depois da nova ordem constitucional, fazer algumas reflexões sobre a atuação do Ministério Público do Trabalho em relação ao direito de greve assegurado no art. 9º da Constituição Federal e na Lei n. 7.783/89.

Cabe frisar que uma das mais importantes alterações institucionais trazidas pela Constituição Federal de 1988 foi com relação ao Ministério Público, o qual, de acordo com o art. 127, passou a ser uma instituição permanente e essencial à função jurisdicional do Estado, incumbindo-lhe a defesa da ordem jurídica, do regime democrático e dos interesses sociais e individuais indisponíveis. Os seus membros não mais pertencem ao Poder

Executivo, mas são agentes políticos do Estado, que têm por função defender os interesses fundamentais da sociedade.

É o Ministério Público uma instituição independente, destinada à preservação dos valores fundamentais no Estado Democrático de Direito, agindo na proteção dos fracos e dos direitos e situações de abrangência comunitária. Para isso, tem autonomia funcional, administrativa e financeira (CF, art. 127, § 1º, e LC n. 75/93, art. 22). Assim, os membros do Ministério Público, no exercício de suas atribuições institucionais, não recebem ordens do governo, não prestam obediência aos juízes nem aos órgãos superiores da instituição, agindo com autonomia em nome da sociedade, da lei, da justiça e da sua consciência jurídica.

Na esfera trabalhista, age o Ministério Público do Trabalho na defesa da Constituição Federal (por exemplo, art. 7º e ss.), das leis infraconstitucionais e dos instrumentos normativos que asseguram os direitos sociais e as liberdades individuais e coletivas dos trabalhadores. Como exemplos, pode-se citar o direito de organização sindical, o direito ao meio ambiente do trabalho adequado e sadio, o direito de não discriminação nas relações de trabalho, o direito ao registro em carteira de trabalho, o direito a concurso público para ingresso no serviço público, a erradicação do trabalho escravo, a erradicação do trabalho infantil, a regularização do trabalho do adolescente, o respeito às normas de proteção ao trabalho da mulher e ao direito de exercício regular da greve, etc.

Na sua atuação, deve nortear-se o Ministério Público do Trabalho, entre outros, nos fundamentos da República Federativa do Brasil consubstanciados na cidadania, na dignidade da pessoa humana, nos valores sociais do trabalho e da livre-iniciativa, buscando assegurar a todos existência digna, conforme os ditames da justiça social, observados os princípios da defesa do meio ambiente, da redução das desigualdades sociais, da busca do pleno emprego, a fim de que seja promovido o bem de todos, sem preconceitos de origem, raça, sexo, cor, idade e quaisquer outras formas de discriminação (CF, arts. 1º e 170).

Para promover a observância da lei e a defesa dos interesses da sociedade, desdobram-se suas funções em quatro formas de atuação:

a) extrajudicial, destinada a investigar as lesões à lei e aos interesses sociais, que lhe são denunciadas, e buscar uma adequação de conduta;

b) judicial, para prevenir lesões e ameaças, já apuradas, e responsabilizar os autores, quando no âmbito extrajudicial não tenha sido possível a obtenção de um Termo de Ajustamento de Conduta — TAC. Também na atuação judicial o Ministério Público tem importante atuação como órgão interveniente nos dissídios coletivos;

c) de mediador na solução dos conflitos trabalhistas; e

d) de árbitro, sendo que, nestas duas últimas, quando escolhido pelas partes de comum acordo.

1.1. Como órgão interveniente

Antes da Emenda Constitucional n. 45/04, a atuação do Ministério Público do Trabalho como órgão interveniente nos conflitos decorrentes de greve dava-se basicamente nos dissídios Coletivos, emitindo parecer oral ou por escrito. Com as alterações introduzidas no art. 114 da Constituição, trazendo para a Justiça do Trabalho o processamento e julgamento das ações que envolvam exercício do direito de greve, a competência passa, conforme a situação, a ser também da primeira instância, que processará e julgará as demais ações judiciais. Para os Tribunais, continua a competência para apreciação e julgamento dos dissídios coletivos. Assim, em todas as ações sobre o exercício do direito de greve envolvendo questões coletivas, caberá a atuação do Ministério Público do Trabalho, pena de nulidade da decisão proferida, conforme estabelece o art. 5º, § 1º da Lei n. 7.347/85.

No modelo atual, é ampla e importante a atuação do Ministério Público do Trabalho nos dissídios coletivos de greve, não mais para reprimir os movimentos e interferir na organização sindical, como é vedado pela Constituição Federal (art. 8º, inciso I), mas para fazer valer o seu regular exercício e os direitos dos cidadãos constitucionalmente assegurados.

Assim, estabelece a Lei Complementar n. 75/93 (art. 83 e inciso IX) que cabe ao Ministério Público do Trabalho "promover ou participar da instrução e conciliação em dissídios decorrentes da paralisação de serviços de qualquer natureza, oficiando obrigatoriamente nos processos, manifestando sua concordância ou discordância, em eventuais acordos firmados antes da homologação, resguardado o direito de recorrer em caso de violação à lei e à Constituição Federal". Essa atuação decorre do comando constitucional que, alterando fundamentalmente as atribuições do Ministério Público, alçou como funções institucionais a defesa da ordem jurídica, do regime democrático e dos interesses indisponíveis da sociedade (CF, art. 127 e ss.).

Na atuação como fiscal da lei, o órgão ministerial trabalhista emite parecer, obrigatoriamente, após a manifestação das partes. Isso pode ocorrer na própria audiência de conciliação e instrução, por escrito, no prazo de 8 dias, ou na sessão de julgamento (Leis ns. 5.584/70, art. 5º, e 7.701/88, art. 11).

Na fase de conciliação e instrução do feito, caberá ao órgão ministerial dela participar ativamente e requerer, quando entender adequadas, diligências necessárias ao esclarecimento do conflito, especialmente sobre o atendimento ou desatendimento das atividades inadiáveis da comunidade e sobre o respeito ou desrespeito do direito de greve. Também deverá insistir na busca consensual de uma solução para o conflito de interesses posto em juízo não só perante o Tribunal, mas na Procuradoria Regional, convidando as partes para uma mediação, mesmo já estando instaurada a ação de dissídio coletivo.

Em qualquer fase de tramitação do processo de dissídio coletivo de greve, poderá o Ministério Público do Trabalho, cumprindo as suas funções inscritas no art. 127 da Constituição, requerer providências de urgência necessárias ao atendimento das necessidades inadiáveis da comunidade ou para proteger o direito de greve. Também pode ele pedir a suspensão de demissões coletivas efetuadas durante o movimento ou de quaisquer outros atos que objetivem frustrar o direito de greve, uma vez que são vedadas ao empregador tais práticas, porquanto a greve é, no atual sistema jurídico brasileiro, considerada como um direito fundamental protegido como os outros direitos do cidadão (Lei n. 7.783/89, art. 6º, § 2º). É a greve um direito fundamental porque consiste no direito de manifestação dos trabalhadores enquanto partícipes da relação trabalho — capital.

Da decisão proferida pelo Tribunal, será o Ministério Público do Trabalho intimado pessoalmente, cabendo-lhe recorrer sempre que entender existente interesse público que justifique a sua atuação, o que se dá normalmente quando a sentença ofender a ordem jurídica, o interesse público e as liberdades individuais ou coletivas dos trabalhadores envolvidos (Lei n. 7.701/88, art. 7º, §§ 4º e 5º).

Das decisões que homologuem acordos nos dissídios coletivos de greve, somente o Ministério Público do Trabalho, como guardião da ordem jurídica, poderá interpor recurso contra toda a decisão ou atacar somente determinados itens desta. Oferecido o recurso próprio para o Tribunal Superior do Trabalho, poderá o Ministério Público pedir efeito suspensivo da decisão quando entender presentes os pressupostos do *fumus boni juris* e do *periculum in mora*.

1.2. Como órgão agente

A atuação do Ministério Público do Trabalho como órgão agente nos casos de greve se dá judicialmente e fora do Poder Judiciário.

1.2.1. Atuação extrajudicial

A atuação extrajudicial do MPT nas greves dá-se:

a) para investigar sobre irregularidades quanto ao seu exercício e obter termo de ajustamento de conduta às disposições legais violadas;

b) para mediar ou conciliar o conflito; e

c) para arbitrar uma solução para o impasse.

1.2.1.1. O MPT INVESTIGANDO

Como dito, não só judicialmente o Ministério Público do Trabalho atua na solução dos conflitos coletivos de greve. No caso de paralisação em atividades essenciais ou naquelas em que, mesmo não sendo essenciais, o movimento acarretar grave prejuízo à sociedade, poderá ele instaurar procedimentos administrativos, inquéritos civis e convocar as partes para prestarem esclarecimentos e assinarem termo de compromisso sobre o atendimento das necessidades inadiáveis da comunidade e respeito à ordem jurídica, oferecendo, se for o caso, mediação.

1.2.1.2. O MPT COMO MEDIADOR/CONCILIADOR

Como mediador e conciliador, primeiramente deve o Ministério Público buscar uma solução para o conflito trabalhista e, não sendo esta possível, propor o comum acordo das partes para o cumprimento das atividades inadiáveis da comunidade, o que, na prática, tem surtido rápidos e extraordinários resultados.

Nessa fase, o membro do Ministério Público designado para a nobre tarefa deve ter uma postura informal e muito amistosa perante as partes, pois o seu papel é, primeiro, ganhar a confiança destas e aproximá-las para uma solução consensual e muitas vezes criativa. A negociação, no caso, é das partes, que serão ajudadas por esse terceiro, o qual tem um único interesse: solucionar o conflito e restabelecer a harmonia entre as partes na relação capital-trabalho. São qualidades indispensáveis do mediador/conciliador, entre outras, imparcialidade, amistosidade, paciência, conhecimento dos conflitos e dos problemas sociais e econômicos no seio das categorias envolvidas no conflito. Se não for possível resolver a questão numa única audiência, que se faça(m) outra(s); se não for possível resolver total e definitivamente as pendências numa única assentada, que sejam decididas parcialmente.

Para ilustrar, cito um dos bem-sucedidos casos de mediação no âmbito do Ministério Público do Trabalho, realizada pela Procuradoria Regional do Trabalho da 10ª Região, em que o procurador do Trabalho Cristiano Paixão, mediando um conflito coletivo de trabalho entre o Sindicato dos Trabalhadores em Empresas de Transportes Terrestres e de Passageiros Urbanos, Interestaduais, Especiais, Escolares e de Turismo do Distrito Federal — SITTRATER e o Sindicato patronal correspondente, obteve acordo parcial em que o Sindicato dos Trabalhadores se comprometeu a defender na assembleia da categoria a não realização de greve até o dia 23 de maio de 2005, tendo os patrões concordado em pagar integralmente, durante o referido mês, o tíquete-alimentação e a cesta básica. Acordaram, também, sobre a realização de nova rodada de negociação para o final do mês, ocasião em que seriam chamados a comparecer os Secretários de Transporte e de Assuntos Sindicais do Distrito Federal, os quais têm influência sobre a fixação dos preços das passagens de ônibus e muito podem contribuir para uma solução definitiva quanto às reivindicações econômicas e sociais dos trabalhadores na data-base da categoria e, assim, solucionar um problema social. São novas maneiras de atuação do Poder Público, não para interferir de forma repressiva nas relações de trabalho, mas contribuir para sua maior democratização.

A atuação do Ministério Público como mediador/conciliador, buscando a solução extrajudicial dos conflitos trabalhistas, serve para desafogar o Poder Judiciário, dar maior efetividade às normas trabalhistas e democratizar as relações de trabalho, objetivo tão caro e necessário no cenário trabalhista brasileiro. Assim fazendo, estará o MPT cumprindo integralmente as suas funções institucionais de defesa da ordem jurídica, do regime democrático e da defesa dos interesses da sociedade, como lhe assegura a Constituição Federal (arts. 127 e 129).

1.2.1.3. O MPT como árbitro

Também pode o Ministério Público do Trabalho atuar como árbitro, desde que solicitado pelas partes (LC n. 75/93, art. 83, inciso XI, e Resolução n. 44/99, do Conselho Superior do Ministério Público do Trabalho).

Diz o § 2º do art. 114 da Constituição que, "recusando-se qualquer das partes à negociação coletiva ou à arbitragem, é facultado às mesmas, de comum acordo, ajuizar dissídio coletivo de natureza econômica, podendo a Justiça do Trabalho decidir o conflito, respeitadas as disposições mínimas legais de proteção ao trabalho, bem como as convencionadas anteriormente".

Do quanto exposto, decorre que a solução estatal está em último lugar. Assim, primeiro devem as partes buscar a solução negociada do conflito coletivo; não se chegando a um acordo, devem em seguida buscar a solução da pendência por meio da arbitragem, que é, como se vê, facultativa. A arbitragem é uma solução heterônoma determinada por um terceiro (árbitro ou comissão de árbitros), mas apresenta vantagem em relação à solução pelo Poder Judiciário, uma vez que as partes escolhem quem deverá determinar a solução, o procedimento é menos formal e a decisão mais rápida.

Na prática, infelizmente, não há muitos registros da utilização desse sistema de solução de conflitos no Brasil, nas relações de trabalho, embora possa constituir-se em mais uma importante forma de resolução destes. As razões são basicamente três: primeira: há poucos especialistas reconhecidos no assunto; segunda: a falta de cultura emperra o fator confiança, pois dificilmente será encontrada uma pessoa capaz e de inteira confiança comum das partes, porque na arbitragem estas entregam sua sorte a um terceiro e o conflito a ser arbitrado ocorre entre partes economicamente desiguais. Proferida a decisão, não cabe recurso, pelo que há justificado receio quanto ao instituto; terceira: há o problema do custo elevado, que impossibilita sua utilização ampla, uma vez que a maioria dos sindicatos brasileiros não tem condições e estrutura para suportar as despesas decorrentes.

No caso da atuação do Ministério Público do Trabalho como árbitro, não há custo para as partes, vez que se trata de um órgão público. Além disso, os seus membros, como agentes políticos do Estado, gozam de uma boa parcela de confiança perante os sujeitos do capital/trabalho, além da natural vocação e especialização nas questões trabalhistas.

Desse modo, deve o Ministério Público do Trabalho incentivar essa forma alternativa de solução dos conflitos trabalhistas, em especial no caso de greve. A instituição, depois da Lei Complementar n. 75/93, vem atuando na solução dos conflitos de greve e em outras pendências na esfera trabalhista, por meio da mediação e da arbitragem, com a obtenção de importantes resultados para a sociedade, porque, num país de pouca cultura negocial, a mediação/conciliação e a arbitragem exercem papel fundamental, primeiro, aproximando as partes — o que já é tarefa difícil —, depois, ajudando-as na busca da melhor solução para a pendência.

Para bem atender a essa demanda, o Ministério Público do Trabalho tem procurado preparar quadros, propiciando a participação de membros em cursos oferecidos pela OIT — Organização Internacional do Trabalho, tratando dos temas mediação, arbitragem e sistemas modernos de relações trabalhistas.

Portanto, deve ser incentivada a arbitragem, como mais um meio alternativo de solução de conflitos trabalhistas a ser experimentado pelas partes.

1.2.1.3.1. Formas de arbitragem

Duas são as formas legais de arbitragem: a cláusula compromissória e o compromisso arbitral.

Conforme inscrito no texto do art. 3º da Lei n. 9.307/96, as partes interessadas podem submeter a solução de seus conflitos ao juízo arbitral mediante a convenção de arbitragem, assim entendida a cláusula compromissória e o compromisso arbitral.

A *cláusula compromissória* é a convenção por meio da qual as partes, em um contrato, se comprometem a submeter à arbitragem os litígios que possam vir a surgir, relativamente a tal contrato (art. 4º). O *compromisso arbitral* é a convenção por meio da qual se submete um litígio à arbitragem de uma ou mais pessoas, podendo ser judicial ou extrajudicial (art. 9º).

Enquanto a cláusula compromissória se refere a uma contenda eventual e futura, de caráter preventivo, envolvendo um *pactum de compromitendo* com relação a uma obrigação de fazer (submeter o conflito à arbitragem), o compromisso arbitral tem por fim resolver um litígio atual, já instalado entre as partes(2).

A cláusula compromissória, como se vê, é bastante apropriada no âmbito das convenções coletivas e dos acordos coletivos de trabalho, por meio dos quais empregados e empregadores poderão estabelecer previamente a arbitragem como forma de solução dos eventuais litígios decorrentes da aplicação das respectivas cláusulas.

A arbitragem poderá ser de direito ou de fato, como estabelecem os arts. 2º e 18 da Lei n. 9.307/96, havendo, no caso da arbitragem convencional, total liberdade do árbitro.

Na área trabalhista, no entanto, temos uma espécie nova de arbitragem, chamada de *arbitragem de ofertas finais*, consistente na opção (obrigatória) pelo árbitro de uma das propostas finais das partes. Nesse caso, como se vê, não tem o árbitro ampla liberdade, porque a sua atuação fica restrita à aceitação de uma das ofertas finais, que podem apresentar-se muito distantes. Tal forma de arbitragem consta das Leis ns. 10.101/00 (art. 4º, inciso II), sobre a participação nos lucros ou resultados, e 8.630/93 (art. 23, § 1º), no tocante aos conflitos de trabalho envolvendo os portuários.

Exemplo ilustrativo de arbitragem de ofertas finais ocorreu em decisão proferida pelo Ministério Público do Trabalho — PRT da 14ª Região, tendo atuado como árbitro o Procurador do Trabalho Gláucio Araújo de Oliveira. O conflito envolvia o Sindicato dos Trabalhadores em Telecomunicações de Rondônia — SINTEL e a empresa de telecomunicações de Rondônia S/A — TELERON e dizia respeito à participação nos lucros ou resultados. Depois de muitas tentativas de solução amigável, mesmo por intermédio da mediação do *Parquet*, as partes não chegaram a um consenso. A proposta do sindicato profissional era de pagamento de 30% fixos e 70% proporcionais ao valor da remuneração de cada empregado do mês de dezembro/96. Já a proposta final da empresa foi do pagamento de 20% lineares e 80% proporcionais, também tomando como base a remuneração de dezembro de 1996. O Ministério Público optou pela proposta dos trabalhadores, argumentando que esta melhor representava os anseios da coletividade, uma vez que, de forma geral, os cálculos apresentados nos autos atendiam ao princípio da equidade no rateio da parcela de participação(3).

---

(2) TEIXEIRA, Elza Spanó. *Comentários e prática forense da arbitragem*, p. 19.

(3) *Revista do Ministério Público do Trabalho*, ano VIII, p. 224/234, mar. 1998.

1.2.2. Atuação judicial

A Emenda Constitucional n. 45/04 acrescentou ao art. 114 da Constituição Federal o § 3º, que diz: "Em caso de greve em atividade essencial, com possibilidade de lesão do interesse público, o Ministério Público do Trabalho poderá ajuizar dissídio coletivo, competindo à Justiça do Trabalho decidir o conflito".

Dessa disposição decorrem inicialmente algumas indagações, a seguir transcritas e respondidas:

a) o ajuizamento de dissídio coletivo de greve pelo Ministério Público do Trabalho está restrito às atividades essenciais?;

b) somente o Ministério Público poderá ajuizar a referida ação?;

c) quais os pedidos que poderá fazer o órgão ministerial?;

d) somente por meio de dissídio coletivo poderá o Ministério Público atuar judicialmente no caso de greve?; e

e) a quem cabe, perante a Justiça do Trabalho, processar e julgar as ações decorrentes de greve?

1.2.2.1. O ajuizamento do dissídio coletivo de greve pelo MPT está restrito às atividades essenciais?

Em primeiro lugar, é oportuno lembrar que a razão da inserção desse § 3º ao art. 114 da Constituição foi não deixar sem solução estatal os conflitos decorrentes de greve com prejuízos à sociedade, uma vez que se pretendia eliminar definitivamente o Poder Normativo da Justiça do Trabalho para solucionar conflitos coletivos de trabalho. Mas isso não quer dizer que a atuação ministerial no caso de greve se restringe às atividades essenciais, como poderia decorrer de uma interpretação apressada e limitada ao método gramatical. Isso porque o constituinte derivado não poderia, sem ofender os arts. 127 e 129 da Constituição, limitar a atuação do Ministério Público, a quem cabe a defesa da ordem jurídica, do Estado Democrático de Direito e dos interesses indisponíveis da sociedade mediante a utilização de todos os meios processuais previstos no ordenamento jurídico, como é o caso da ação de dissídio coletivo, enquanto existente.

Desse modo, cabe ao Ministério Público do Trabalho instaurar dissídio coletivo de greve de qualquer natureza (CLT, art. 856; Lei n. 7.783/89, art. 8º; e LC n. 75/93, art. 83, incisos VIII e IX) e não somente no caso de paralisação em atividade essencial, desde que presente lesão ou ameaça de lesão ao interesse público, que será aferido em cada situação concreta. O que move a atuação do Ministério Público é a existência de interesse público, não da

Administração Pública, mas o interesse público primário da sociedade, devendo, para tanto, utilizar-se do instrumento adequado para o caso concreto.

1.2.2.2. Somente o MPT poderá ajuizar dissídio coletivo de greve em atividades essenciais?

Quanto à segunda indagação, analisando o Projeto de reforma do Judiciário quando ainda se encontrava na Câmara dos Deputados, com redação e conteúdo diferentes do que resultou na Emenda Constitucional n. 45/04, cheguei a emitir opinião afirmando que "nos dissídios de greve, em atividades essenciais, com possibilidade de lesão ao interesse público, caberá apenas ao Ministério Público do Trabalho ajuizar o dissídio coletivo. Em se tratando de greve em atividades não essenciais, não cabe a instauração de dissídio coletivo por quem quer que seja, ficando, portanto, vedado o poder normativo nessa seara de conflitos"(4).

Porém, melhor analisando a questão no contexto constitucional e legal vigentes e naquele em que aprovada finalmente referida reforma, torna-se evidente que o dissídio coletivo de greve em atividades essenciais pode ser instaurado não somente pelo Ministério Público, não obstante a dicção do aludido § 3º, como visto no Capítulo II. O dissídio coletivo é uma ação coletiva, cujos legitimados são o Ministério Público, os sindicatos e demais colegitimados ativos, como decorre da leitura e interpretação condizentes do § 1º do art. 129 da Constituição e dos arts. 5º da Lei n. 7.347/85 e 82 do CDC.

As decisões a seguir ementadas estão no sentido do meu entendimento e ilustram o caminho que deve ser seguido pelo Judiciário trabalhista:

Nesse sentido já decidiu o TRT da 2ª Região, como se vê do trecho a seguir transcrito do respectivo acórdão:

> Já o § 3º do art. 114, longe de impedir a propositura de dissídio coletivo de greve pelas partes diretamente interessadas, dirige-se especificamente ao Ministério Público do Trabalho, quando se tratar de *greve em atividade essencial*, atribuindo ao *Parquet* a *faculdade*, na ausência de iniciativa pelas partes, de ajuizar o correspondente dissídio coletivo, mantendo a competência da Justiça do Trabalho para decidir o conflito. Essa outorga supletiva, frise-se, tem como justificativa o interesse público, que não pode ficar à mercê das tratativas, ameaças e anúncios de greve em serviços essenciais sem o respaldo das cautelas coercitivas emanadas do Judiciário, tendentes a assegurar a continuidade da prestação pública de serviços indispensáveis e impedir maiores prejuízos à sociedade (TRT/SP — DCG 20086.2005.000.02.00-9, Rela. Juíza Wilma Nogueira de Araújo Vaz da Silva).

Também assim decidiu o TRT da 3ª Região, *verbis:*

---

(4) *Dissídio coletivo de trabalho*, p. 55.

EMENTA: DISSÍDIO COLETIVO — SERVIÇO ESSENCIAL — GREVE — LEGITIMIDADE ATIVA DO SINDICATO DA CATEGORIA ECONÔMICA. O sindicato da categoria econômica possui legitimidade para ajuizar dissídio coletivo em caso de greve em serviço essencial, não prosperando a alegação de que tal prerrogativa seria exclusiva do Ministério Público do Trabalho. O § 3º do art. 114 da CR/88, com a redação dada pela EC n. 45/04, concede ao Ministério Público do Trabalho a faculdade de ajuizar dissídio coletivo, no caso de greve em serviço essencial, mas não retira dos sindicatos profissional e econômico a possibilidade de suscitar o dissídio. O sindicato suscitante representa legitimamente a categoria econômica, sendo-lhe assegurada a prerrogativa de instaurar o dissídio coletivo, mesmo na hipótese de greve, podendo submeter a questão à apreciação judicial, nos termos do art. 5º, XXXV, da Constituição. Tampouco se pode olvidar que compete ao Judiciário decidir a questão relativa à legalidade da greve, que pode ser suscitada por quem nela tenha interesse. Arguição rejeitada (TRT 3ª Região; Proc. DC n. 00387/2005; Rel. Juiz Rogério Valle Ferreira).

Quanto aos sindicatos, a legitimação decorre, além dos dispositivos elencados, do inciso II do art. 8º da Constituição, que lhes incumbe a defesa dos direitos e interesses coletivos ou individuais da categoria, inclusive em questões judiciais e administrativas. É possível que numa greve em atividade essencial a classe patronal não tenha qualquer interesse em negociar uma solução para o conflito, como muitas vezes acontece com relação aos entes públicos, cujos administradores, insensíveis às reivindicações dos trabalhadores e ao desconforto que a greve acarreta para a população, nada fazem. Os trabalhadores, por sua vez, entendem que o movimento é regular, inclusive porque estão dando cumprimento às atividades inadiáveis da comunidade e, para não sofrerem represálias, necessitam de uma decisão declaratória do Poder Judiciário para afirmar que a greve é legal e não abusiva. Não podem eles ficar à mercê do órgão ministerial, que, na espécie, porque os direitos mínimos da população estão sendo cumpridos, pode não ter razão para atuar. Ora, não se pode, na hipótese vertente, negar o livre acesso dos trabalhadores, por meio do sindicato respectivo, ao Judiciário, sob pena de insofismável ofensa ao inciso XXXV do art. 5º da Constituição.

Igualmente, cabe à(s) empresa(s) ou respectiva categoria econômica ou órgão público pedir instauração de medida judicial no tocante a greves em atividades essenciais, conforme o interesse processual demonstrado.

O referido § 3º, repita-se, não é exclusivo, mas inclusivo e exemplificativo da atuação do Ministério Público do Trabalho. Por isso, com ele ou sem ele, o referido órgão está legitimado a atuar em juízo, o que ocorre igualmente em relação aos demais legitimados, como os sindicatos, pois, ao contrário, haverá ferimento do disposto no inciso XXXV do art. 5º da Constituição, que assegura o livre acesso do jurisdicionado ao Poder Judiciário.

Portanto, como instrumentos de autuação, pode o Ministério Público do Trabalho, no caso de greve em atividade essencial ou não, desde que com prejuízo à ordem jurídica e à sociedade, valer-se da instauração do dissídio coletivo, da mediação, da arbitragem, da abertura de inquérito civil, do ajuizamento de ação civil pública ou de outras medidas legais pertinentes, dependendo da situação e das pretensões formuladas em juízo. Mas a sua atuação e legitimação não são exclusivas.

1.2.2.3. Quais os pedidos que poderá fazer o MPT nos dissídios coletivos de greve?

A terceira indagação diz respeito aos pedidos que poderão ser feitos pelo Ministério Público do Trabalho nas ações de dissídio coletivo. Normalmente, pede-se a determinação para atendimento das necessidades inadiáveis da população, no caso de greve em atividades e serviços essenciais, o julgamento do movimento e, conforme o caso, o retorno dos trabalhadores ao serviço. Todavia, sabe-se que, regra geral, os movimentos grevistas têm como motivo uma ou algumas reivindicações da categoria profissional, cabendo à Justiça do Trabalho, por iniciativa de qualquer das partes ou do Ministério Público do Trabalho, decidir sobre a procedência, total ou parcial, ou improcedência das reivindicações (Lei n. 7.783/89, art. 8º).

Não basta ao Judiciário dizer se a greve é abusiva ou não. É fundamental que o Poder Judiciário resolva definitivamente o conflito e restabeleça a paz social entre os sujeitos da relação capital-trabalho. É certo que ao Ministério Público nem sempre é possível saber exatamente quais as reivindicações que levaram à greve, não obstante, quando instaurado um procedimento ou inquérito civil, tais pleitos apareçam naturalmente. De qualquer forma, instaurado o dissídio coletivo, as categorias profissional e econômica serão chamadas para comparecer à audiência de instrução e conciliação, momento em que normalmente trazem à tona os motivos da greve. De qualquer forma, faculta-se ao juiz instrutor e ao próprio órgão ministerial indagarem sobre o que pretendem os trabalhadores e, assim, obterem subsídios para que o Tribunal solucione definitivamente o conflito. A ação de dissídio coletivo, como se sabe, constitui um processo bastante informal e sua finalidade é, repita-se, resolver a pendência da melhor maneira possível para restabelecer a paz entre os atores sociais.

Ressalta Edson Braz da Silva, neste particular, que, "revelando-se as partes envolvidas no conflito incapazes de resolverem sozinhas suas divergências, e sendo lícito ao Ministério Público do Trabalho presumir que não alcançarão a autocomposição, poderá a Entidade suscitar o dissídio de greve com pedidos de providências para o resguardo dos serviços inadiáveis da comunidade, bem como, se perceber premente, requerer ao Tribunal o julgamento das reivindicações dos grevistas. Para instrução do dissídio coletivo instaurado pelo MPT, as partes em conflito serão chamadas ao processo para defesa de seus interesses. Admitindo-se a formulação de pedidos contrapostos, tanto dos trabalhadores como do patronato, essa relação processual — MPT/ Patrão/Empregado — formará um inédito processo tripartite, onde o juiz comporá o conflito julgando o merecimento e a justeza das reivindicações dos trabalhadores, de acordo com a capacidade de assimilação dos efeitos econômicos pelo patronato, sem deixar de resguardar o interesse público tutelado pelo MPT".

Não obstante isso, embora autorizada por lei, a instauração do dissídio coletivo pelo Ministério Público não parece ser o meio mais adequado, devendo ser utilizado esse instrumento apenas em situações excepcionais, visto que, como é induvidoso, a melhor forma para solução dos conflitos de trabalho é a negociada, e não aquela imposta pelo Estado-Juiz (a Justiça do Trabalho) ou por um terceiro (árbitro). Ora, se as partes envolvidas nos conflitos não querem a solução heterônoma, até porque, muitas vezes, mesmo durante a greve, continuam negociando uma solução para tal, não é aconselhável que o Ministério Público do Trabalho ajuíze a ação de dissídio coletivo, exatamente para não "abortar" o exercício constitucional do direito de greve e o desenvolvimento da negociação coletiva, como postulados básicos da democracia trabalhista[(5)].

Desse modo, conforme a situação, é mais adequado que o Ministério Público ajuíze simplesmente uma medida judicial, por exemplo, uma ação civil pública na primeira instância da Justiça do Trabalho, para obter um comando de obrigação de fazer ou não fazer no tocante ao atendimento das necessidades inadiáveis da população, ao respeito ao direito de greve ou a qualquer outra providência de urgência. A forma de atuação, pois, deve ser definida pelo órgão agente levando em conta as peculiaridades de cada situação real, mediante a oportunidade e conveniência, mas sempre procurando resguardar a ordem jurídica, a democracia e os interesses maiores da sociedade.

1.2.2.4. Somente por meio de dissídio coletivo poderá o MPT atuar judicialmente em caso de greve?

Tradicionalmente, a atuação do Ministério Público do Trabalho no caso de greve sempre se deu no âmbito da ação de dissídio coletivo, como parte ou fiscal da lei, como assegurava a CLT (art. 856).

No atual contexto constitucional e da Emenda Constitucional n. 45/04, pode ele ajuizar tanto o dissídio coletivo perante o Tribunal do Trabalho como uma ação civil pública ou outra medida processual perante as Varas do Trabalho, conforme a pretensão estampada em juízo. Se esta for unicamente a obtenção da declaração da abusividade da greve, a determinação de retorno ao trabalho e/ou a apreciação das reivindicações dos grevistas, o instrumento será o dissídio coletivo, por meio do qual o Tribunal do Trabalho resolverá o conflito aplicando o seu poder normativo.

---

(5) MELO, Raimundo Simão de. *Dissídio coletivo do trabalho*, p. 108.

Todavia, se se pretender apenas uma decisão condenatória em obrigação de fazer, não fazer ou suportar (atendimento das necessidades inadiáveis da população; manutenção de um número mínimo de trabalhadores para cuidar de equipamentos e maquinários que não podem ser desligados; proibição da dispensa de trabalhadores e permissão para que o sindicato possa fazer assembleia, divulgar o movimento e orientar os trabalhadores sobre o andamento deste e das negociações) ou obrigação de pagar (indenização por danos à coletividade), o instrumento adequado será uma ação civil pública ou, conforme o caso, outra medida judicial prevista no ordenamento jurídico, de competência da primeira instância trabalhista.

As ações que não digam respeito ao poder normativo da Justiça do Trabalho, mas apenas ao exercício do direito de greve, devem ser ajuizadas na primeira instância da Justiça do Trabalho, a quem cabe apreciá-las por força do que dispõem o art. 114 e inciso II da Constituição Federal.

1.2.2.5. Competência funcional para julgamento das ações decorrentes da greve

A última indagação refere-se à competência funcional do órgão julgador trabalhista para julgar os conflitos decorrentes de greve. Em primeiro lugar, com a modificação trazida ao art. 114 da Constituição Federal pela Emenda Constitucional n. 45/04, cabe à Justiça do Trabalho processar e julgar as ações que envolvam o exercício do direito de greve. Houve, como se observa da leitura deste dispositivo, considerável ampliação da competência da Justiça laboral no pertinente à greve, pelo que entendo que apenas se deslocam para outros ramos do Judiciário as questões criminais decorrentes do exercício irregular do direito de greve, o que já foi apreciado com maior profundidade no Capítulo II.

Por essa ampliação, salvo a ação de dissídio coletivo, submete-se agora uma gama muito grande de ações às Varas do Trabalho, que são competentes originariamente para processar e julgar as ações coletivas, por força do que dispõe o art. 2º da Lei n. 7.347/85. É o caso, por exemplo, das ações sobre interditos possessórios, para atendimento de atividades inadiáveis, quando se pede apenas isso, para coibir atos atentatórios ao direito de greve, para buscar reparação de prejuízos decorrentes de greve, etc. Para os Tribunais, pelo poder normativo que lhes resta, por meio dos dissídios coletivos, cabe o julgamento da greve (abusividade ou não), das reivindicações salariais e sociais e também das ordens de urgência, quando buscadas em seu bojo.

Em resumo, pode-se dizer que, com a Emenda Constitucional n. 45/04, o qual alterou a redação do art. 114 da Constituição Federal, a competência originária dos Tribunais Trabalhistas para as ações de greve restringe-se às situações em que se pede o exercício do Poder ou atividade normativa, ficando as demais questões para a esfera das Varas do Trabalho.

BIBLIOGRAFIA

AIRES, Mariella Carvalho de Freitas. *Direito de greve ambiental.* Goiânia: Universidade Católica de Goiás, 2008.

ANDRADE, Everaldo Gaspar de. *Dissídio coletivo.* São Paulo: LTr, 1993.

ANTUNES, Ricardo. *A rebeldia do trabalho* — o confronto operário no ABC paulista: as greves de 1978/80. Campinas: Ensaio, 1988.

ARAÚJO, José Carlos. *Ação coletiva do trabalho.* São Paulo: LTr, 1993.

ARAÚJO, Luiz Alberto David; NUNES JÚNIOR, Vidal Serrano. *Curso de direito constitucional.* 4. ed. São Paulo: Saraiva, 2001.

BARROS, Cássio Mesquita de. Responsabilidade civil do sindicato na greve. *Revista Síntese Trabalhista,* Porto Alegre, n. 98, p. 14 e ss., 1997.

BENITES FILHO, Flávio Antonello. *Direito sindical espanhol.* São Paulo: LTr, 1997.

BOBBIO, Norberto. *A era dos direitos.* 11. ed. Tradução: Carlos Nelson Coutinho. Rio de Janeiro: Campus, 1992.

BONCIANI, Mário *et al. Saúde, ambiente e contrato coletivo de trabalho.* São Paulo: LTr, 1996.

BUEN, Néstor de. O Estado do mal-estar. *Revista LTr,* São Paulo, ano 62, n. 5. p. 612/618, 1998.

CANOTILHO, José Joaquim Gomes; MOREIRA, Vital. *Constituição da República portuguesa anotada.* 3. ed. Coimbra: Coimbra, 1991.

CARMO, Júlio Bernardo do. Do mútuo consenso como condição de procedibilidade do dissídio coletivo de natureza econômica. *Revista LTr,* São Paulo, ano 69, n. 5, p. 597, maio 2005.

CARRION, Valentin Rosique. *Comentários à Consolidação das Leis do Trabalho.* 11. ed. São Paulo: Revista dos Tribunais, 1989.

CASAGRANDE, Cássio. *A nova competência material e hierárquica da Justiça do Trabalho para apreciar conflitos decorrentes do exercício do direito de greve.* Breves anotações, com destaque para as atribuições do Ministério Público (no prelo).

COELHO, Elaine D'avila. *Embargos, interdição e greve em face do meio ambiente do trabalho.* Monografia de conclusão do módulo Direito Ambiental II, do curso de mestrado — PUC/SP. São Paulo: PUC, 1995.

COUTINHO, Grijalbo Fernandes; FAVA, Marcos Neves (coords.). *Justiça do Trabalho*: competência ampliada. São Paulo: LTr, 2005.

______. *Nova competência da Justiça do Trabalho.* São Paulo: LTr, 2005.

DALAZEN, João Oreste. *Competência material trabalhista.* São Paulo: LTr, 1994.

DANTAS, David Diniz. *Interpretação constitucional no pós-positivismo.* Teoria e casos práticos. São Paulo: WVC, 2004.

FIGUEIREDO, Guilherme José Purvin de. *Direito ambiental e a saúde dos trabalhadores.* São Paulo: LTr, 2000.

FIORILLO, Celso Antônio Pacheco. *Curso de direito ambiental brasileiro.* São Paulo: Saraiva, 2000.

FIORILLO, Celso Antônio Pacheco; RODRIGUES, Marcelo Abelha; NERY, Rosa Maria Andrade. *Direito processual ambiental brasileiro.* Belo Horizonte: Del Rey, 1996.

FRAGOSO, Christiano. *Repressão penal da greve.* Uma experiência antidemocrática. São Paulo: IBCCRIM, 2009.

FRANCO FILHO, Georgenor de Sousa. *Liberdade sindical e direito de greve no direito comparado.* São Paulo: LTr, 1992.

FREDIANI, Yone. *Greve nos serviços essenciais à luz da Constituição Federal de 1988.* São Paulo: LTr, 2001.

GERMIGON, Bernard; ODERO, Alberto; GUIDO, Horacio; URIARTE, Oscar Ermida. *A greve:* o direito e a flexibilidade. Brasília: OIT, 2002.

GIUGNI, Gino. *Direito sindical.* Tradução: Eiko Lúcia Itioka. São Paulo: LTr, 1991.

GRAMMONT, Júlio de. Os subversivos. *Teoria e debate,* São Paulo: Fundação Perseu Abramo, ano 11, n. 37, p. 24/31, fev./abr. 1998.

HINS, Henrique Macedo. *O poder normativo da Justiça do Trabalho.* São Paulo: LTr, 2000.

LAVOR, Francisco Osani de. A greve no contexto democrático. *Revista Síntese Trabalhista,* Porto Alegre, n. 82, p. 12 e ss., 1996.

LEITE, Carlos Henrique Bezerra. *A greve como direito fundamental.* Curitiba: Juruá, 2000.

LOPES, Otávio Brito. O poder normativo da Justiça do Trabalho após a Emenda Constitucional n. 45. *Revista LTr,* São Paulo, p. 166/170.

MAGANO, Octavio Bueno. *Direito coletivo do trabalho.* 2. ed. São Paulo: LTr, 1990. v. III.

MANUS, Pedro Paulo. *Direito do trabalho na nova Constituição.* São Paulo: Atlas, 1989.

______. *Direito do trabalho*. 5. ed. São Paulo: Atlas, 1999.

MARTINS, Sergio Pinto. *Direito processual do trabalho*. 4. ed. São Paulo: Atlas, 1993.

MARTINS FILHO, Ives Gandra. *Processo coletivo do trabalho*. São Paulo: LTr, 1994.

MEIRELLES, Davi Furtado. *Poder normativo*: momento de transição. *Revista LTr*, São Paulo, v. 69, n. 6, p. 694, jun. 2005.

MELO, Raimundo Simão de. Formas de solução dos conflitos coletivos de trabalho no Brasil. *Revista LTr*, São Paulo, v. 55, n. 11, p. 1.305, nov. 1991.

______. O Ministério Público do Trabalho e as greves em atividades essenciais. *Revista LTr*, São Paulo, ano 59, n. 3, p. 356 e ss., mar. 1995.

______. *Dissídio coletivo de trabalho*. São Paulo: LTr, 2002.

______. *Ação civil pública na Justiça do Trabalho*. 2. ed. São Paulo: LTr, 2004.

______. *Direito ambiental do trabalho e a saúde do trabalhador* — responsabilidades — danos moral, material e estético. São Paulo: LTr, 2004.

NASCIMENTO, Amauri Mascaro. *Comentários à Lei de Greve*. São Paulo: LTr, 1989.

______. *Curso de direito processual do trabalho*. 18. ed. São Paulo: Saraiva, 1998.

______. *Direito sindical*. 2. ed. São Paulo: Saraiva, 1991.

______. *Compêndio de direito sindical*. 2. ed. São Paulo: LTr, 2000.

NERY JÚNIOR, Nelson. *Princípios do processo civil na Constituição Federal*. 2. ed. São Paulo: Revista dos Tribunais, 1995.

OLIVA, Aloizio Mercadante; RAINHA, Luis Flávio *et al.* (coords.). *Imagens da luta: 1905-1985*. São Bernardo do Campo: Sindicato dos Metalúrgicos de São Bernardo do Campo e Diadema.

RODRIGUES PINTO, José Augusto. *Direito sindical e coletivo do trabalho*. São Paulo: LTr, 1998.

ROMITA, Arion Sayão. *Direitos sociais na Constituição e outros estudos*. São Paulo: LTr, 1991.

______. *Direito do trabalho* — temas em aberto. São Paulo: LTr, 1998.

SAMPAIO, Antônio Possidônio. *No ABC dos peões*. Santo André: Alpharrábio, 2005.

______. *Lula e a greve dos peões*. São Paulo: Escrita, 1982.

SANTOS, Enoque Ribeiro dos; SILVA, Juliana Araújo Lemos da. Direito de greve do servidor público como norma de eficácia contida. *Revista LTr*, São Paulo, ano 69, n. 5, p. 598 e ss., maio 2005.

SILVA, Edson Braz da. *Aspectos processuais e materiais do dissídio coletivo frente à Emenda Constitucional n. 45/04* (no prelo). Palestra proferida no 13º Congresso de Direito e Processo do Trabalho, promovido na cidade de Goiânia/Goiás, em 17.6.2005, pelo IGT.

SILVA, José Afonso da. *Curso de direito constitucional positivo.* 5. ed. São Paulo: Revista dos Tribunais, 1989.

SIQUEIRA NETO, José Francisco. *Direito do trabalho & democracia.* São Paulo: LTr, 1996.

SPIES, André Luís. As ações que envolvem o exercício do direito de greve — primeiras impressões da EC n. 45/04. *Revista LTr,* São Paulo, ano 69, n. 4, p. 436/40, abr. 2005.

SÜSSEKIND, Arnaldo. Responsabilidade pelo abuso do direito de greve. *Revista da Academia Nacional de Direito do Trabalho,* ano I, n. 1, p. 37, 1993,

______. *Direito internacional do trabalho.* 2. d. São Paulo: LTr, 1987.

______. *Direito constitucional do trabalho.* Rio de Janeiro: Renovar, 1999.

SÜSSEKIND, Arnaldo; MARANHÃO, Délio; VIANNA, Segadas. *Instituições de direito do trabalho.* 11. ed. São Paulo: LTr, 1991.

TEIXEIRA, Elza Spanó. *Comentários e prática forense da arbitragem.* Leme: Led, 1997.

TEIXEIRA FILHO, Manoel Antonio. *Dissídio coletivo* — curso de processo do trabalho em perguntas e respostas. São Paulo: LTr, 1998. v. 24.

THEODORO JÚNIOR, Humberto. *Curso de direito processual civil.* 18. ed. rev. e atual. Rio de Janeiro: Forense, 1991. v. 1.

VIANNA, José de Segadas. *Greve.* Rio de Janeiro: Renovar, 1986.

ANEXO I

DECISÃO HISTÓRICA ENVOLVENDO O DIREITO DE GREVE PODER JUDICIÁRIO

Justiça Militar Federal
2ª Auditoria da 2ª CJM
São Paulo
Processo n. 9/80 — 5 — Fl. 1

SENTENÇA

1 — Vistos e bem examinados os presentes autos, deles consta que DJALMA DE SOUZA BOM, ENILSON SIMÕES DE MOURA (vulgo "Alemão"), GILSON LUIZ CORREIA DE MENEZES, JOSÉ MARIA DE ALMEIDA, JOSÉ TIMÓTEO DA SILVA, JOSÉ CICOTE, LUIZ INÁCIO LULA DA SILVA, OSMAR SANTOS DE MENDONÇA, RUBENS TEODORO DE ARRUDA, JURACI BATISTA MAGALHÃES, MANOEL ANÍSIO GOMES, NELSON CAMPANHOLO E WAGNER LINO ALVES, foram denunciados como incursos no crime previsto no art. 36, inciso II da Lei n. 6.620/78 — Lei de Segurança Nacional — em virtude dos seguintes fatos narrados na vestibular:

1.1 — A partir de zero hora do dia 1º de abril de 1980, foi deflagrada nesta Capital, na região de Santo André, São Bernardo do Campo, São Caetano, Diadema e outras regiões do Estado, uma greve de trabalhadores nas indústrias metalúrgicas, mecânicas e de material elétrico, pertencentes a diversos sindicatos, a pretexto de melhoria salarial e de outras pretensões trabalhistas, embora sem que tenha sido obedecida a legislação pertinente à greve.

1.2 — Malogradas as negociações diretas com os empregadores, entidades da classe patronal suscitaram perante o Tribunal Regional do Trabalho da 2ª Região um dissídio coletivo, para o estabelecimento da nova convenção coletiva de trabalho daquela categoria profissional, que foi julgado a 1º de abril de 1980, sendo proferida decisão normativa, com vigência de um ano a partir de então (Proc. TRT/SP — 58/80 — A, Acórdãos ns. 1.856/80 e 2.436/80, fls. 5/32 e 47/50).

1.3 — Apesar dessa prestação jurisdicional, o movimento grevista, que aos poucos cessara em outras localidades, persistiu entre os empregados congregados pelos Sindicatos de S. Bernardo, Diadema, Santo André, Mauá, Ribeirão Pires e Rio Grande da Serra.

1.4 — Em consequência, o TRT, a 14 de abril de 1980, julgou um dissídio suscitado pela Procuradoria Regional da Justiça do Trabalho, e declarou a ilegalidade dessa greve, porque "desrespeitou dispositivos legais expressos, não {cessado} com a decisão da Justiça do Trabalho" (Proc. TRT/SP — 64/809, Acórdão n. 2.212/80, fls. 33/46).

1.5 — Com efeito, a Lei n. 4.330/64 estabelece que a greve será reputada ilegal se tiver por fim alterar condição constante de decisão normativa da Justiça do Trabalho, em vigor, salvo se tiverem sido modificados substancialmente os fundamentos em que se apóiem (art. 22, IV); e, ainda que a greve cessará por decisão adotada pela Justiça do Trabalho (art. 25, III).

1.6 — Apesar do novo pronunciamento judicial, a greve prosseguiu nessa localidade, aonde (*sic*) só veio a extinguir-se nos dias 5 e 11 de maio de 1980 (primeiro em Santo André e depois em S. Bernardo do Campo e Diadema).

1.7 — Em todo o evento, os ora acusados, principalmente, assumindo posição destacada na liderança do movimento paredista ilegal, alguns desde o seu nascedouro, sempre insuflaram sua continuidade, aliás, como de modo adrede preparado.

1.8 — INSTIGANDO a categoria profissional metalúrgica dessa região paulista, de cujos sindicatos locais fazem parte, a se manter ilegalmente em greve, particularmente através de seus pronunciamentos nas diversas assembleias realizadas, que cuidavam de manter em permanente convocação, e concitando os grevistas inclusive à prática de piquetes e ao uso de violência até física contra aqueles que não aderiram à paralisação, os acusados incitaram à desobediência coletiva às leis do País, não só no que respeita AO PROSSEGUIMENTO DE UMA GREVE ILEGAL, QUE COMO TAL VEIO A SER JUDICIALMENTE DECLARADA, MAS TAMBÉM QUANTO À PRÁTICA DE UM SEM NÚMERO DE PIQUETES E ATOS LESIVOS A PESSOAS E AO PATRIMÔNIO, tudo como é público e notório, e aos autos noticiam à sociedade, e também com publicações da imprensa e com relatórios de fls. sôbre as aludidas assembleias dos grevistas, aos quais se reporta expressamente a denúncia.

1.9 — Extravasando dos seus pretensos objetivos reivindicatórios até as raias do paroxismo, num flagrante desafio ao Govêrno, às instituições nacionais e às autoridades constituídas, nunca poupadas de constantes e graves ofensas, a greve assim conduzida pelos denunciados atingiu um grau de comprometimento da paz social e da prosperidade nacional (*sic*), haja vista a insegurança que gerou à coletividade e o prejuízo advindo à economia do País, já combalida ante a atual conjuntura mundial, assim como à própria categoria grevista, atentando, dêsse modo, contra a SEGURANÇA NACIONAL, face aos antagonismos criados, por isso que abalados aqueles objetivos nacionais na sua consecução e mantença.

1.10 — Os primeiros denunciados pertencem ao Sindicato de S. Bernardo, e os três últimos a Santo André, constando que o de nome JOSÉ MARIA DE ALMEIDA é militante da "Convergência Socialista", ligada ao trotskismo internacional.

2 — A denúncia foi recebida pelo despacho de fl. 1063 verso, em data de 11 de julho de 1980. Os treze acusados foram regularmente citados, qualificados e interrogados em Juízo, tendo constituído advogados de sua livre escolha, conforme fls. 1235, 1236, 1155, 1205, 1209, 1208, 1203, 1187, 1164, 1178, 1147, 1234, 1121 (pela ordem em que seus nomes constam do item 1 *supra*).

As testemunhas arroladas pelo Ministério Público prestaram depoimento em Juízo às fls. 1251, 1253, 1254, 1258, 1261 e 1262.

Trinta e quatro testemunhas arroladas pelas Defesas depuseram em Juízo, o que consta de fls. 1273/78, 1283/89, 1293/95, 1297, 1305/07, 1312/14, 1318, 1320, 1327, 1329, 1334, 1336, 1344, 1351, 1357, 1360, 1370.

No prazo do art. 427 do CPPM foram requeridas diligências por ambas as partes, e deferidas, conforme fls. 1375, 1377/81, 1382, 1491/1497. Pelo despacho de fls. 1601 o Juízo declarou o processo em condições de receber alegações finais das partes que, entretanto, ao invés de fazê-lo, requereram novas diligências, conforme fls. 1601 verso, 1603 e 1604. Os novos pedidos foram julgados improcedentes pelo despacho de fl. 1609. Novas questões foram suscitadas pelas partes às fls. 1621 e 1622, afinal resolvidas pelo despacho de fl. 1630, que declarou a não ocorrência de cerceamento ao direito de qualquer das partes, sublinhou que todas as questões suscitadas quanto a diligências já tinham sido resolvidas pelo despacho de fl. 1609/1614 (despacho êsse que, aliás, àquela altura, já estava coberto pela preclusão); e chamando o processo à ordem, determinou vista dos autos às partes, no prazo legal, para alegações finais.

3 — As alegações finais do Ministério Público (fls. 1636/1639) afirmam que a denúncia restou provada desde logo pelas declarações judiciais dos próprios acusados; que a região do ABC paulista virara "praça de guerra", quando os grevistas, contrariando as leis vigentes e afrontando uma decisão do TRT, usaram de meios violentos contra operários que não haviam aderido ao seu modo de agir, atentando, dêsse modo, contra a segurança nacional mediante afronta ao TRT e mediante o clima de insegurança e o caos que por alguns dias instalaram naquela região do País; que os fatos foram além de uma simples questão meramente trabalhista, caracterizando-se como atentado político; afinal, requer a condenação de todos os denunciados, como infratores do art. 42, I, II, III e IV do mesmo Diploma, pois entende que os atos praticados pelos acusados podem, também, configurar o crime de propaganda subversiva, conforme entende estar implícito da narrativa vestibular.

4 — As alegações finais do advogado Luiz Eduardo Greenhalg estão às fls. 1642 e seguintes, em nome dos acusados Luiz Inácio da Silva, Rubens Teodoro, Djalma Bom, Osmar Mendonça, Gilson Luiz, Juraci Batista, Nelson Campanholo,

Manoel Anísio e Wagner Lino (total de nove acusados). PRELIMINARMENTE, a Defesa arguiu:

4.1 — Cerceamento de defesa, por ter o Ministério Público, em alegações finais, pedido a condenação dos acusados pelo crime de propaganda subversiva (art. 42, I, II, III e IV da LSN), não se fixando no art. 36, II, conforme a capitulação da denúncia.

4.2 — Ainda como PRELIMINAR, ausência de dado específico, pois o crime de incitamento à desobediência coletiva às leis não abrange a simples desobediência a uma decisão judicial ainda não transitada em julgado; em contrário, porque por tal crime responderiam todos os réus de ações cíveis que, condenados, não cumprissem a sentença, pagando aos seus credores; ou os que, condenados criminalmente, não se apresentassem voluntàriamente à prisão. Entende, assim, a Defesa, que, a sanção para o caso é trabalhista (arts. 722 e parágrafos e 482 letra "i" da CLT).

4.2.1 — Que faltou aos acusados o ânimo pré-deliberado de ofender a segurança nacional;

4.2.2 — Que a greve não podia ser qualificada de ILEGAL porque ainda não havia transitado em julgado a decisão do TRT e, assim, empregados e empregadores poderiam lìcitamente manifestar seu inconformismo quanto a ela.

4.3 — Ainda como preliminar, arguiu a Defesa a incompetência desta Justiça Militar Federal para o processo e julgamento, afirmando que essa arguição, inicialmente ajuizada como exceção, ainda pende de recurso da Defesa ao Supremo Tribunal Federal; nessas condições, seria precipitado decidir-se agora a questão, enquanto não haja manifestação do Supremo Tribunal quanto à questão competencial.

4.4 — No mérito, alega a Defesa, em síntese, buscando a ABSOLVIÇÃO de todos os acusados por quem se manifesta:

4.4.1 — Que não há provas de que a greve visasse substancialmente a molestar a segurança nacional, ou tivesse como objetivo a subversão;

4.4.2 — Que não há prova de que os réus houvessem estimulado a prática de atos que caracterizam crime perante a Lei de Greve (*sic*);

4.4.3 — Que está demonstrado nos autos que, se violência houve (*sic*), deve ser atribuída ao poder público, que reprimiu de modo brutal o movimento, que se comportava pacìficamente;

4.4.4 — Que se ouve piquetes (*sic*), os acusados de promovê-los respondem a processo regular perante a Justiça Federal comum, sendo certo que nenhum dos que aqui figuram como réus foi denunciado como autor material ou intelectual dessas infrações;

4.4.5 — Que em 1979 ocorreram os mesmos fatos — greve, declaração de sua ilegalidade, intervenção do Ministério do Trabalho nos Sindicatos — e nenhuma conduta delituosa foi, na época, atribuída àquelas pessoas; assim, ou o poder público foi criminalmente condescendente em 1979, ou, em 1980, usa de rigor exacerbado; em consequência, a conduta dos acusados em 1980 estaria coberta pelo princípio da não exigibilidade de outra conduta.

5 — As alegações finais dos advogados Paulo Gerab e Idibal Piveta, às fls. 1651 e seguintes, em nome de Enilson Simões, José Cicote, José Timóteo e José Maria de Almeida (total de quatro acusados), assim se resumem:

5.1 — Preliminarmente, que esta Justiça Militar Federal é incompetente para o processo de julgamento, eis que a denúncia e tudo o mais que existe nos autos só fala em greve, e matéria relativa a greve a Constituição Federal manda que seja julgada pela Justiça Federal comum (art. 125, VI);

5.2 — Ainda preliminarmente, que os acusados foram, ao início do inquérito policial, presos sem o devido mandado escrito, o que torna nulo o processo (*sic*);

5.3 — No mérito, que só houve ações reivindicatórias de reajuste salarial; que só houve violência por parte da polícia; que os acusados não praticaram qualquer atentado político, devendo, pois, receber a absolvição, caso não seja acolhida a preliminar de competência de juízo.

6 — Designada a data de hoje para julgamento, as partes produziram alegações orais que abaixo e oportunamente serão mencionadas e apreciadas.

Êsse o relatório, passando o conselho a decidir.

7 — Os FATOS alegados e provados em processo regular e legítimo, em que se garantiram os princípios fundamentais do contraditório penal e da ampla defesa, são típicos para o art. 36, inciso II da Lei n. 6.620/78. Diz a Lei de Segurança Nacional:

> Art. 36. Incitar:
>
> ...
>
> II — à desobediência coletiva às leis.

Na verdade, o mencionado dispositivo, previsto numa Lei Penal especial, especifica determinados comportamentos delituosos (incisos I até VI) em que, estando presentes os elementos subjetivos e objetivos do *tipo especial*, se encontram modalidades específicas do crime previsto no art. 286 do Código Penal comum, subtraídas a êsse Diploma para constituírem infrações penais em que o bem jurídico tutelado é a segurança do Estado e de suas instituições, contra ameaça ou dano de qualquer natureza ou provenientes de qualquer fonte, e qualquer que seja a forma de que se revistam (art. 3º, § 1º da Lei n. 6.620/78).

A simples incitação ao crime, mesmo que desacompanhada de qualquer resultado, vem sendo punida desde o ano de 1810 (Código Francês, art. 293), seguindo-se o Código das duas Sicílias (art. 440) e o Sardo (art. 468), conforme ensina HUNGRIA nos seus *Comentários* (Rio de Janeiro: Forense, 1959). O art. 286 do Código Penal brasileiro teve por fonte o art. 414 do Código Italiano, sobre o qual diz MANZINI que encontra semelhança nos arts. 246 e 247 do Código Italiano de 1889, os quais, por sua vez, provinham dos arts. 469 e ss. do Código Sardo de 1859 e dos arts. 53, "b" e 54 do Código Toscano de 1853 (*Tratt. di diritto pen. ital.* v. VI, p. 129, *apud* FÁVERO, F. *Comentários*).

Na edição de 1959 dos seus *Comentários* (Rio de Janeiro: Forense), Hungria ressalta que no Brasil, "o Código de 1890 incriminava a *provocação de certos crimes contra o Estado*, o mesmo fazendo a Lei n. 4.743 de 1923 (primitiva Lei de Imprensa) e a primeira *Lei de Segurança Nacional* (Lei n. 38, de 4 de abril de 1935)". Acrescenta que, *e no Brasil de 1959*, "a incitação ao crime quando em jôgo o interêsse da ordem político-social, incide na Lei n. 1.802/53, arts. 11, 12 e 15", isto é, a Lei de Segurança do Estado, filha do Congresso Nacional, sob a Constituição ultraliberal de 1946.

Portanto, uma primeira e importante conclusão é a de que o crime de incitamento, QUANDO AMEAÇADA OU LESADA a ordem político-social, é, no Brasil, crime contra a segurança nacional desde muito antes da atual Lei de Segurança, e de todas as que a precederam, a partir da Revolução de 31 de março de 1964. Não é, portanto, criação da atual Lei de Segurança, nem de uma nova doutrina de segurança nacional, nem do regime instaurado em 1964, nem dos seus atos institucionais.

7.1 — E quais são os fatos alegados e provados nos presentes autos? Em suma: líderes da categoria profissional dos metalúrgicos da região do ABC paulista incitaram seus liderados à deflagração de uma greve, quando das negociações do contrato coletivo de trabalho com os empregadores, em 1980; essa greve desatendeu ao estabelecido na Lei n. 4.330, de 1º de junho de 1964. Só com isso, êsses líderes estavam cometendo, em tese, o crime previsto no art. 29, inciso I do mesmo Diploma. Entretanto, o poder público não promoveu, em Juízo, a responsabilidade penal dos infratores. Tolerou os fatos, e por razões que não foram oficialmente divulgadas, mas que são fáceis de se entender, quando se considera a nova conjuntura política nacional, e a realidade de uma sociedade em transformação. As negociações diretas entre empregados e empregadores não chegaram a bom termo, de modo que foi, então, e na forma das leis em vigor no País, ajuizado perante o Tribunal Regional do Trabalho da 2ª Região o respectivo dissídio coletivo, julgado a 1º de abril de 1980.

7.2 — O Acórdão então proferido está às fls. 34/61 dos presentes autos. Ali se historiam os fatos: o malogro das negociações diretas e das gestões conciliatórias da Delegacia Regional do Trabalho em São Paulo; a seguir, por maioria de votos, contra os de onze Juízes que declaravam ilegal a greve já existente, a declaração de não caber ao TRT a apreciação da legalidade daquele movimento grevista e naquele momento.

7.3 — É relevante sublinhar, neste passo, que o Acórdão do TRT, e contra o voto de onze dos seus Juízes, só deixou de se pronunciar quanto à legalidade da greve existente em *1º de abril de 1980* pelas razões constantes de fls. 47 e seguintes, isto é: falta de informações suficientes, nos autos do dissídio, para um juízo seguro sôbre as condições em que a greve havia eclodido; a obrigação legal de estabelecer normas de vigência futura, afastada a qualificação de fato pretérito ou a declaração abstrata de prática faltosa ou ilegal, como que temia o TRT (afirma o Acórdão) antecipar as decisões das instâncias inferiores (as Juntas de Conciliação e Julgamento) nos dissídios individuais, a respeito da configuração de falta grave consistente em PARTICIPAÇÃO EM GREVE ILÍCITA; o entendimento de que a Lei n. 4.330/64 não defere ao PODER NORMATIVO da Justiça do Trabalho a proclamação da legalidade ou ilegalidade de uma greve; afinal, a arguição de que, sendo, nos termos do Decreto-lei n. 1.632/78, as categorias dissidentes, qualificadas de ATIVIDADES ESSENCIAIS, ficou o Judiciário excluído de pronunciar-se sôbre algo que não seja o dissídio coletivo ou a declaração em concreto (de participação de alguém em greve ilegal, e consequente declaração de cometimento de falta grave em matéria trabalhista) nos feitos individuais.

7.4 — Entretanto, a greve não cessou com a prestação jurisdicional referida. E não cessando, tornou-se mais fortemente ilegal, por novas e mais graves razões, como o exprime o Acórdão do TRT à fl. 70: "NO DISSÍDIO ANTERIOR HAVIA UMA GREVE COM REIVINDICAÇÕES SALARIAIS; *NO PRESENTE DISSÍDIO HÁ UMA GREVE CONTRA A DECISÃO DESTE TRIBUNAL."* E prossegue, após a declaração da ILEGALIDADE DA GREVE, fundado em FATO NOVO, que não existia quando do julgamento do primeiro dissídio: "A greve não cessou com a decisão da Justiça do Trabalho, e é ilegal. De outra forma, estaríamos lançando por terra a competência normativa da Justiça do Trabalho. Um órgão do Poder Judiciário passaria a proferir sentenças normativas destituídas de quaisquer características de manifestação judiciária: simples proposta que as partes poderiam aceitar ou recusar. Não é este, certamente, o destino do poder normativo, e é indispensável que o mesmo seja recolocado na devida posição a que foi alçado pela vigorosa torrente jurisprudencial, com apenas um aresto discrepante", isto é, o Acórdão que decidira o dissídio dos metalúrgicos em 1º de abril de 1980, eis que "a questão da legalidade ou ilegalidade da greve veio sendo apreciada em instância coletiva desde a instituição da Justiça do Trabalho; invariàvelmente, êste TRT se pronunciou sôbre a tese, sem nenhum Acórdão discrepante, desde 1941, quando a Justiça do Trabalho foi organizada. O único pronunciamento em sentido contrário foi o ocorrido no processo anterior" (*sic*, fl.73).

7.5 — Com efeito, a Lei n. 4.330/64 estabelece que a greve será reputada ilegal se tiver por fim alterar condição constante de decisão normativa da Justiça do Trabalho em vigor, salvo se tiverem sido modificados substancialmente os fundamentos em que se apóiem (art. 22, inciso IV); e que a greve cessará por decisão adotada pela Justiça do Trabalho (art. 25, II). Parece claro que é neste passo que se inicia o crime contra a segurança do Estado, pois a greve não é mais *greve*, e, sim, manifestação coletiva de desafio a um dos poderes do Estado, e seus instigadores colocam em jôgo — no dizer de HUNGRIA, item 7 *supra* — o "interêsse da ordem político-social".

7.6 — Desde logo, urge desfazer o clamoroso equívoco — sincero ou malicioso, ingenuidade de alguns, cegueira passional de outros, grosseira impostura de quantos mais — consistente na afirmação de que o Acórdão do TRT não tinha força obrigatória porque ainda não transitara em julgado. Êsse argumento, badalado aos quatro ventos pelos incitadores da CONTINUAÇÃO DA GREVE, quer nos microfones das assembleias, quer nas publicações do Sindicato, quer nas declarações à imprensa de personalidades de elevada responsabilidade social, quer em depoimentos judiciais aqui prestados por ilustres testemunhas trazidas pelas Defesas, quer em artigos de jornais; êsse argumento é falso, eis que o art. 899 da Consolidação das Leis do Trabalho estabelece que os recursos terão efeito MERAMENTE DEVOLUTIVO, como, em exposição da matéria, ensina Segadas Viana (*Direito Coletivo do Trabalho*, Revista dos Tribunais, São Paulo, 1972, p. 191): "Das decisões do TRT cabe recurso ordinário para o TST, interposto no prazo de dez dias, não tendo tal recurso EFEITO SUSPENSIVO e, na hipótese de seu provimento, *NÃO HAVERÁ RESTITUIÇÕES*

DE SALÁRIOS PELOS EMPREGADOS QUE JÁ OS TENHAM RECEBIDO DE ACÔRDO COM AS NORMAS DA SENTENÇA". E, mais adiante: "... A SENTENÇA TEM EFICÁCIA IMEDIATA. Pode o TST, entretanto, mediante requerimento fundamentado da parte interessada, suspender a eficácia da sentença do TRT contra a qual foi interposto o recurso, enquanto durar o julgamento do mesmo, o que terá lugar dentro de 60 dias improrrogáveis." Isso, porém, não fêz a direção sindical, e seria um modo legítimo de prosseguir na sua luta "meramente trabalhista".

7.7 — Ao prosseguimento da greve, caracterizando plenamente o desafio ao Poder Judiciário não só pela ação grevista em si mesma, como pela violência de linguagem utilizada nas assembleias e na imprensa, de que os presentes autos dão ampla notícia, em que se procura desmoralizar o TRT, alguns de seus juízes em particular (aqueles que, por serem vogais dos empregados, *TINHAM DE VOTAR* de acôrdo com a VONTADE das lideranças grevistas e, como não o fizeram, passaram a ser publicamente apontados como "traidores de classe" e coisas que tais), bem como o próprio Govêrno (especialmente com relação à intervenção federal no Sindicato de S. Bernardo e destituição de seus diretores) que, por isso, passa também a ser vítima de injúrias públicas e de público desafio, segue-se a adoção, pelas lideranças grevistas, de indisfarçável incitamento também à ação violenta, à ação FISICAMENTE VIOLENTA contra aqueles operários que desejaram retomar (*sic*) ao trabalho. É a ação de "piquetes" contra os "fura-greve". Também neste ponto, é de ressaltar-se, com estranheza, os muitos testemunhos trazidos a êstes autos, por pessoas de elevada responsabilidade social, que afirmam e teimam em afirmar que o movimento grevista foi ABSOLUTAMENTE PACÍFICO. Na verdade, não é o que se pode concluir do que afirma em Juízo, à fl. 1251, o operário que foi constrangido por companheiros de trabalho a se retirar da fábrica, na tarde de 31 de março, e que, com outros operários que residem no Jardim Nice, são impedidos POR PIQUETES de ingressar nos ônibus que vinham buscá-los, como de hábito, para o trabalho, sob ameaça de agressão por parte dos "piqueteiros". Esse operário, que, apesar disso, conseguiu trabalhar alguns dias, acabou cercado, ao sair de sua casa, por cinco "piqueteiros", dos quais um êle reconheceu como empregado da mesma empresa em que trabalha; tentou fugir correndo, em face da atitude agressiva dos que o cercavam, um dos quais investiu contra a testemunha; e acaba fraturando o braço esquerdo, numa queda, durante a fuga para escapar ao piquete. A lesão corporal sofrida pela testemunha está provada pelo laudo de exame de corpo de delito de fl. 872.

Também o operário que depõe à fl. 1253, em Juízo, que tentou retornar ao trabalho depois que a greve foi declarada ilegal, disso foi impedido pela "ação dos piquetes, que paravam os ônibus que habitualmente apanham os operários em suas casas". Afirma que muitos dos "piqueteiros" chegavam "a entrar nos ônibus, dizendo aos seus ocupantes que a opção era descer ou apanhar". Acrescenta a testemunha que, a 29 de abril, quando novamente tentava chegar à fábrica dentro de um ônibus especial, "foi agredido por piqueteiros que pararam o ônibus, constrangeram seus ocupantes a descer e, MUNIDOS DE PORRETES (*sic*), agrediram os ocupantes do ônibus à medida que êles desciam da condução". A testemunha informa que recebeu ferimentos, e o laudo de exame de corpo de delito que se vê à fl. 871 dêstes autos o comprova.

Também o operário que depõe em Juízo à fl. 1254 narra que, após ter sido declarada ilegal a greve, ia para o trabalho no ônibus fornecido pela empresa, mas por dois dias êsse ônibus foi parado por piquetes que impediam o tráfego, entravam nos coletivos e obrigavam os passageiros a descer. Acrescenta que "a 15 de abril o depoente conseguiu chegar à fábrica, mas, ao retornar à casa, no ônibus fornecido pela empresa, um piquete de 80 a 100 pessoas o reteve; alguns piqueteiros entraram no coletivo, e passaram a agredir os operários com palavras de baixo calão e aludindo à situação de 'fura-greve', ocasião em que o depoente foi agarrado por cerca de dez piqueteiros, que o obrigaram a descer do ônibus debaixo de pontapés e tapas; o depoente ficou com a boca sangrando, e a polícia interveio". Essa testemunha reconheceu, entre os agressores, um deles, que foi devidamente identificado e indiciado em inquérito, a prova de que a testemunha realmente sofreu lesões corporais está no laudo de exame de corpo de delito que se vê à fl. 994.

Também manifestam a ilegal violência contra operários que não aceitaram as palavras de ordem de liderança grevista as seguintes provas constantes destes autos, entre outras: a sindicância policial n. 20/80, instaurada pela Delegacia de S. Bernardo do Campo, sôbre o encontro de duas bombas "molotov" nas garagens das residências de dois metalúrgicos, como se vê às fls. 763 e seguintes; os danos praticados no automóvel de outro metalúrgico que não aderiu à greve, conforme fls. 711/760, quando o veículo se encontrava na garagem de sua residência; o bilhete de intimidação, assinado por "Mão de Graxa", à fl. 763, e que demonstra o emprego de tática terrorista contra os que não aderiram às lideranças grevistas; o laudo de exame de corpo de delito apurando lesões corporais graves em outro operário, à fl. 953.

7.8 — Segue-se a violência generalizada, que acaba por transformar a cidade de São Bernardo do Campo em "CAMPO DE BATALHA", segundo informa o JORNAL DO BRASIL de 6 de maio, fl. 599, com amplo noticiário e cobertura fotográfica; do mesmo tipo é manchete do DIÁRIO POPULAR da mesma data, que se vê à fl. 600; o exemplar da FOLHA DE SÃO PAULO de 6 de maio, à fl. 601, anuncia "DIA DE VIOLÊNCIA NAS RUAS DE S. BERNARDO — 54 FERIDOS E VÁRIOS PRESOS"... "ao primeiro jato d'água voaram pedras para todos os lados, a polícia respondeu com bombas (de gás), os cães pastores da PM começaram a latir"... "não adianta jogar bomba, que a gente não volta a trabalhar, gritam metalúrgicos; a tropa de choque corre para todos os lados, a batalha se espalha por vários quarteirões, carros de polícia de todos os tipos passam a alta velocidade, sirenes ligadas, as lojas fecham suas portas. Um cabo da Polícia Militar cai na rua Padre Lustosa, é pisoteado, chutado, pegam o cassetete e enfiam na sua boca"... "às 12 horas e 15 minutos, cantando o Hino da Independência, os metalúrgicos encerram a segunda assembleia do dia e *ENCONTRAM UM CARTAZ NA SAÍDA:* "REUNIÃO DEPOIS DA ASSEMBLEIA PARA PEGAR OS FURA-GREVE". Eis como termina a reportagem da *Folha de S. Paulo* de 6 de maio: "Em São Bernardo do Campo, a greve dos metalúrgicos havia sido transformada numa batalha campal, que ninguém sabe quando nem como vai acabar". Idênticas informações se encontram nas edições de 6 de maio de *Notícias Populares* (fl. 602), *Jornal da Tarde* (fl. 603), este último com ampla cobertura fotográfica à fl. 604. A autoridade policial que cuidou do inquérito policial juntou, ainda, às fls. 998/1004, uma série de fotografias sobre esses distúrbios, que vêm a ser um segundo elemento, além do já mencionado nesta sentença, a caracterizar a

LESÃO da segurança interna, a forte perturbação da paz pública, a natureza político-social do crime de incitamento de que trata a denúncia.

7.9 — A ilegalidade da conduta incitadora da CONTINUIDADE DA GREVE, quando o TRT a declarou ilegal, foi prevista pelo ex-presidente do Sindicato dos Metalúrgicos de S. Bernardo, Luiz Inácio da Silva, e vários outros acusados. As consequências dêsse comportamento foram previstas e queridas — isto é, conscientemente assumidas por êsse e outros acusados. Não há como negar a tipicidade, a antijuridicidade (como acima se demonstra) nem a CULPABILIDADE. É o próprio Luiz Inácio quem, em Juízo, à fl. 1203, confirma as recomendações feitas aos seus liderados para que os "fura-greve" fossem tratados com mais rigor. O exame dos autos mostra o que significou êsse rigor, e também o significado de "mais rigor", como, igualmente, o significado do incitamento do ex-presidente, em plena assembleia, no sentido de que os "fura-greve" são safados, que devem ser tirados dos ônibus em que tentam, furtivamente, ingressar nas fábricas para trabalhar. O mesmo Luiz Inácio confessa, em Juízo, que no 15º dia de greve declarou aos trabalhadores que "A GREVE COMEÇA HOJE", querendo significar com isso que começava um novo estágio da greve, porque o TRT tinha declarado ilegal o movimento e, por isso, forçosamente, a POLÍCIA IRIA ENTRAR EM CENA (*sic*).

7.10 — É o mesmo Luiz Inácio, no mesmo interrogatório judicial de fl. 1203, quem confirma ter declarado numa *assembleia* "que a decisão do TRT declarando ilegal a greve se devia à covardia de três juízes classistas, que ali têm assento"; que havia lugares alternativos para a realização das assembleias caso A POLÍCIA (*sic*) vedasse os lugares habitualmente utilizados (como se viu, Luiz Inácio PREVIU e ACEITOU O RESULTADO PREVISTO de que um nôvo estágio da greve começou quando o TRT declarou o movimento ilegal e, portanto, e só então, e forçosamente, A POLÍCIA IRIA ENTRAR EM CENA).

7.11 — É o mesmo Luiz Inácio, na mesma peça judicial, quem confirma ter dito perante a assembleia da categoria que "NÃO ADIANTA NADA INTERVIR NO NOSSO SINDICATO E DESTITUIR A DIRETORIA; COM A INTERVENÇÃO OU SEM INTERVENÇÃO A LUTA CONTINUA; E A GREVE SÓ VAI ACABAR QUANDO TODAS AS NOSSAS REIVINDICAÇÕES FOREM ATENDIDAS" (*sic*); confira no noticiário do *ESTADO DE SÃO PAULO* de 18 de abril, quando afirmou que "os trabalhadores em greve saberão (*sic*) como agir SEM *A ATUAL DIRETORIA ... QUANDO A DIREÇÃO ORIENTOU O PESSOAL PARA O MOVIMENTO, JÁ INSTRUIU A TODOS SOBRE COMO DEVERIAM AGIR NO CASO DESSA INTERVENÇÃO* (*sic*, noticiário de fl. 460, confirmado pelo acusado no depoimento JUDICIAL de fl. 1203). Declara, mais, que, mesmo preso no DOPS de São Paulo, "mandou diversos recados aos seus companheiros, (que prosseguiam na greve), através de seus advogados, no sentido de que OS PRESOS ESTAVAM BEM E *QUE OS TRABALHADORES CONTINUASSEM FIRMES*" (*sic*).

Eis, ao ver do Conselho, suficientemente fundamentada a tese da adequação da conduta dos líderes do movimento grevista de S. Bernardo, após a declaração de ilegalidade proferida pelo Tribunal Regional do Trabalho (e após os distúrbios da ordem pública que consistem na afronta *coram multis personis* àquela decisão judicial, através do incitamento a que fosse desobedecida, e nos conflitos de rua em que resultou essa conduta), ao crime previsto no art. 36, inciso II, da Lei n. 6.620/78; e, bem assim, fundamentada a antijuridicidade da conduta dêsses líderes, como também sua culpabilidade. O apelo ao princípio da não exigibilidade de outra conduta, que afeta a culpabilidade, feito por uma das Defesas, não encontra respaldo na prova dos autos e, além disso, não demonstrou a Defesa em que se fundamenta para assim argumentar.

Isso posto, passa o Conselho ao exame da situação individual de cada um dos denunciados, para, em seguida, responder aos argumentos trazidos pela Defesa em suas alegações escritas e na sustentação oral, no plenário do julgamento.

8 — LUIZ INÁCIO DA SILVA, interrogatório policial à fl. 187, qualificação e interrogatório judicial à fl. 1203, ex-presidente do Sindicato de S. Bernardo e líder do ilegal incitamento de que tratam estes autos. Além do que acima ficou declarado quanto a êste acusado, há que (*sic*) acrescentar-se o seguinte:

8.1 — A prova da incitação criminosa se encontra nas declarações prestadas pelo acusado em Juízo, em que afirma, entre outras coisas, a autenticidade de diversos boletins distribuídos pela diretoria entre os associados do sindicato, e apreendidos nestes autos, cujos dizeres são de manifesta incitação pública ao desrespeito às leis vigentes no País. Entre êsses, está o de fl. 342, em que os metalúrgicos são convidados para uma assembleia marcada para 22 de abril — portanto, depois da declaração de ilegalidade da greve — em que são assinalados lugares alternativos para a reunião, caso as autoridades públicas tenham interditado os primeiros indicados. Ali se lê: "LULA CONFIA EM NÓS. LÁ DA PRISÃO ÊLE VAI OUVIR NOSSA RESPOSTA: A GREVE CONTINUA. A ORDEM DO LULA É ESSA: LUTAR ATÉ A VITÓRIA."

8.2 — O acusado confirma que, numa assembleia, declarou que o acórdão do TRT, declarando a ilegalidade da greve, foi fruto da covardia de três juízes classistas e, sôbre êste assunto, está já feita a apreciação do Conselho nesta Sentença. A seguir, confirma a cuidadosa preparação do movimento, com a previsão da interferência da fôrça pública, dizendo que "havia lugares alternativos para a realização das assembleias, caso a polícia vedasse os lugares habitualmente utilizados" (*sic*). Confirma, ainda, a frase que lhe é atribuída na 1ª página do jornal ABC de 18 de abril, à fl. 451, em que se vê o acusado diante de numerosa assembleia dizendo: "... Não adianta nada intervir em nosso sindicato ou destituir a diretoria. Com intervenção ou sem intervenção a luta continua. *E A GREVE SÓ VAI ACABAR QUANDO TODAS AS NOSSAS REIVINDICAÇÕES FOREM ATENDIDAS*". (*sic*). Ora, esta prova constante dos autos suscita, logo, uma pergunta, para meditação do próprio acusado e dos que acompanham, com zelosa simpatia, a sua atuação nesses episódios: será que a imposição unilateral da vontade, a exigência de que TODAS as reivindicações sejam atendidas, sob a ameaça de uma greve sem fim, caracterizam a atuação de um verdadeiro líder sindical, de alguém que conhece o sentido da palavra NEGOCIAÇÃO, ou quererá significar apenas um desvario, ou, pior ainda, a tentativa de levar a massa operária a atitudes de extrema e perigosa comoção emocional? A mesma pergunta se torna inelutável diante da afirmação, perante a assembleia, de que "êsses patrões vão ver que, um dia, êles terão que SE AJOELHAR AOS NOSSOS PÉS", conforme está dito, numa das assembleias, pelo coréu Manoel

Anísio Gomes, que atribui tal frase a LULA, e a utiliza para manter a incitação a que seus companheiros insistam na desobediência a todas as leis vigentes (fl. 119 do apenso 2, transcrição de fita magnética que faz parte dêstes autos).

9 — DJALMA DE SOUZA BOM, interrogatório policial à fl. 154, qualificação e interrogatório judicial à fl. 1253.

Tesoureiro do Sindicato de S. Bernardo, êste acusado declara em Juízo que "o interrogando estava advertido, bem como seus companheiros de diretoria, que as leis vigentes proíbem a greve a partir do momento em que a Justiça do Trabalho profira uma sentença normativa; também sabiam que desobediência á segunda decisão (do TRT) podia até constituir um crime de desobediência a uma decisão judicial", mas "permaneceram em greve por entenderem que estavam defendendo seus direitos".

Acrescenta que usou da palavra em diversas assembleias sindicais, E SEMPRE NO SENTIDO DE QUE OS METALÚRGICOS DEVIAM CONTINUAR EM GREVE, inclusive DEPOIS QUE O TRT DECLAROU A ILEGALIDADE DA GREVE.

Eis aí a prova da incitação criminosa cometida pelo acusado. Aliás, a testemunha DE DEFESA que depõe à fl. 1289 confirma que o acusado usou da palavra na assembleia em que foi divulgada a decisão do TRT declarando a ilegalidade da greve; e a TESTEMUNHA DE DEFESA que depõe à fl. 1283, verso, informa que Djalma de Souza Bom foi um dos líderes que fizeram uso da palavra em assembleia realizada na matriz de S. Bernardo — portanto, depois da declaração de ilegalidade da greve pelo TRT — "transmitindo à categoria a mensagem de que a greve continuaria até que houvesse a reabertura das negociações".

10 — ENILSON SIMÕES DE MOURA, interrogatório policial à fl. 217, qualificação e interrogatório judicial à fl. 1236.

Em Juízo, declara êste acusado que era membro da comissão de salário de S. Bernardo e que, depois da decisão do TRT, "usou da palavra em algumas assembleias ... no sentido de que as leis eram injustas porque, em sua maioria, vindas de uma ditadura" ... "agente (*sic*) dizia aos trabalhadores o que era a lei, o que tinha ficado decidido no TRT, e os trabalhadores decidiam continuar a greve, sem necessidade de que alguém mandasse a greve continuar".

10.1 — Há que ressaltar, aqui, em primeiro lugar, a confissão do crime de incitamento imputado ao acusado: êle defendia a tese da injustiça da maioria das leis; explicava que o TRT decidira com base em tais leis e, com isso, os trabalhadores decidiam prosseguir na greve. Eis, claro, o incitamento. Em segundo lugar, há que (*sic*) ressaltar-se que o acusado tenta valer-se, nêsse trecho da tese — aliás esposada em alentados artigos da imprensa, nos últimos dias, e jocosamente enunciada em Juízo pela testemunha que depõe à fl. 1287, que chega a afirmar que, nas assembleias, todos decidiam ao mesmo tempo pela continuação da greve, sem necessidade de atuação das lideranças. Essa tese é manifestamente falsa, e lembra a ideia que determinados liberais, e também marxistas, abraçam, no sentido de afirmar que a existência de elites é uma anomalia social. Como lembra João Camilo de Oliveira Torres em *A Ideia Revolucionária no Brasil* (Ibrasa — MEC — INL, 1981), "há um falso conceito de liberdade e igualdade, que dominou em muitos meios (inclusive no marxismo inicial, mas que Lenine, com realismo genial, soube afastar), segundo o qual a abolição do poder seria o termo natural da História e, principalmente, o objetivo das nossas ações"; ora, "a democracia não é ausência de elites, mas o govêrno de elites políticas consentidas (liberdade) e de elites permeáveis e não opressoras (igualdade)". Aliás, o próprio ex-presidente do Sindicato de S. Bernardo, nestes autos, demonstra, sem o saber, que não é possível o autogoverno das massas, nem a ausência de dirigentes, de condutores, de organizadores, de detentores de PODER: no seu depoimento em Juízo, Luiz Inácio afirma claramente que A DIREÇÃO (do Sindicato) foi quem orientou "o pessoal para o movimento, instruiu a todos sôbre como deveriam agir no caso dessa intervenção"; e, numa entrevista registrada pelo jornal *O Estado de S. Paulo*, à fl. 438, edição de 13 de abril, tentando explicar o término da greve em São Caetano, afirma que, lá, a "greve acabou porque a entidade sindical de S. Caetano não havia organizado a categoria".

10.2 — Mais adiante, no mesmo interrogatório judicial, o acusado Enílson confessa que, depois da intervenção federal no sindicato, manifestou-se em outras assembleias, no sentido de que "a greve continuava sendo justa e necessária". O revolucionarismo desse acusado vai ao ponto de afirmar em Juízo — e isso é, sem dúvida, subversivo — que até mesmo uma decisão do Tribunal Superior do Trabalho, julgando o recurso das partes contra a decisão do TRT, também deveria sofrer o prévio exame da assembleia sindical, que sôbre êle "tomaria posição" (fl. 1236).

10.3 — O acusado ENILSON é, sem dúvida, o "alemão" mencionado em diversos episódios da atividade delituosa aqui apurada, não obstante possa haver outras pessoas, no Sindicato de S. Bernardo, com o mesmo apelido. Disso está convencido o Conselho. É o que demonstram, por exemplo, várias das testemunhas de Defesa aqui ouvidas, que não conheciam ENILSON como EMÍLSON: era não apenas um "alemão", mas "O ALEMÃO" (o deputado Ulisses Guimarães, em seu longo depoimento, a êle se refere duas vêzes como sendo "O ALEMÃO"; o senador Orestes Quércia se refere ao "líder sindical 'Alemão'", por vezes, e sem dúvida se refere a Enilson, pois as referências estão no trecho em que a testemunha narra justamente a prisão dêsse acusado, tal como é narrada pela testemunha de fl. 1277 (deputado Fernando Morais). Afinal, o senador Teotônio Vilela, à fl. 1367, menciona também "ENILSON SIMÕES, O ALEMÃO". Os dois primeiros depoimentos mencionados estão às fls. 1358 e 1360.

10.4 — É, sem dúvida, ao mesmo "ALEMÃO" que se refere a testemunha que depõe à fl. 1254, quando, aliás, na parte em que responde às perguntas da defesa, esclarece que, ao passar defronte à fábrica onde trabalhava, no momento em que ali se realizava uma reunião ou comício, presenciou um ativista a distância, portando um megafone, o qual estava "meio brabo" (*sic*) e afirmava que DEVIA SER IMPEDIDA A ENTRADA DOS FURA-GREVE. Nessa ocasião, um companheiro do depoente lhe disse que "aquele era o tal de ALEMÃO" (*sic*). Eis, sem dúvida, mais uma prova da atividade delituosa dêsse acusado que, aliás, também foi indiciado em inquérito policial no 1º Distrito de Santo André (fl. 928) como integrante de um piquete que agrediu e causou lesão corporal num operário, por certo um "fura-greve".

10.5 — Além de tudo isso, também a testemunha de defesa que depõe à fl. 1283 verso afirma, em Juízo, recordar-se de que ENILSON SIMÕES DE MOURA foi um dos que fêz (*sic*) uso da palavra na matriz de S. Bernardo (portanto, depois de declarada a ilegalidade da greve) transmitindo à assembleia a mensagem de que a greve continuaria ATÉ QUE HOUVESSE A REABERTURA DAS NEGOCIAÇÕES.

11 — GILSON LUIZ CORREIA DE MENEZES, interrogatório policial à fl. 203, qualificação e interrogatório judicial à fl. 1155.

Com êsse acusado foram apreendidos (fl. 209) os documentos que se vêem às fls. 211, 212, 214 e 215.

A prova do crime se faz, quanto a êste acusado, com o simples exame do documento de fl. 215, contendo um texto que êle declara em Juízo ter lido durante a assembleia do dia 26 de abril, e assim fêz por concordar inteiramente com a mensagem transmitida: "POSSO GARANTIR A VOCÊS: LULA, NA PRISÃO, ESTÁ ANIMADO COM A NOSSA DECISÃO DE CONTINUAR A LUTA ATÉ A VITÓRIA. VOLTAR A TRABALHAR AGORA É TRAIR LULA E OS DEMAIS COMPANHEIROS QUE ARRISCARAM A PELE POR NÓS ... A GREVE PODE DURAR 40, 60 OU 100 DIAS. *SÓ VOLTAREMOS AO TRABALHO COM A VITÓRIA GARANTIDA*".

Também a êsse acusado se refere a testemunha de Defesa que depõe à fl. 1283 verso, apontando-o como um dos oradores que, na matriz de S. Bernardo — portanto, depois de declarada a ilegalidade do movimento —, transmitiu a mensagem de que a greve continuaria até que houvesse a reabertura das negociações.

12 — JOSÉ MARIA DE ALMEIDA, interrogatório policial à fl. 93, qualificação e interrogatório judicial à fl. 1205.

Em Juízo, declara êsse acusado que, depois de declarada ilegal a greve, usou da palavra em algumas assembleias, em Santo André, para "ressaltar que a legislação vigente não atende às necessidades dos trabalhadores". Confessa, pois, ter colocado, pelo menos, a premissa cuja conclusão necessária, no clima em que os fatos se desenrolavam, é um claro incitamento à desobediência coletiva ilegítima. Declara-se, ainda, membro da notória entidade subversiva "Convergência Socialista", sendo relevante considerar-se, não como prova que sirva, por si mesma, à condenação do acusado, mas como indício de sua real posição em meio ao ativismo político subversivo reinante, que êle chegou a cursar estudos universitários, mas, sob a alegação de "dificuldades de horário e econômicas", dedica-se à profissão de metalúrgico, evidentemente deslocado, portanto, de sua capacitação intelectual ... .

No depoimento policial de fl. 93, que não foi retificado em Juízo, esclarece o acusado ter participado de vários piquetes "para distribuir panfletos e explicar a situação", o que fêz até depois da declaração de ilegalidade da greve (até 17 de abril de 1980), incidindo, portanto, na conduta punível.

Relevante, ainda, quanto a êsse acusado, é o depoimento judicial que se vê à fl. 1209, em que um dos metalúrgicos envolvidos no processo informa que José Maria de Almeida era um dos "militantes da Convergência Socialista que também eram metalúrgicos, e atuaram durante a greve fazendo discursos em assembleias e distribuindo panfletos".

São suficientes êsses elementos de convicção para se julgar procedente a ação quanto a êsse acusado.

13 — OSMAR SANTOS DE MENDONÇA, interrogatório policial à fl. 946, com aditamentos às fls. 799 e 817; qualificação e interrogatório judicial à fl. 1187.

No depoimento judicial, êsse acusado declara que era "porta-voz da Comissão de Salário perante as assembleias" e que, após o TRT declarar ilegal a greve, discursou diversas vêzes, em assembleias, defendendo a ideia de que "as negociações com os empregadores deveriam ser retomadas"; esclarece que, no dia seguinte ao da aludida decisão do TRT, usou da palavra perante a assembleia grevista afirmando "que a categoria DEVIA PERMANECER EM GREVE, APESAR DAQUELA DECISÃO". Acrescenta que concordou plenamente com a redação e distribuição do documento apreendido à fl. 820, em que se lê "GUERRA É GUERRA... PREPAREM--SE PARA A LUTA PROLONGADA", em que é manifesta a incitação delituosa. Afinal, a testemunha de Defesa, cujo depoimento está à fl. 1283 verso, acaba por incriminar êsse acusado, indicando-o como um dos oradores que, na matriz de S. Bernardo (portanto, em momentos de flagrante delito), afirmava que a greve continuaria até que houvesse reabertura de negociações.

O conjunto dos fatos resumidos nesta Sentença é no sentido de se crer na notícia estampada na edição de 6 de maio do *Jornal do Brasil*, à fl. 599 (embora o acusado a desminta no seu depoimento judicial), dizendo: "O líder sindical OSMAR MENDONÇA convocou piquetes para hoje de madrugada, aconselhando até o uso da violência para impedir a volta ao trabalho." A atuação proeminente dêsse acusado durante as assembleias, especialmente quando os membros da antiga diretoria foram afastados dos cargos pela intervenção federal, e presos, é declarada em Juízo por várias e eminentes testemunhas trazidas pela Defesa, que narraram os lances da sua prisão, no interior da Matriz de S. Bernardo, quando o movimento sedicioso já definhava.

14 — RUBENS TEODORO DE ARRUDA, interrogatório policial à fl. 180, qualificação e interrogatório judicial à fl. 1164.

Êsse acusado declara, em Juízo, que assumiu, "de fato", a presidência do Sindicato de S. Bernardo, após a intervenção federal, em seguida à prisão de Luiz Inácio. Diz que a "direção" havia preparado uma "ESCALA DE SUBSTITUIÇÕES" para o caso de impedimento de todos os diretores efetivos. Só isso mostra, claramente, e mais uma vez, a plena consciência de toda a diretoria afastada quanto à antijuridicidade da conduta assumida, e, também, não deixa dúvida, uma vez mais, quanto à culpabilidade de cada um dos que participaram dêsses fatos.

Acrescenta o acusado, ainda em Juízo, que, até ser preso, por volta de 24 de abril (quando foi substituído por NELSON CAMPANHOLO, na execução do referido esquema de substituição de lideranças), era "O RESPONSÁVEL PELAS AÇÕES E ATITUDES DO SINDICATO"; quanto ao relatório policial de fl. 978, informa que "realmente se manifestou a respeito de fatos ali constantes" (*sic*), negando a parte do relatório que o aponta como incitador de violências contra os "fura-greve". A parte dêsse relatório, que o acusado não nega em Juízo, também o incrimina, eis que relata o claro incitamento delituoso consistente em dizer à assembleia PORQUE A GREVE DEVERIA CONTINUAR, bem como nas instruções que transmitiu aos seus ouvintes sôbre os lugares sucessivos que deveriam servir de palco às ilegais assembleias, caso os já utilizados viessem a ser vedados pela polícia. Eis aí como se demonstra sua coparticipação no incitamento delituoso.

15 — JURACI BATISTA MAGALHÃES, interrogatório policial à fl. 788, qualificação e interrogatório judicial à fl. 1172.

Relevantes, quanto a êsse acusado, são os documentos apreendidos em seu poder, às fls.794/797, em especial o de fl. 795/6, que êle declara em Juízo ser um texto de sua autoria, que mais tarde se tornou um boletim do Sindicato, entre os muitos que circularam durante a greve. Afirma êsse documento, entre outras coisas: ESTAMOS EM GUERRA PROLONGADA. OBRIGARAM O TRT A SE REUNIR E A JULGAR DE NOVO (*SIC*); MESMO ASSIM CONTINUAREMOS FIRMES. O incitamento delituoso é manifesto.

Ainda em Juízo, o acusado confessa que era membro da diretoria "de fato" do Sindicato, tendo atuado como APRESENTADOR DAS ASSEMBLEIAS, E QUASE SEMPRE DESTACADO PARA FAZER O ENCERRAMENTO DELAS, isso depois que os diretores efetivos foram afastados. No apenso n. 2, encontram-se outras provas a incriminar êsse acusado, em degravações (*sic*) de seus pronunciamentos nas aludidas assembleias.

À fl. 110 (apenso 2), encontram-se, no discurso do acusado à assembleia, a frase ... "E VAMOS FICAR 50, 60, 80 DIAS EM GREVE, SE PRECISO FOR". Em juízo, êle se manifesta em especial sôbre essa degravação (*sic*), que vai da fl. 109 à fl. 112, sem excluir a autoria de tal incitamento. O mesmo se pode dizer do trecho degravado (*sic*) à fl. 128/131: "NÓS *NÃO* VAMOS COLOCAR EM VOTAÇÃO O FINAL DA GREVE. NÃO TEMOS NADA COM SANTO ANDRÉ (cujo sindicato havia encerrado a greve) ... *A NOSSA GREVE VAI CONTINUAR (APLAUSOS)*. Eis ai não só o incitamento delituoso, mas a resposta cabal a todos os que acreditam, ou fingem acreditar, ou pensam acreditar, que as assembleias decidem livremente, em uníssono, sem necessidade de lideranças, impondo a *volonté générale* aos dirigentes que o seriam apenas nominais...

16 — MANOEL ANÍSIO GOMES, interrogatório policial à fl. 830, qualificação e interrogatório judicial à fl. 1147.

Depondo em Juízo, o acusado se declara membro da comissão de salário. Esclarece que, após a primeira decisão do TRT (sobre o dissídio salarial), os metalúrgicos receberam explicações do seu advogado Almir Pazzianotto Neto sôbre os efeitos da decisão. É de presumir-se que êsse conceituado advogado e deputado estadual tenha cumprido com rigor o seu dever profissional. Mesmo assim, porém, diz o acusado, ... "A CATEGORIA REJEITOU A DECISÃO DO TRIBUNAL" (*SIC*!).

Nêsse depoimento judicial do acusado, em que há referências expressas à degravação (*sic*) de seus pronunciamentos em assembleias, há prova cabal de sua conduta delituosa, bastando que se destaque o trecho constante de fl. 234, que êle não nega tenha pronunciado, dirigindo-se a uma das assembleias: "OS COMPANHEIROS QUE ESTÃO PRESOS NO DOPS (eram os membros da diretoria que acabara de ser destituída pela intervenção federal) PODEM TER A CERTEZA QUE JAMAIS OS TRABALHADORES METALÚRGICOS DE SÃO BERNARDO E DIADEMA TRAIRÁ (*sic*) AQUILO QUE FOI DECIDIDO NO DIA 1º DE ABRIL."

Recordando: 1º de abril é a data do julgamento do dissídio salarial, tendo a "categoria" decidido... rejeitar a decisão do TRT, como está dito acima.

Ainda em Juízo, o interrogando se declara participante da reunião de diretoria que EFETUOU (*sic*) alguns panfletos apreendidos nestes autos, entre os quais o de fl. 933, onde se lê: "A LUTA CONTINUA. É HORA DE AVANÇAR, É HORA DE IR ÀS RUAS E CONQUISTAR AS PRAÇAS."

Tanto basta para se ter como procedente a ação.

17 — NELSON CAMPANHOLO, qualificação e interrogatório judicial à fl. 1234.

Êsse acusado, 1º Secretário do Sindicato de S. Bernardo durante o movimento sedicioso, declara em Juízo que usou da palavra em diversas assembleias, "sempre para apresentar os oradores que iriam falar e para recomendar que os trabalhadores retornassem às suas casas em ordem e tranquilidade". Acrescenta que PRESIDIU AS ASSEMBLEIAS, EM S. BERNARDO, A PARTIR DE 22 DE ABRIL, QUANDO LULA E OUTROS DIRETORES FORAM PRESOS. Portanto, está confessado em juízo o comportamento delituoso.

Foi êsse acusado quem leu para a assembleia a mensagem incitatória que Luiz Inácio mandou da prisão em que se achava. Embora o acusado diga, em juízo, que "não se recorda" (*sic*) de tê-lo feito, é certo que Lula mandou tal mensagem, como se viu acima. Ora, era Nelson Campanholo quem presidia as assembleias depois da prisão de Lula, como êle próprio declara em juízo. Como se tanto não bastasse, lê-se, à fl. 334, uma informação do serviço de rádio-escuta do DOPS, que a Rádio Eldorado transmitiu no seu jornal-falado das 22 horas, em 26 de abril, no sentido de que NELSON CAMPANHOLO CONCLUIU A ASSEMBLEIA COM UMA MENSAGEM DE LUIZ INÁCIO DA SILVA... ONDE O EX-PRESIDENTE DO SINDICATO DIZIA... *E QUE ÊLE ESPERAVA QUE OS METALÚRGICOS PROSSEGUISSEM NO QUE HAVIAM INICIADO.*

Tanto basta para que se tenha como provado o crime.

18 — WAGNER LINO ALVES, qualificação e interrogatório judicial à fl. 1121.

Êsse acusado se declara, em juízo, membro da comissão de salário e se refere às degravações dos pronunciamentos que fêz em assembleias realizadas já na fase de infração à segurança nacional.

O trecho do seu discurso, à fl. 212 do apenso 2, "que, no seu conjunto, reproduz o que foi dito pelo interrogando" (*sic*), e vai até a fl. 219, contém, à fl. 215, a expressão: "NÓS VIEMOS DIZER QUE NÓS TEREMOS QUE NOS MANTER MAIS FIRMES DO QUE NUNCA, AGORA".

Na degravação que está às fls. 236/239 do apenso 2, reconhecida e autenticada pelo próprio acusado, em juízo, lê-se: PARA CADA UM QUE FOR PRESO, OUTROS SUBIRÃO PARA TOMAR A PALAVRA, OUTROS SUBIRÃO PARA ORIENTAR A MASSA.

Quanto aos boletins apresentados às fls. 617, 820, 933 e 815/816, todos êles veículos de incitação delituosa, diz o acusado, em Juízo, que foram produzidos pela direção do sindicato e pela comissão de salários "que contou com a participação do interrogando" (*sic*).

É o suficiente para, também quanto a êsse acusado, declarar-se procedente a ação.

19 — Quanto a JOSÉ TIMÓTEO DA SILVA (interrogatório judicial à fl.1209, em que nega a imputação, bem como os fatos que o inquérito policial lhe atribui, afirmando que uma vez usou da palavra em assembleia, após as decisões do TRT, mas sem tocar na questão do prosseguimento ou do término da greve; e nada mais tendo sido apurado na instrução criminal); e quanto a

20 — JOSÉ CICOTE (interrogatório judicial à fl. 1208, em que também se exime de qualquer responsabilidade ou participação na conduta delituosa dos demais, nada mais tendo sido apurado na instrução criminal), tanto assim que o próprio Ministério Público, em plenário de julgamento, pede Justiça para ambos, entende o Conselho não haver prova suficiente para julgar procedente a ação quanto a ambos.

21 — Os argumentos trazidos pelas Defesas em suas alegações finais estão, ante o exposto, já inteiramente respondidos, eis que analisados e decididos pelo Conselho os problemas da competência, da tipicidade, da antijuridicidade e da culpabilidade. A preliminar do Dr. Idibal Piveta, quanto à nulidade do processo por falta de ordem escrita de prisão quando foram detidos, na fase do inquérito policial, os primeiros indiciados, carece de fundamento legal. Uma ilegalidade cometida na fase do inquérito jamais pode atingir o processo, que é coisa bem diversa. Aliás, todos os acusados responderam ao processo em liberdade, garantindo plenamente o contraditório penal e a ampla defesa.

22 — Urge, agora, que o Conselho se pronuncie sôbre o lamentável incidente provocado pelos Senhores Advogados que atuam nestes autos. Em data de 16 de fevereiro foi designada a data de 19 do mesmo mês para o julgamento, conforme fl. 1667 verso. O Dr. Ayrton Esteves Soares, que, em companhia do Dr. Luiz Eduardo Greenhalg, patrocina a defesa de nove acusados, entrou em juízo com a petição de fl. 1669, solicitando o adiamento do julgamento, alegando que o Dr. Greenhalg houvera, anteriormente, assumido compromissos profissionais para a mesma data. Nessa petição, também assinada pelo Dr. Paulo Gerab, que, em companhia do Dr. Idibal Piveta, patrocina a defesa dos restantes quatro acusados, está afirmando que "cessa o impedimento da Defesa no próximo dia 20, o que possibilita o atendimento de qualquer designação de data que venha a ser fixada por êste juízo".

23 — Pelo despacho de fl. 1671 verso, o juízo atendeu, de imediato, ao pedido de defesa, adiando o julgamento, despacho datado de 17 de fevereiro. Só a 23 DE FEVEREIRO (fl. 1672), o juízo despachou novamente nos autos, designando o dia de hoje, 25 de fevereiro, para o julgamento, atendendo, portanto, à solicitação e ao COMPROMISSO firmado pelos referidos advogados, de que estariam disponíveis a partir de 20 DE FEVEREIRO, para atender à notificação para QUALQUER DATA.

24 — Dessa nova designação foram os advogados notificados no mesmo dia 23, pela manhã (fl. 1672 e verso).

25 — A 24 de fevereiro, entraram todos os advogados com petição de fls. 1675/77, em que NOVAMENTE pedem o adiantamento do julgamento, desta vez alegando que, tendo sido informados pessoalmente pelo Juiz Auditor das medidas

de proteção à Auditoria e às pessoas envolvidas no julgamento, solicitadas pelo juízo ao Comando do II Exército, se julgam INSUFICIENTEMENTE INFORMADOS quanto às medidas de segurança a serem adotadas (item 4 da petição)!

26 — Alegam, mais, que as restrições "QUANTO AO INGRESSO DE FAMILIARES DOS ACUSADOS E *DEMAIS INTERESSADOS* À SESSÃO DE JULGAMENTO, BEM COMO O APARATO POLICIAL... GERAM PARA A DEFESA INARREDÁVEL INTRANQUILIDADE, QUE RESULTA EM INSEGURANÇA PROFISSIONAL E ... *CERCEAMENTO DE DEFESA*! Não satisfeitos, requerem: designação de nova data para o julgamento; designação de OUTRO LOCAL MAIS APROPRIADO; que as normas de segurança para o julgamento não impliquem em cerceamento do exercício profissional; que tais normas sejam DETALHADAS EM PORTARIA!

27 — Ouvido o Ministério Público (fl. 1678), decidiu o juízo, pelo despacho de fl. 1678 verso, aguardar a abertura da sessão do Conselho Permanente da Justiça, para que a questão fôsse levantada — e se fôsse o caso — como questão de ordem.

28 — Hoje, aberta a sessão, verificou-se a lamentável atitude dêsses profissionais que, simplesmente, não compareceram à audiência, atitude em que foram seguidos por todos os acusados, apesar da legal intimação.

29 — Ao Conselho não restou outro dever senão o de declarar revéis todos os acusados, visto como a notificação feita a seus advogados, estando aqueles soltos, é válida também para êles, e foi realizada com a antecedência exigida em Lei (art. 288, § 2º e art. 291 do CPBM). O senhor Presidente do Conselho nomeou curador dos réus o Dr. Paulo Rui de Godoy, Advogado de Ofício, que sustentou as razões já trazidas aos autos pelas Defesas, acrescentando os argumentos que bem lhe pareceram, devendo ficar registrado que o Doutor Advogado de Ofício já houvera estudado os autos dias antes, por solicitação do Juiz Auditor, e como lhe compete.

30 — A petição dos advogados, à fl. 1675, e a atitude que a seguir tomaram, é, sem dúvida, uma afronta a êste órgão judiciário, e o Conselho não pode fugir ao dever de declarar, em alto e bom som, o que entende devido. É manifesto que os Senhores Advogados se conluiaram com os "grupos de pressão" e, até, de "fiscalização", que há longo tempo, no País e no exterior, vêm prometendo — ou ameaçando — transformar o julgamento deste processo numa convenção de partido político e num ato de desafio às autoridades constituídas. As reiteradas notícias de intensa mobilização de alguns conhecidos ativistas políticos e de considerável massa popular, diariamente bombardeada por artigos, entrevistas e pronunciamentos deformadores da realidade dos fatos, para que aqui comparecessem no dia do julgamento, e vindo até do exterior, levaram o Juízo, no estrito cumprimento do seu dever legal, a solicitar a devida proteção a todas as pessoas envolvidas no processo, às pessoas que residem nas proximidades da Auditoria, ou que por aqui transitam, em elevado número, diàriamente. Isso, entretanto, não atendeu aos desejos inconfessos dos senhores advogados — entre os quais há alguns políticos em franca atividade captadora de prestígio popular — que, simplesmente, não concordam que seja limitado o número de pessoas a ingressar no recinto do julgamento — ONDE SÓ HÁ 37 ASSENTOS DISPONÍVEIS, DESDE QUE ESSA AUDITORIA AQUI FUNCIONA, E COMO É SABIDO PELOS ADVOGADOS E POR TODOS QUE CONHECEM AS INSTALAÇÕES DESTA AUDITORIA HÁ LONGOS ANOS — porque

fica prejudicado o ingresso não tanto de familiares (que tiveram garantido o seu ingresso, embora em número limitado aos lugares disponíveis) e, principalmente, porque fica IMPEDIDO O INGRESSO DOS *DEMAIS INTERESSADOS* (*sic*, petição de fl. 1676), isto é, daqueles que não são parentes, não são advogados constituídos na causa, não são representantes da imprensa (que aqui se acham em número suficiente para reportarem, na inteireza da sua consciência profissional, os acontecimentos desta tarde), mas são ... OS DEMAIS INTERESSADOS, como, por exemplo, os que chegaram a iniciar, na manhã de hoje, uma tentativa de arregimentação popular, na Praça da Sé, para uma marcha até o prédio da Auditoria. Os argumentos constantes da petição de fl. 1675 não merecem a consideração do Conselho, porque tornam evidente que, no momento em que o redigiram e o assinaram, aqueles advogados NÃO ERAM ADVOGADOS.

31 — Isto posto, decide o Conselho, por unanimidade de votos, julgar procedente a ação quanto aos seguintes acusados, incursos no art. 36, inciso II da Lei n. 6.620/78, que ficam condenados às seguintes penas de reclusão: DJALMA DE SOUZA BOM, 3 anos e 6 meses; LUIZ INÁCIO DA SILVA, 3 anos e 6 meses; ENILSON SIMÕES DE MOURA, 3 anos e 6 meses; RUBENS TEODORO DE ARRUDA, 3 anos e 6 meses; JOSÉ MARIA DE ALMEIDA, OSMAR SANTOS DE MENDONÇA, JURACI BATISTA MAGALHÃES, MANOEL ANÍSIO GOMES e GILSON LUIZ CORREIA DE MENEZES, 2 anos e 6 meses cada um; NELSON CAMPANHOLO e WAGNER LINO ALVES, 2 anos a cada um. As penas foram fixadas com atenção ao art. 69 do CPM, considerando-se a posição de maior ou menor destaque dos sentenciados na realização da conduta delituosa, conforme o que ficou declarado nesta Sentença, no exame individual dos casos.

32 — Os réus ora condenados têm direito ao benefício de apelar em liberdade, nos termos do art. 527 do CPPM; entretanto, sua ausência, bem como a de seus advogados constituídos, impedindo que sejam intimados da Sentença — e, assim, dela possam apelar, permanecendo livres até o julgamento do recurso pela superior instância —, impede que, desde logo, o benefício lhes seja dado. Assim, determina o Conselho sejam expedidos, contra os condenados, os devidos mandados de prisão.

33 — Ainda por unanimidade de votos, o Conselho decide absolver JOSÉ CICOTE e JOSÉ TIMÓTEO DA SILVA, por insuficiência de provas, e na forma da manifestação do Ministério Público em plenário de julgamento.

P.R.C.

Sala das Sessões do Conselho Permanente de Justiça do Exército, aos 25 de fevereiro de 1981.

Ten. Cel. João Batista Tavares de Meireles — Presidente

Cap. Flávio Mauler — Juiz

Cap. Reynaldo Richetti — Juiz

Ten. Lúcio Flávio Lopes — Juiz

Nelson da Silva Machado Guimarães — Juiz Auditor

Anexo II

Decisão do STF sobre a Greve no Serviço Público

Voto Vencedor

7.6.2006 Tribunal Pleno

Mandado de Injunção 712-8 Pará

Relator: Min. Eros Grau

Impetrante(s): Sindicato dos Trabalhadores do Poder Judiciário do Estado do Pará — Sinjep

Advogado(a/s): Eduardo Suzuki Sizo e outro(a/s)

Impetrado(a/s): Congresso Nacional

RELATÓRIO

1. O SENHOR MINISTRO EROS GRAU: O Sindicato dos Trabalhadores do Poder Judiciário do Estado do Pará impetra mandado de injunção, com o objetivo de dar efetividade à norma inscrita no art. 37, inciso VII, da Constituição do Brasil.

2. Sustenta, preliminarmente, ser parte legítima para ajuizar o presente *writ*, em consonância com a jurisprudência desta Corte. No tocante ao mérito, aduz que a mora do Congresso Nacional em regulamentar o preceito constitucional relativo ao direito de greve no serviço público impede o seu exercício pela categoria.

3. Conforme exposto na inicial, a entidade sindical impetrou mandado de segurança contra ato da Presidência do Tribunal de Justiça do Estado do Pará, para

que se aprove a revisão anual de remuneração dos servidores. Alega o Impetrante que a greve parcial foi desencadeada porque não houve apreciação da referida ação.

4. O Impetrante ressaltou ainda que, sem prévia comunicação e em desacordo com pedido da categoria que solicitava o reajuste de 105%, o Pleno do Tribunal de Justiça do Pará publicou a Resolução n. 9/04, mediante a qual foi concedido aos servidores o aumento salarial de 9%. Após a declaração de ilegalidade da greve, a direção do TJ/PA determinou a suspensão dos pontos e desconto dos dias parados.

5. Requer seja concedida autorização aos filiados do Sindicato Impetrante para que se utilizem da Lei Federal n. 7.783/89, que rege o direito de greve na iniciativa privada, até o advento da norma regulamentadora.

6. Solicita ainda seja julgada procedente a ação e, declarada a omissão do Poder Legislativo, seja determinada a supressão da lacuna legislativa, mediante a regulamentação do direito de greve no serviço público. Pede, ao final, seja reconhecido o direito de greve.

7. Em 17 de setembro de 2004 indeferi o pedido de medida liminar sob o fundamento de ser este incompatível com o mandado de injunção e determinei fossem solicitadas informações ao Presidente do Congresso Nacional, assim como aberta vista à Procuradoria Geral da República.

8. Nas informações prestadas pelo Presidente do Congresso Nacional está consignado que se encontram em tramitação naquele órgão legislativo projetos destinados à regulamentação da matéria (fls. 66/71).

9. A Procuradoria Geral da República, às fls. 132/135, ao fundamento de que casos semelhantes foram apreciados pelo Pleno desta Corte (MIs 485/MT, Ministro Maurício Corrêa, DJ 23.8.2002; 585/TO, Ministro Ilmar Galvão, DJ 2.8.2002; 20/DF, Ministro Celso de Mello, DJ 22.11.1996), manifesta-se pelo conhecimento parcial do *writ,* tão somente para declarar a mora legislativa do Congresso Nacional no que concerne à regulamentação do inciso VII do art. 37 da Constituição do Brasil.

10. Solicitei do Congresso Nacional a remessa, ao meu gabinete, dos textos dos projetos de lei mencionados em suas informações de fls. 66/71, que examinei. Esse exame informou a construção do conjunto normativo a que farei alusão ao final do meu voto.

É o relatório, do qual deverão ser extraídas cópias para envio aos Senhores Ministros (RISTF, art. 87, IV).

Voto

O SENHOR MINISTRO EROS GRAU (Relator): Trata-se de Mandado de Injunção coletivo impetrado por entidade sindical. A legitimidade ativa *ad causam* do ora impetrante é reconhecida em consolidada jurisprudência do Supremo Tribunal Federal, a partir do MI n. 342, relator Ministro Moreira Alves, do MI n. 362, relator Ministro Néri e do MI n. 20, relator Ministro Celso de Mello. Essa orientação jurisprudencial tem prestigiado a doutrina que considera irrelevante, para o efeito de justificar a admissibilidade da ação coletiva, o fato de inexistir previsão constitucional a respeito.

2. Sendo assim, é processualmente viável o acesso de entidades de classe, desde que legalmente constituídas e em funcionamento há pelo menos um ano, à via do mandado de injunção coletivo.

3. Conheço do pedido.

4. A Constituição do Brasil reconhece expressamente, aos servidores públicos civis, o direito de greve (art. 37, VII). O direito de greve dos trabalhadores em geral, assegurado pelo art. 9º da Constituição do Brasil, encontra-se regulamentado pela Lei n. 7.783/89, inaplicável, no entanto, aos servidores públicos civis.

5. No MI n. 20 ficou assentado que a regra do inciso VII do art. 37 da Constituição do Brasil é provida de eficácia limitada. Vale dizer, sua aplicabilidade depende da edição de ato legislativo, requisito indispensável à plena concreção do preceito constitucional.

6. Em ocasiões anteriores sustentei que o preceito é dotado de eficácia contida. Não obstante, torna-se desnecessário, nesse momento, debatermos a questão. De uma ou de outra forma, a solução a ser no caso encaminhada operará no sentido de viabilizar o exercício do direito de que se trata pelos servidores públicos civis. Entendido como norma de eficácia limitada, o texto normativo constitucional depende da emissão de normatividade futura, que lhe integre eficácia, dando-lhe capacidade de execução. Reclama-se, portanto, para fins de plena incidência do preceito, atuação legislativa que dê concreção ao comando positivado no texto da Constituição. O Congresso Nacional atua, nessas condições, desempenhando a relevante função de sujeito concretizante do que foi nele — isto é, no texto da Constituição — proclamado.

7. Como observou o Ministro Celso de Mello no MI n. 20:

> "[e]ssa situação de inércia do aparelho de Estado faz emergir, em favor do beneficiário do comando constitucional, o direito de exigir uma atividade estatal devida pelo Poder Público, em ordem a evitar que a abstenção voluntária do Estado frustre, a partir desse comportamento omissivo, a aplicabilidade e a efetividade do direito que lhe foi reconhecido pelo próprio texto da Lei Fundamental.

O Poder Legislativo, nesse contexto, está vinculado institucionalmente à concretização da atividade governamental que lhe foi imposta pela Constituição, ainda que o efetivo desempenho dessa incumbência constitucional não esteja sujeito a prazos prefixados" (fls. 27/28).

8. Esta Corte mais de uma vez reconheceu a omissão do Congresso Nacional no que respeita ao dever, que lhe incumbe, de dar concreção ao preceito constitucional. Nesse sentido vou ainda me valer de afirmação do Ministro Celso de Mello, como segue:

> "Desse modo, a inexistência da lei complementar reclamada pela Constituição reflete, de forma veemente e concreta, a inobservância, pelo Poder Legislativo, dentro do contexto temporal referido, do seu dever de editar o ato legislativo em questão, com evidente desapreço pelo comando constitucional, frustrando, dessa maneira, a necessidade de regulamentar o texto da Lei Maior, o que

demonstra a legitimidade do reconhecimento, por esta Suprema Corte, da omissão congressual apontada" (fl. 30).

9. Por oportuno, permito-me ler trecho extremamente relevante do voto do Ministro Néri da Silveira, ainda no MI n. 20:

"Tenho, de outra parte, entendido, no que respeita ao mandado de injunção, que o instituto, consagrado entre os direitos e garantias individuais e coletivos, à semelhança do mandado de segurança, há de ter eficácia. Se sua natureza é a de uma ação de tipo declaratório, como acentuou a Corte no Mandado de Injunção (Questão de Ordem) n. 107, não se pode entender que a Suprema Corte do País decida sem que seu julgado tenha eficácia. Por isso, hei me posicionado quanto a essa matéria no sentido de reconhecer a mora do Congresso Nacional, ou daquela autoridade a quem incumbe ditar a norma regulamentadora para tornar viável o exercício do direito. Fixo-lhe, porém, um prazo, eis que, em mora, é preciso que a autoridade ou o órgão legislativo cumpram seu dever previsto na Constituição e editem a norma. Compreendo, dessa maneira, que, vencido o prazo sem a edição da norma regulamentadora, podem aqueles cujo direito não é exercitado por falta da norma e que vêm ao Poder Judiciário pedir lhes assegure o exercício do direito, por via do mandado de injunção, ter a garantia do exercício do direito previsto na Constituição, caso em que o Tribunal, conhecendo de reclamação, decide a hipótese concreta" (fl. 55).

10. Havendo, portanto, sem qualquer dúvida, mora legislativa na regulamentação do preceito do art. 37, inciso VII, a questão que se coloca é a seguinte: presta-se, esta Corte, quando se trate da apreciação de mandados de injunção, a emitir decisões desnutridas de eficácia?

11. Esta é a questão fundamental a considerarmos. Já não se trata de saber se o texto normativo de que se cuida — art. 37, VIII — é dotado de eficácia. Importa verificarmos se o Supremo Tribunal Federal emite decisões ineficazes; decisões que se bastam em solicitar ao Poder Legislativo que cumpra o seu dever, inutilmente. Se é admissível o entendimento segundo o qual, nas palavras do Ministro Néri da Silveira, "a Suprema Corte do País decid[e] sem que seu julgado tenha eficácia". Ou, alternativamente, se o Supremo Tribunal Federal deve emitir decisões que efetivamente surtam efeito, no sentido de suprir aquela omissão, reiteradas vezes, como se dá no caso em pauta, reiteradas e inúmeras vezes repetida. Daí por que passo a, sucessivamente, desenvolver considerações a propósito dos institutos da greve e do mandado de injunção.

12. A greve é a arma mais eficaz de que dispõem os trabalhadores como meio para a obtenção de melhoria em suas condições de vida. Consubstancia um *poder de fato*; por isso mesmo que, tal como positivado o princípio no texto constitucional [art. 9º], recebe concreção, imediata — sua autoaplicabilidade é inquestionável — como direito fundamental de natureza instrumental.

13. A Constituição, tratando dos trabalhadores em geral, não prevê *regulamentação* do direito de greve: a eles compete decidir sobre a oportunidade de exercê-lo e sobre os interesses que devam por meio dela defender. Por isso a lei não pode

restringi-lo, senão protegê-lo, sendo constitucionalmente admissíveis todos os tipos de greve: greves reivindicatórias, greves de solidariedade, greves políticas, greves de protesto[1]. Não obstante, os abusos no seu exercício, como, de resto, qualquer abuso de direito ou liberdade, sujeitam os responsáveis às penas da lei [§ 2º do art. 9º] — lei que, repito, não pode restringir o uso do direito. A Constituição [§ 1º do art. 9º] apenas estabelece que lei definirá os serviços ou atividades essenciais e disporá sobre o atendimento das necessidades inadiáveis da comunidade.

14. O art. 37, VII, consubstancia norma especial em relação ao caráter geral[2] do preceito veiculado pelo art. 9º, estabelecendo que "o direito de greve será exercido nos termos e limites definidos em lei específica". Isso se explica por duas razões.

15. Em primeiro lugar porque na relação estatutária do emprego público não se manifesta tensão entre trabalho e capital, tal como se realiza no campo da exploração da atividade econômica pelos particulares. Neste, o exercício do poder de fato, a greve, coloca em risco os interesses egoísticos do sujeito detentor de capital — indivíduo ou empresa — que, em face dela, suporta, em tese, potencial ou efetivamente redução de sua capacidade de acumulação de capital. Verifica-se, então, oposição direta entre os interesses dos trabalhadores e os interesses dos capitalistas. Como a greve pode conduzir à diminuição de ganhos do titular de capital, os trabalhadores podem em tese vir a obter, efetiva ou potencialmente, algumas vantagens mercê do seu exercício.

16. O mesmo não se dá na relação estatutária, no âmbito da qual, em tese, aos interesses dos trabalhadores não correspondem, antagonicamente, interesses individuais, senão o interesse social. Vale dizer: a greve no serviço público não compromete, diretamente, interesses egoísticos, mas sim os interesses dos cidadãos que necessitam da prestação do serviço público. Por isso é relativamente tênue, por exemplo, enquanto poder de fato dotado de capacidade de reivindicação social, a greve exercida no setor do ensino público. Como a falta da utilidade social somente será sentida a tempo mais longo, as paralisações aí praticadas permanecem durante largos períodos de tempo, até que as reivindicações às quais estejam voltadas sejam atendidas, quando e se isso ocorrer.

16. Em segundo lugar, a relação do emprego público é instrumental, direta ou indiretamente, da provisão de serviços públicos, cuja continuidade há de ser assegurada em benefício do todo social.

17. Serviço público, na noção que dele podemos enunciar, é — observei alhures[3] — a atividade explícita ou implicitamente definida pela Constituição como indispensável, em determinado momento histórico, à realização e ao desenvolvimento da coesão e da interdependência social (Duguit) — ou, em outros termos, atividade explícita ou implicitamente definida pela Constituição como serviço existencial [permito-me enfatizar: existencial, não essencial, mais do que essencial] existencial, dizia, relativamente à sociedade em um determinado momento histórico (Cirne Lima).

---

(1) Cf. SILVA, José afonso da. *Curso de direito constitucional positivo*. 23. ed. p. 303.

(2) Sobre os atributos de generalidade e especialidade das leis, meu voto-vista no RE 351.750-3.

(3) *A ordem econômica da Constituição de 1988*. 11. ed. São Paulo: Malheiros, 2006. p. 135.

18. Daí o caráter especial — de norma especial — do art. 37, VII, em relação à norma geral extraída do art. 9º da Constituição do Brasil, cujo § 1º diz que "[a] lei definirá os serviços ou atividades essenciais e disporá sobre o atendimento das necessidades inadiáveis da coletividade".

19. Por isso tenho que a Lei n. 7.783, de 20 de junho de 1989, atinente à greve dos trabalhadores em geral, não se presta, sem determinados acréscimos, bem assim algumas reduções do seu texto, a regular o exercício do direito de greve pelos servidores públicos. Este reclama, em certos pontos, regulação peculiar, mesmo porque "serviços ou atividades essenciais" e "necessidades inadiáveis da coletividade" não se superpõem a "serviços públicos" e vice-versa. Trata-se aí de atividades próprias do setor privado, de um lado — ainda que essenciais, voltadas ao atendimento de necessidades inadiáveis da coletividade — e de atividades próprias do Estado, de outro.

20. Daí por que, de início, não me parece deva ser aplicado ao exercício do direito de greve no âmbito da Administração tão somente o disposto na Lei n. 7.783/89. A esta Corte impõe-se traçar os parâmetros atinentes a esse exercício.

21. Isso me leva a alterar posição que anteriormente assumi, ao afirmar que a norma veiculada pelo art. 37, VII, é de eficácia contida. Pois é certo que ela reclama regulamentação, a fim de que seja adequadamente assegurada a coesão social. Por isso, ao adotarmos a classificação usual das normas constitucionais segundo o critério da eficácia, devo necessariamente tê-la como de eficácia limitada; e assim a tenho porque esta é conclusão que necessariamente se extrai da interpretação da Constituição no seu todo. A Constituição — e isso repetirei inúmeras, inúmeras vezes neste Tribunal — a Constituição não pode ser interpretada em tiras, aos pedaços(4), porém no seu todo.

22. Passo ao exame do instituto do mandado de injunção. Quanto a ele, toda a exposição que segue neste apartado do meu voto é extraída de justificativa de autoria do Professor José Ignácio Botelho de Mesquita a anteprojeto de lei por ele elaborado, que foi publicado inicialmente no jornal *O Estado de S. Paulo*, de 26 de agosto de 1989, e, posteriormente, foi convertido no Projeto de Lei n. 4.679, de 1990, que o repetiu na íntegra, inclusive a sua justificativa [Diário do Congresso Nacional de 17.4.1990, p. 2.824 e segs.].

23. Diz o eminente Professor Titular da Faculdade de Direito da USP:

"1. É princípio assente em nosso direito positivo que, não havendo norma legal ou sendo omissa a norma existente, cumprirá ao juiz decidir o caso de acordo com a analogia, os costumes e os princípios gerais do direito (Lei de Introdução ao Cód. Civil, art. 4º; Cód. Proc. Civil, art. 126). Assim, o que pode tornar inviável o exercício de algum direito, liberdade ou prerrogativa constitucionalmente assegurados não será nunca a 'falta de norma regulamentadora' mas, sim, a existência de alguma regra ou princípio que proíba ao juiz recorrer à analogia, aos costumes ou aos princípios de direito para suprir a falta de norma regulamentadora.

(4) *Vide* meus *Ensaio e discurso sobre a interpretação/aplicação do direito.* 3. ed. São Paulo: Malheiros, 2005. p. 40 e 127-8 e *A ordem econômica na Constituição de 1988,* cit., p. 166.

Havendo tal proibição, configura-se a hipótese de impossibilidade jurídica do pedido, diante da qual o juiz é obrigado a extinguir o processo sem julgamento de mérito (Cód. Proc. Civil, art. 267, VI), o que tornará inviável o exercício do direito, liberdade ou prerrogativa assegurados pela Constituição.

O caso, pois, em que cabe o mandado de injunção é exatamente o oposto daquele em que cabe o mandado de segurança. Vale dizer, é o caso em que o requerente não tem direito de pretender a tutela jurisdicional e em que o requerido teria o direito líquido e certo de resistir a essa pretensão, se acaso fosse ela deduzida em Juízo.

Esta constatação — prossegue Botelho de Mesquita — é de primordial importância para o conhecimento da natureza e dos fins do mandado de injunção. Dela deriva a determinação dos casos em que se pode admitir o mandado de injunção e também dos objetivos que, por meio dele, podem ser alcançados.

O mandado de injunção '[d]estina-se, apenas, à remoção do obstáculo criado pela omissão do poder competente para a norma regulamentadora. A remoção desse obstáculo se realiza mediante a formação supletiva da norma regulamentadora faltante. É este o resultado prático que se pode esperar do julgamento do mandado de injunção'.

A intervenção supletiva do Poder Judiciário deve subordinar-se, porém, ao princípio da independência e da harmonia entre os Poderes (CB, art. 2º). A autorização constitucional para a formação de normas supletivas não importa permissão ao Poder Judiciário para imiscuir-se indiscriminadamente no que é da competência dos demais Poderes. Trata-se apenas de dar remédio para omissão do poder competente. Para que tal omissão se configure, é preciso que norma regulamentadora não tenha sido elaborada e posta em vigor no prazo constitucional ou legalmente estabelecido, quando houver, ou na sua falta, no prazo que o tribunal competente entenda razoável.

Antes de decorrido tal prazo não há que falar em omissão do poder competente, eis que a demora se incluirá dentro da previsão constitucional e assim também a provisória impossibilidade do exercício dos direitos, liberdades ou prerrogativas garantidos pelo preceito ainda não regulamentado. O que é danoso para os direitos, liberdades e prerrogativas constitucionais não é a demora, em si mesma considerada, mas a demora incompatível com o que se possa ter como previsto e programado pela Constituição.

[...]

O cabimento do mandado de injunção pressupõe, por isto, um ato de resistência ao cumprimento do dispositivo constitucional, que não tenha outro fundamento senão a falta de norma regulamentadora.

[...]

O conteúdo e os efeitos da decisão que julga o mandado de injunção, e bem assim os efeitos do seu trânsito em julgado, devem ser estabelecidos a partir de uma clara determinação do escopo do mandado de injunção exatamente o que falta no texto constitucional. Pelo que do dispositivo constitucional consta, sabe-se quando cabe o mandado de injunção, mas não se sabe para o que serve; sabe-se qual o problema prático que visa a resolver, mas não se sabe como deverá ser resolvido.

[...]

O que cabe ao órgão da jurisdição não é, pois, constranger alguém a dar cumprimento ao preceito constitucional, mas, sim, suprir a falta de norma regulamentadora, criando, a partir daí, uma coação da mesma natureza daquela que estaria contida na norma regulamentadora. O ilícito constitucional (o ato anticonstitucional) é algo que só poderá existir depois de julgado procedente o mandado de injunção e, por isto, não constitui matéria que possa ser objeto de decisão no julgamento do próprio mandado.

Fixados estes limites desponta o problema da compreensão da hipótese da norma que será supletivamente formulada pelo tribunal. Deverá ela regular apenas o caso concreto submetido ao tribunal, ou abranger a totalidade dos casos constituídos pelos mesmos elementos objetivos, embora entre sujeitos diferentes? Dentre essas alternativas, é de se optar pela última, posto que atividade normativa é dominada pelo princípio da isonomia, que exclui a possibilidade de se criarem tantas normas regulamentadoras diferentes quantos sejam os casos concretos submetidos ao mesmo preceito constitucional. Também aqui é preciso ter presente que não cumpre ao tribunal remover um obstáculo que só diga respeito ao caso concreto, mas a todos os casos constituídos pelos mesmos elementos objetivos."

24. O que deve ser regulado, no caso de que tratamos, é — alterada parcialmente a dicção de Maurice Hauriou(5) — a coerência entre o exercício do direito de greve pelo servidor público e as condições necessárias à coesão e interdependência social, que a prestação continuada dos serviços públicos assegura.

25. A mora, no caso, é evidente. Trata-se, nitidamente, de mora incompatível com o previsto e programado pela Constituição do Brasil no seu art. 37, inciso VII.

26. Salvo a hipótese de — como observei anteriormente(6), lembrando Fernando Pessoa — transformarmos a Constituição em papel "pintado com tinta" e aplicá-la em "uma coisa em que está indistinta a distinção entre nada e coisa nenhuma", constitui dever-poder deste Tribunal a formação supletiva, no caso, da norma regulamentadora faltante.

27. O argumento de que a Corte estaria então a legislar — o que se afiguraria inconcebível, por ferir a independência e harmonia entre os poderes [art. 2º da Constituição do Brasil] e a separação dos poderes [art. 60, § 4º, III] — é insubsistente.

---

(5) *Notes d'arrêts sur décisions du conseil d'état et du tribunal des conflits.* Paris: Sirey, 1929. t. 3, p. 174.
(6) *Direito, conceitos e normas jurídicas.* São Paulo: Revista dos Tribunais, 1988, p. 124.

28. Pois é certo que este Tribunal exercerá, ao formular supletivamente a norma regulamentadora de que carece o art. 37, VII da Constituição, função normativa, porém não legislativa.

29. Explico-me.

30. A classificação mais frequentemente adotada das funções estatais concerne aos ofícios ou às autoridades que as exercem. Trata-se da classificação que se denomina *orgânica* ou *institucional*. Tais funções são, segundo ela, a *legislativa*, a *executiva* e a *jurisdicional*. Se, porém, pretendermos classificá-las segundo o critério *material*, teremos: a função *normativa* — de produção das normas jurídicas [= textos normativos]; a função *administrativa* — de execução das normas jurídicas; a função *jurisdicional* — de aplicação das normas jurídicas.

31. Na menção aos Poderes Legislativo, Executivo e Judiciário estamos a referir centros ativos de *funções* — da *função legislativa*, da *função executiva* e da *função jurisdicional*. Essa classificação de *funções estatais* decorre da aplicação de um critério *subjetivo*; estão elas assim alinhadas não em razão da consideração de seus aspectos *materiais*.

32. Entenda-se por *função estatal* a expressão do poder estatal — tomando-se aqui a expressão "poder estatal" no seu aspecto *material* — enquanto preordenado a *finalidades* de interesse coletivo e objeto de um *dever jurídico*.

33. A consideração do poder estatal desde esse aspecto liberta-nos da tradicional classificação das funções estatais segundo o critério *orgânico* ou *institucional*. Nesta última, porque o poder estatal é visualizado desde a perspectiva *subjetiva*, alinham-se a função *legislativa*, a *executiva* e a *jurisdicional*, às quais são vocacionados, respectivamente, os Poderes *Legislativo*, *Executivo* e *Judiciário*.

34. Afastado, contudo, o critério tradicional de classificação das funções estatais, cumpre fixarmo-nos naquele outro, que conduz à seguinte enunciação:

[i] *função normativa* — de produção das normas jurídicas [= textos normativos];

[ii] *função administrativa* — de execução das normas jurídicas;

[iii] *função jurisdicional* — de aplicação das normas jurídicas.

35. A *função legislativa* é maior e menor do que a *função normativa*. Maior porque abrange a produção de atos administrativos sob a forma de leis [lei apenas em sentido formal, lei que não é norma, entendidas essas como preceito primário que se integra no ordenamento jurídico inovando-o]; menor porque a *função normativa* abrange não apenas normas jurídicas contidas em lei, mas também nos regimentos editados pelo Poder Judiciário e nos regulamentos expedidos pelo Poder Executivo.

36. Daí que a *função normativa* compreende a função *legislativa* [enquanto produção de textos normativos], a função *regimental* e a função *regulamentar*.

37. Quanto à *regimental*, não é a única atribuída, como dever-poder, ao Poder Judiciário, visto incumbir-lhe também, e por imposição da Constituição, a de formular supletivamente, nas hipóteses de concessão do mandado de injunção, a norma regulamentadora reclamada. Aqui o Judiciário — na dicção de José Ignácio Botelho

de Mesquita — remove o obstáculo criado pela omissão do poder competente para editar a norma regulamentadora faltante, essa remoção realizando-se mediante a sua formulação supletiva.

38. De resto, é ainda certo que, no caso de concessão do mandado de injunção, o Poder Judiciário formula a própria norma aplicável ao caso, embora ela atue como novo texto normativo.

39. Apenas para explicitar, lembro que texto e norma não se identificam(7). O que em verdade se interpreta são os textos normativos; da interpretação dos textos resultam as normas. A norma é a interpretação do texto normativo. A interpretação é atividade que se presta a transformar textos — disposições, preceitos, enunciados — em normas.

40. O Poder Judiciário, no mandado de injunção, produz norma. Interpreta o direito, na sua totalidade, para produzir a norma de decisão aplicável à omissão. É inevitável, porém, no caso, seja essa norma tomada como texto normativo que se incorpora ao ordenamento jurídico, a ser interpretado/aplicado. Dá-se, aqui, algo semelhante ao que se há de passar com a súmula vinculante, que, editada, atuará como texto normativo a ser interpretado/aplicado.

41. Ademais, não há que falar em agressão à "separação dos poderes", mesmo porque é a Constituição que institui o mandado de injunção e não existe uma assim chamada "separação dos poderes" provinda do direito natural. Ela existe, na Constituição do Brasil, tal como nela definida. Nada mais. No Brasil vale, em matéria de independência e harmonia entre os poderes e de "separação dos poderes", o que está escrito na Constituição, não esta ou aquela doutrina em geral mal digerida por quem não leu Montesquieu no original.

42. De resto, o Judiciário está vinculado pelo dever-poder de, no mandado de injunção, formular supletivamente a norma regulamentadora faltante. Note-se bem que não se trata de simples *poder*, mas de *dever-poder*, ideia já formulada por Jean Domat(8) no final do século XVII, após retomada por León Duguit(9) e, entre nós, por Rui Barbosa(10), mais recentemente por Celso Antônio Bandeira de Mello(11).

43. A este Tribunal incumbirá — permito-me repetir — se concedida a injunção, remover o obstáculo decorrente da omissão, definindo a norma adequada à regulação do caso concreto, norma enunciada como texto normativo, logo sujeito a interpretação pelo seu aplicador.

44. No caso, o Sindicato impetrante solicita seja julgada procedente a ação e, declarada a omissão do Poder Legislativo, determinada a supressão da lacuna legislativa, mediante a regulamentação do direito de greve no serviço público,

---

(7) *Vide* meu *Ensaio e discurso sobre a interpretação/aplicação do direito*, cit., p. 80 e ss.

(8) DOMAT, J. *Oeuvres*. Paris: Firmin Didot Père et Fils, 1829. p. 362 e ss.

(9) *El pragmatismo jurídico*. Madrid: Francisco Beltrán, 1924. p. 111.

(10) *Comentários à Constituição federal brasileira*. São Paulo: Saraiva, 1932. p. 153. v. I, coligidos e ordenados por Homero Pires.

(11) Verba de representação. In: *RT* 591/43, jan. 1985.

autorizando-se a utilização de normas análogas às da Lei n. 7.783, até o advento de lei própria; pede, ao final, seja reconhecido o direito de greve.

45. Não se aplica ao direito de greve dos servidores públicos, repito-o, exclusivamente, e em sua plena redação, a Lei n. 7.783/89, devendo o Supremo Tribunal Federal dar os parâmetros do seu exercício. Esses parâmetros hão de ser definidos por esta Corte de modo abstrato e geral, para regular todos os casos análogos, visto que norma jurídica é o *preceito, abstrato, genérico e inovador — tendente a regular o comportamento social de sujeitos associados — que se integra no ordenamento jurídico*(12) e não se dá norma para um só.

46. No mandado de injunção o Poder Judiciário não define norma de decisão, mas enuncia a norma regulamentadora que faltava para, no caso, tornar viável o exercício do direito de greve dos servidores públicos. E nada obsta a que, no que tange às hipóteses de outras impetrações, no futuro, que versem situações análogas, a elas seja estendida, por despacho monocrático do relator, essa mesma regulação, nos termos do disposto no art. 21 do Regimento Interno desta Corte.

47. Temos então como indispensável a definição, por esta Corte, das medidas a serem tomadas no sentido de assegurar a continuidade da prestação do serviço público; somente assim poderá ser conferida eficácia ao disposto no art. 37, VII.

48. Boa parte da filosofia do serviço público encontra inspiração no princípio da sua continuidade, isto é, continuidade do serviço público(13).

49. A continuidade do serviço público é, na França, afirmada como princípio com valor constitucional ainda que a Constituição não lhe faça referência(14). Aliás, a ideia de continuidade é inerente, mesmo no medievo, ao empreendimento de atividades que assumissem a configuração do que modernamente denominamos *serviço público*. Uma ordenança de Charles IX, rei de França, de 1560, estabelecia que aos titulares de direitos de pedágio [*droicts de Peage*] incumbia a conservação em boa e devida reparação [= em bom estado] das pontes, caminhos e passagens; isso não sendo feito, o produto das receitas do pedágio seria tomado pelos agentes do reino [*Procureurs*] e aplicado à reparação e conservação devidas(15). O mesmo preceito é reproduzido, no século XIX, no art. 42 do *cahier des charges* [conjunto de disposições que definem as condições da concessão de serviço público] aplicável à

---

(12) *Vide* meu *O direito posto e o direito pressuposto*. 6. ed. São Paulo: Malheiros, 2005. p. 239.

(13) Neste sentido, PASTOR, Juan Alfonso Santamaría. *Principios de derecho administrativo*. Madrid: Ramón Areces, 1999. v. II, p. 329. *Vide* LACHAUME, Jean-François; BOITEAU, Claudie; PAULIAT, Hélène. *Grands services publics*. 2. ed. Paris: Armand Colin, 2000. p. 275 e ss; DELPÉRÉ, Francis. Les affaires courants em Belgique — observations sur la loi de continuité du service public. In: *Service public et libertés* — mélanges offerts au professeur Robert Édouard Charlier. Paris: l'Université et de l'Enseignement Moderne, 1957. p. 51 e ss.; MELLO, Celso Antônio Bandeira de. *Curso de direito administrativo*. 13. ed. São Paulo: Malheiros, 2001. p. 41-42. *Vide* tb LINOTTE; DIDIER; MESTRE; ACHILLE; ROMI, Raphaël. *Services publics et droit public economique*. 3. ed. Paris: Litec, 1995. p. 72-75.

(14) Cf. a Decisão 79-105 DC, do Conselho Constitucional, Rec. 33, RJC I-71 (25.7.1979). In: *Les grandes décisions du conseil constitutionnel*. 8. ed. Paris: Dalloz, 1995.

(15) *Vide* LAON, Iean de. *Le corps DV DROICT François, contenant la conference des ordonnances royavx, et covstumes observees av*. MDC: Royaume de France, p. 361.

concessão de transporte ferroviário entre Paris e Lyon: "Le chemin de fer et toutes ses dépendances seront constamment entretenuus en bon état et de manière que la circulation soit toujours facile et sûre. L'état dudit chemin et de ses dépendances sera reconnu annuellement, et plus souvent, en cas d'urgence ou d'accidents, par un ou plusieurs commisaires que désignera l'administration. Les frais d'entretien et ceux de réparation, soit ordinaires, soit extraordinaires, resteront entièrement à la charge de la compagnie"(16). Outrossim, o modelo de *cahier des charges* para a concessão de pontes, aprovado pela Circular de 7 de maio de 1870, estabelecia, em seu art. 26, que, se a circulação viesse a ser interrompida, o concessionário deveria prover, por sua conta, um serviço de travessia por balsa; e, mais, se a ponte viesse a ser destruída, ainda que em razão de força maior, o concessionário seria obrigado a reconstruí-la, sem direito a reclamar qualquer indenização do Estado(17).

50. Estreitamente vinculado à própria essência do serviço público, o princípio da sua continuidade expressa exigência de funcionamento regular do serviço, sem qualquer interrupção além das previstas na regulamentação a ele aplicável(18).

51. E assim é porque serviço público é atividade indispensável à consecução da coesão social e a sua noção(19) há de ser construída sobre as ideias de coesão e de interdependência social.

52. Basta neste passo, por todas, a observação de Maurice Hauriou(20): as condições fundamentais de existência do Estado exigem que os serviços públicos indispensáveis à vida da nação não sofram interrupção.

53. Isto posto, a norma, na amplitude que a ela deve ser conferida no âmbito do presente mandado de injunção, compreende conjunto integrado pelos arts. 1º ao 9º, 14, 15 e 17 da Lei n. 7.783/89, com as alterações necessárias ao atendimento das peculiaridades da greve nos serviços públicos, que introduzo no art. 3º e seu parágrafo único, no art. 4º, no parágrafo único do art. 7º, no art. 9º e seu parágrafo único e no art. 14(21). Este, pois, é o conjunto normativo reclamado, no quanto diverso do texto dos preceitos mencionados da Lei n. 7.783/89:

---

(16) Cf. DUFOUR, Gabriel. *Traité général de droit aministratif appliqué.* 10. ed. Paris: Cotillon, 1854. t. 3, p. 213-214.

(17) *Vide* AUCOC, Léon. *Conférences sur l'administration et le droit administrative.* 10. ed. Paris: Dunod, 1882. p. 50-51.

(18) CHAPUS, René. *Droit administratif général.* 9. ed. Paris: Montchrestien, 1995. t. 1, p. 537 e 540. Quanto à relação entre continuidade e permanência do serviço, LACHAUME, Jean-François; BOITEAU, Claudie; PAULIAT, Hélène. *Op. cit.*, p. 275.

(19) Noção de serviço público.

(20) *Op. cit., loc. cit.*

(21) "Art. 1º É assegurado o direito de greve, competindo aos trabalhadores decidir sobre a oportunidade de exercê-lo e sobre os interesses que devam por meio dele defender.

Parágrafo único. O direito de greve será exercido na forma estabelecida nesta Lei.

Art. 2º Para os fins desta Lei, considera-se legítimo exercício do direito de greve a suspensão coletiva, temporária e pacífica, parcial, de prestação pessoal de serviços a empregador.

Art. 3º Frustrada a negociação ou verificada a impossibilidade de recursos via arbitral, é facultada a cessação parcial do trabalho.

Parágrafo único. A entidade patronal correspondente ou os empregadores diretamente interessados serão notificados, com antecedência mínima de 72 (setenta e duas) horas, da paralisação.

"Art. 3º Frustrada a negociação ou verificada a impossibilidade de recursos via arbitral, é facultada a cessação parcial do trabalho[22].

Art. 4º Caberá à entidade sindical correspondente convocar, na forma do seu estatuto, assembleia geral que definirá as reivindicações da categoria e deliberará sobre a paralisação parcial da prestação de serviços.

§ 1º O estatuto da entidade sindical deverá prever as formalidades de convocação e o *quorum* para a deliberação, tanto da deflagração quanto da cessação da greve.

§ 2º Na falta de entidade sindical, a assembleia geral dos trabalhadores interessados deliberará para os fins previstos no *caput*, constituindo comissão de negociação.

Art. 5º A entidade sindical ou comissão especialmente eleita representará os interesses dos trabalhadores nas negociações ou na Justiça do Trabalho.

Art. 6º São assegurados aos grevistas, dentre outros direitos: I — o emprego de meios pacíficos tendentes a persuadir ou aliciar os trabalhadores a aderirem à greve; II — a arrecadação de fundos e a livre divulgação do movimento.

§ 1º Em nenhuma hipótese, os meios adotados por empregados e empregadores poderão violar ou constranger os direitos e garantias fundamentais de outrem.

§ 2º É vedado às empresas adotar meios para constranger o empregado ao comparecimento ao trabalho, bem como capazes de frustrar a divulgação do movimento.

§ 3º As manifestações e atos de persuasão utilizados pelos grevistas não poderão impedir o acesso ao trabalho nem causar ameaça ou dano à propriedade ou pessoa.

Art. 7º Observadas as condições previstas nesta Lei, a participação em greve suspende o contrato de trabalho, devendo as relações obrigacionais, durante o período, ser regidas pelo acordo, convenção, laudo arbitral ou decisão da Justiça do Trabalho.

Parágrafo único. É vedada a rescisão de contrato de trabalho durante a greve, exceto na ocorrência da hipótese prevista no art. 14.

(22) Art. 8º A Justiça do Trabalho, por iniciativa de qualquer das partes ou do Ministério Público do Trabalho, decidirá sobre a procedência, total ou parcial, ou improcedência das reivindicações, cumprindo ao Tribunal publicar, de imediato, o competente acórdão.

Art. 9º Durante a greve, o sindicato ou a comissão de negociação, mediante acordo com a entidade patronal ou diretamente com o empregador, manterá em atividade equipes de empregados com o propósito de assegurar a regular continuidade da prestação do serviço público.

Parágrafo único. É assegurado ao empregador, enquanto perdurar a greve, o direito de contratar diretamente os serviços necessários a que se refere este artigo.

Art. 14. Constitui abuso do direito de greve a inobservância das normas contidas na presente Lei, em especial o comprometimento da regular continuidade na prestação do serviço público, bem como a manutenção da paralisação após a celebração de acordo, convenção ou decisão da Justiça do Trabalho.

Parágrafo único. Na vigência de acordo, convenção ou sentença normativa não constitui abuso do exercício do direito de greve a paralisação que:

I — tenha por objetivo exigir o cumprimento de cláusula ou condição;

II — seja motivada pela superveniência de fato novo ou acontecimento imprevisto que modifique substancialmente a relação de trabalho.

Art. 15. A responsabilidade pelos atos praticados, ilícitos ou crimes cometidos, no curso da greve, será apurada, conforme o caso, segundo a legislação trabalhista, civil ou penal.

Parágrafo único. Deverá o Ministério Público, de ofício, requisitar a abertura do competente inquérito e oferecer denúncia quando houver indício da prática de delito.

Art. 17. Fica vedada a paralisação das atividades, por iniciativa do empregador, com o objetivo de frustrar negociação ou dificultar o atendimento de reivindicações dos respectivos empregados (*lockout*).

Parágrafo único. A prática referida no *caput* assegura aos trabalhadores o direito à percepção dos salários durante o período de paralisação".

Parágrafo único. A entidade patronal correspondente ou os empregadores diretamente interessados serão notificados, com antecedência mínima de 72 (setenta e duas) horas, da paralisação".

"Art. 4º Caberá à entidade sindical correspondente convocar, na forma do seu estatuto, assembleia geral que definirá as reivindicações da categoria e deliberará sobre a paralisação parcial da prestação de serviços".

"Art. 7º [...]

Parágrafo único. É vedada a rescisão de contrato de trabalho durante a greve, exceto na ocorrência da hipótese prevista no art. 14".

"Art. 9º Durante a greve, o sindicato ou a comissão de negociação, mediante acordo com a entidade patronal ou diretamente com o empregador, manterá em atividade equipes de empregados com o propósito de assegurar a regular continuidade da prestação do serviço público.

Parágrafo único. É assegurado ao empregador, enquanto perdurar a greve, o direito de contratar diretamente os serviços necessários a que se refere este artigo".

"Art. 14. Constitui abuso do direito de greve a inobservância das normas contidas na presente Lei, em especial o comprometimento da regular continuidade na prestação do serviço público, bem como a manutenção da paralisação após a celebração de acordo, convenção ou decisão da Justiça do Trabalho".

54. Em face de tudo, conheço do presente mandado de injunção, para, reconhecendo a falta de norma regulamentadora do direito de greve no serviço público, remover o obstáculo criado por essa omissão e, supletivamente, tornar viável o exercício do direito consagrado no art. 37, VII, da Constituição do Brasil, nos termos do conjunto normativo enunciado neste voto.

Decisão: O Tribunal, por unanimidade, nos termos do encaminhamento do Relator, resolveu questão de ordem no sentido de não admitir a desistência formulada. Ausentes, justificadamente, os Senhores Ministros Joaquim Barbosa e Menezes Direito. Presidiu o julgamento a Senhora Ministra Ellen Gracie. Plenário, 15.10.2007.

Decisão: O Tribunal, por maioria, nos termos do voto do Relator, conheceu do mandado de injunção e propôs a solução para a omissão legislativa com a aplicação da Lei n. 7.783, de 28 de junho de 1989, no que couber, vencidos, parcialmente, os Senhores Ministros Ricardo Lewandowski, Joaquim Barbosa e Marco Aurélio, que limitavam a decisão à categoria representada pelo sindicato e estabeleciam condições específicas para o exercício das paralisações. Votou a Presidente, Ministra Ellen Gracie. Não votou o Senhor Ministro Menezes Direito por suceder ao Senhor Ministro Sepúlveda Pertence, que proferiu voto anteriormente. Ausente, justificadamente, a Senhora Ministra Cármen Lúcia, com voto proferido em assentada anterior. Plenário, 25.10.2007.

Anexo III

Legislação Pertinente

1. Constituição Federal do Brasil

"Art. 5º (...)

XXI — as entidades associativas, quando expressamente autorizadas, têm legitimidade para representar seus filiados judicial ou extrajudicialmente."

"**Art. 8º** É livre a associação profissional ou sindical, observado o seguinte:

I — a lei não poderá exigir autorização do Estado para a fundação de sindicato, ressalvado o registro no órgão competente, vedadas ao Poder Público a interferência e a intervenção na organização sindical; (...)

III — ao sindicato cabe a defesa dos direitos e interesses coletivos ou individuais da categoria, inclusive em questões judiciais ou administrativas; (...)

VIII — é vedada a dispensa do empregado sindicalizado a partir do registro da candidatura a cargo de direção ou representação sindical e, se eleito, ainda que suplente, até um ano após o final do mandato, salvo se cometer falta grave nos termos da lei."

"**Art. 9º** É assegurado o direito de greve, competindo aos trabalhadores decidir sobre a oportunidade de exercê-lo e sobre os interesses que devam por meio dele defender.

§ 1º A lei definirá os serviços ou atividades essenciais e disporá sobre o atendimento das necessidades inadiáveis da comunidade.

§ 2º Os abusos cometidos sujeitam os responsáveis às penas da lei."

"**Art. 37**. ...

VI — é garantido ao servidor público o direito à livre associação sindical.

VII — o direito de greve será exercido nos termos e nos limites definidos em lei específica." (...)

"**Art. 114**. Compete à Justiça do Trabalho processar e julgar: (*Redação dada pela Emenda Constitucional n. 45, de 2004*)

I — as ações oriundas da relação de trabalho, abrangidos os entes de direito público externo e da administração pública direta e indireta da União, dos Estados, do Distrito Federal e dos Municípios; (*Incluído pela Emenda Constitucional n. 45, de 2004*)

II — as ações que envolvam exercício do direito de greve; (*Incluído pela Emenda Constitucional n. 45, de 2004*) (...)

VI — as ações de indenização por dano moral ou patrimonial, decorrentes da relação de trabalho; (*Incluído pela Emenda Constitucional n. 45, de 2004*) (...)

§ 1º Frustrada a negociação coletiva, as partes poderão eleger árbitros.

§ 2º Recusando-se qualquer das partes à negociação coletiva ou à arbitragem, é facultado às mesmas, de comum acordo, ajuizar dissídio coletivo de natureza econômica, podendo a Justiça do Trabalho decidir o conflito, respeitadas as disposições mínimas legais de proteção ao trabalho, bem como as convencionadas anteriormente. (*Redação dada pela Emenda Constitucional n. 45, de 2004*)

§ 3º *Em caso de greve em atividade essencial, com possibilidade de lesão do interesse público, o Ministério Público do Trabalho poderá ajuizar dissídio coletivo, competindo à Justiça do Trabalho decidir o conflito*". (*Redação dada pela Emenda Constitucional n. 45, de 2004*).

"**Art. 127**. O Ministério Público é instituição permanente, essencial à função jurisdicional do Estado, incumbindo-lhe a defesa da ordem jurídica, do regime democrático e dos interesses sociais e individuais indisponíveis." (...)

"**Art. 129**. São funções institucionais do Ministério Público: (...)

II — zelar pelo efetivo respeito dos Poderes Públicos e dos serviços de relevância pública aos direitos assegurados nesta Constituição, promovendo as medidas necessárias a sua garantia;

III — promover o inquérito civil e a ação civil pública, para a proteção do patrimônio público e social, do meio ambiente e de outros interesses difusos e coletivos; (...)

§ 1º A legitimação do Ministério Público para as ações civis previstas neste artigo não impede a de terceiros, nas mesmas hipóteses, segundo o disposto nesta Constituição e na lei." (...)

"**Art. 142.** (...)

IV — ao militar são proibidas a sindicalização e a greve."

2. Lei n. 7.783, de 28 de junho de 1989

Dispõe sobre o exercício do direito de greve, define as atividades essenciais, regula o atendimento das necessidades inadiáveis da comunidade, e dá outras providências.

O Presidente da República:

Faço saber que o Congresso Nacional decreta e eu sanciono a seguinte lei:

"**Art. 1º** É assegurado o direito de greve, competindo aos trabalhadores decidir sobre a oportunidade de exercê-lo e sobre os interesses que devam por meio dele defender.

Parágrafo único. O direito de greve será exercido na forma estabelecida nesta lei.

Art. 2º Para os fins desta lei, considera-se legítimo exercício do direito de greve a suspensão coletiva, temporária e pacífica, total ou parcial, de prestação pessoal de serviços a empregador.

Art. 3º Frustrada a negociação ou verificada a impossibilidade de recursos via arbitral, é facultada a cessação coletiva do trabalho.

Parágrafo único. A entidade patronal correspondente ou os empregadores diretamente interessados serão notificados, com antecedência mínima de 48 (quarenta e oito) horas, da paralisação.

Art. 4º Caberá à entidade sindical correspondente convocar, na forma do seu estatuto, assembleia geral que definirá as reivindicações da categoria e deliberará sobre a paralisação coletiva da prestação de serviços.

§ 1º O estatuto da entidade sindical deverá prever as formalidades de convocação e o *quorum* para a deliberação, tanto da deflagração quanto da cessação da greve.

§ 2º Na falta de entidade sindical, a assembleia geral dos trabalhadores interessados deliberará para os fins previstos no *caput*, constituindo comissão de negociação.

Art. 5º A entidade sindical ou comissão especialmente eleita representará os interesses dos trabalhadores nas negociações ou na Justiça do Trabalho.

Art. 6º São assegurados aos grevistas, dentre outros direitos:

I — o emprego de meios pacíficos tendentes a persuadir ou aliciar os trabalhadores a aderirem à greve;

II — a arrecadação de fundos e a livre divulgação do movimento.

§ 1º Em nenhuma hipótese, os meios adotados por empregados e empregadores poderão violar ou constranger os direitos e garantias fundamentais de outrem.

§ 2º É vedado às empresas adotar meios para constranger o empregado ao comparecimento ao trabalho, bem como capazes de frustrar a divulgação do movimento.

§ 3º As manifestações e atos de persuasão utilizados pelos grevistas não poderão impedir o acesso ao trabalho nem causar ameaça ou dano à propriedade ou pessoa.

Art. 7º Observadas as condições previstas nesta lei, a participação em greve suspende o contrato de trabalho, devendo as relações obrigacionais durante o período ser regidas pelo acordo, convenção, laudo arbitral ou decisão da Justiça do Trabalho.

Parágrafo único. É vedada a rescisão de contrato de trabalho durante a greve, bem como a contratação de trabalhadores substitutos, exceto na ocorrência das hipóteses previstas nos arts. 9º e 14.

Art. 8º A Justiça do Trabalho, por iniciativa de qualquer das partes ou do Ministério Público do Trabalho, decidirá sobre a procedência, total ou parcial, ou improcedência das reivindicações, cumprindo ao Tribunal publicar, de imediato, o competente acórdão.

Art. 9º Durante a greve, o sindicato ou a comissão de negociação, mediante acordo com a entidade patronal ou diretamente com o empregador, manterá em atividade equipes de empregados com o propósito de assegurar os serviços cuja paralisação resultem em prejuízo irreparável, pela deterioração irreversível de bens, máquinas e equipamentos, bem como a manutenção daqueles essenciais à retomada das atividades da empresa quando da cessação do movimento.

Parágrafo único. Não havendo acordo, é assegurado ao empregador, enquanto perdurar a greve, o direito de contratar diretamente os serviços necessários a que se refere este artigo.

Art. 10. São considerados serviços ou atividades essenciais:

I — tratamento e abastecimento de água; produção e distribuição de energia elétrica, gás e combustíveis;

II — assistência médica e hospitalar;

III — distribuição e comercialização de medicamentos e alimentos;

IV — funerários;

V — transporte coletivo;

VI — captação e tratamento de esgoto e lixo;

VII — telecomunicações;

VIII — guarda, uso e controle de substâncias radioativas, equipamentos e materiais nucleares;

IX — processamento de dados ligados a serviços essenciais;

X — controle de tráfego aéreo;

XI — compensação bancária.

Art. 11. Nos serviços ou atividades essenciais, os sindicatos, os empregadores e os trabalhadores ficam obrigados, de comum acordo, a garantir, durante a greve, a prestação dos serviços indispensáveis ao atendimento das necessidades inadiáveis da comunidade.

Parágrafo único. São necessidades inadiáveis da com unidade aquelas que, não atendidas, coloquem em perigo iminente a sobrevivência, a saúde ou a segurança da população.

Art. 12. No caso de inobservância do disposto no artigo anterior, o Poder Público assegurará a prestação dos serviços indispensáveis.

Art. 13. Na greve em serviços ou atividades essenciais, ficam as entidades sindicais ou os trabalhadores, conforme o caso, obrigados a comunicar a decisão aos empregadores e aos usuários com antecedência mínima de 72 (setenta e duas) horas da paralisação.

Art. 14. Constitui abuso do direito de greve a inobservância das normas contidas na presente lei, bem como a manutenção da paralisação após a celebração de acordo, convenção ou decisão da Justiça do Trabalho.

Parágrafo único. Na vigência de acordo, convenção ou sentença normativa não constitui abuso do exercício do direito de greve a paralisação que:

I — tenha por objetivo exigir o cumprimento de cláusula ou condição;

II — seja motivada pela superveniência de fato novo ou acontecimento imprevisto que modifique substancialmente a relação de trabalho.

Art. 15. A responsabilidade pelos atos praticados, ilícitos ou crimes cometidos, no curso da greve, será apurada, conforme o caso, segundo a legislação trabalhista, civil ou penal.

Parágrafo único. Deverá o Ministério Público, de ofício, requisitar a abertura do competente inquérito e oferecer denúncia quando houver indício da prática de delito.

Art. 16. Para os fins previstos no art. 37, inciso VII, da Constituição, lei complementar definirá os termos e os limites em que o direito de greve poderá ser exercido.

Art. 17. Fica vedada a paralisação das atividades, por iniciativa do empregador, com o objetivo de frustrar negociação ou dificultar o atendimento de reivindicações dos respectivos empregados (*lockout*).

Parágrafo único. A prática referida no *caput* assegura aos trabalhadores o direito à percepção dos salários durante o período de paralisação.

Art. 18. Ficam revogados a Lei n. 4.330, de 1º de junho de 1964, o Decreto-Lei n. 1.632, de 4 de agosto de 1978, e demais disposições em contrário.

Art. 19. Esta lei entra em vigor na data de sua publicação.

Brasília, 28 de junho de 1989; 168º da Independência e 101º da República.

José Sarney/Oscar Dias Corrêa/Dorothea Wernek

Anexo IV

Precedentes Normativos e Orientações Jurisprudenciais — OJs da SDC do TST

1. Precedentes normativos

PN N. 29. GREVE. COMPETÊNCIA DOS TRIBUNAIS PARA DECLARÁ-LA ABUSIVA (positivo) Compete aos Tribunais do Trabalho decidir sobre o abuso do direito de greve.

2. Orientações Jurisprudenciais — OJs

OJ-SDC N. 5. DISSÍDIO COLETIVO CONTRA PESSOA JURÍDICA DE DIREITO PÚBLICO. IMPOSSIBILIDADE JURÍDICA. Inserida em 27.3.1998

Aos servidores públicos não foi assegurado o direito ao reconhecimento de acordos e convenções coletivos de trabalho, pelo que, por conseguinte, também não lhes é facultada a via do dissídio coletivo, à falta de previsão legal.

OJ-SDC N. 6. DISSÍDIO COLETIVO. NATUREZA JURÍDICA. IMPRESCINDIBILIDADE DE REALIZAÇÃO DE ASSEMBLEIA DE TRABALHADORES E NEGOCIAÇÃO PRÉVIA. Inserida em 27.3.1998 — **Cancelada** pela SDC em sessão de 10.08.2000, no julgamento do RODC 604502/1999-8, DJ 23.3.2001

O dissídio coletivo de natureza jurídica não prescinde da autorização da categoria, reunida em assembleia, para legitimar o sindicato próprio, nem da etapa negocial prévia para buscar solução de consenso.

OJ-SDC N. 10. GREVE ABUSIVA NÃO GERA EFEITOS. Inserida em 27.3.1998

É incompatível com a declaração de abusividade de movimento grevista o estabelecimento de quaisquer vantagens ou garantias a seus partícipes, que assumiram os riscos inerentes à utilização do instrumento de pressão máximo.

OJ-SDC N. 11. GREVE. IMPRESCINDIBILIDADE DE TENTATIVA DIRETA E PACÍFICA DA SOLUÇÃO DO CONFLITO. ETAPA NEGOCIAL PRÉVIA. Inserida em 27.3.1998

É abusiva a greve levada a efeito sem que as partes hajam tentado, direta e pacificamente, solucionar o conflito que lhe constitui o objeto.

OJ-SDC N. 12. GREVE. QUALIFICAÇÃO JURÍDICA. ILEGITIMIDADE ATIVA *AD CAUSAM* DO SINDICATO PROFISSIONAL QUE DEFLAGRA O MOVIMENTO (**cancelada**) – Res. n. 166/10, DEJT divulgado em 30.4.2010 e 3 e 4.5.2010

Não se legitima o Sindicato profissional a requerer judicialmente a qualificação legal de movimento paredista que ele próprio fomentou.

Histórico:

Redação original — Inserida em 27.3.1998

OJ-SDC N. 14. SINDICATO. BASE TERRITORIAL EXCEDENTE DE UM MUNICÍPIO. OBRIGATORIEDADE DA REALIZAÇÃO DE MÚLTIPLAS ASSEMBLEIAS. Inserida em 27.3.1998 — **Cancelada** — DJ 2.12.2003

Se a base territorial do Sindicato representativo da categoria abrange mais de um Município, a realização de assembleia deliberativa em apenas um deles inviabiliza a manifestação de vontade da totalidade dos trabalhadores envolvidos na controvérsia, pelo que conduz à insuficiência de *quorum* deliberativo, exceto quando particularizado o conflito.

OJ-SDC N. 24. NEGOCIAÇÃO PRÉVIA INSUFICIENTE. REALIZAÇÃO DE MESA REDONDA PERANTE A DRT. ART. 114, § 2º, DA CF/88. VIOLAÇÃO. Inserida em 25.05.1998 — **Cancelada** — DJ 16.4.2004.

OJ-SDC-28 EDITAL DE CONVOCAÇÃO DA AGT. PUBLICAÇÃO. BASE TERRITORIAL. VALIDADE. Inserida em 19.8.1998

O edital de convocação para a AGT deve ser publicado em jornal que circule em cada um dos municípios componentes da base territorial.

OJ-SDC N. 29. EDITAL DE CONVOCAÇÃO E ATA DA ASSEMBLEIA GERAL. REQUISITOS ESSENCIAIS PARA INSTAURAÇÃO DE DISSÍDIO COLETIVO. Inserida em 19.8.1998

O edital de convocação da categoria e a respectiva ata da AGT constituem peças essenciais à instauração do processo de dissídio coletivo.

OJ-SDC N. 34. ACORDO EXTRAJUDICIAL. HOMOLOGAÇÃO. JUSTIÇA DO TRABALHO. PRESCINDIBILIDADE. Inserida em 7.12.1998

É desnecessária a homologação, por Tribunal Trabalhista, do acordo extrajudicialmente celebrado, sendo suficiente, para que surta efeitos, sua formalização perante o Ministério do Trabalho (art. 614 da CLT e art. 7º, inciso XXVI , da Constituição Federal).

OJ-SDC N. 35. EDITAL DE CONVOCAÇÃO DA AGT. DISPOSIÇÃO ESTATUTÁRIA ESPECÍFICA. PRAZO MÍNIMO ENTRE A PUBLICAÇÃO E A REALIZAÇÃO DA ASSEMBLEIA. OBSERVÂNCIA OBRIGATÓRIA. Inserida em 7.12.1998

Se os estatutos da entidade sindical contam com norma específica que estabeleça prazo mínimo entre a data de publicação do edital convocatório e a realização da assembleia correspondente, então a validade desta última depende da observância desse interregno.

OJ-SDC N. 38. GREVE. SERVIÇOS ESSENCIAIS. GARANTIA DAS NECESSIDADES INADIÁVEIS DA POPULAÇÃO USUÁRIA. FATOR DETERMINANTE DA QUALIFICAÇÃO JURÍDICA DO MOVIMENTO. Inserida em 7.12.1998

É abusiva a greve que se realiza em setores que a lei define como sendo essenciais à comunidade, se não é assegurado o atendimento básico das necessidades inadiáveis dos usuários do serviço, na forma prevista na Lei n. 7.783/89.

Obras do Autor

Outras obras do autor

Ações acidentárias na Justiça do Trabalho. São Paulo: LTr, 2011.

Processo coletivo do trabalho. 2. ed. São Paulo: LTr, 2011.

Direito ambiental do trabalho e a saúde do trabalhador — responsabilidades legais — danos material, moral e estético. 4. ed. São Paulo: LTr, 2010.

Ação civil pública na Justiça do Trabalho. 3. ed. São Paulo: LTr, 2008.

Dissídio coletivo de trabalho. São Paulo: LTr, 2002.

Obras coletivas

CLT interpretada. 2. ed. São Paulo: Manole, 2009.

Direito do trabalho e direitos humanos. São Paulo: BH, 2006.

Ação coletiva na visão de juízes e procuradores do trabalho. São Paulo: LTr, 2006.

Direito do trabalho rural — estudos em homenagem a Irany Ferrari. 2. ed. São Paulo: LTr, 2004.

Cooperativas de trabalho. São Paulo: LTr, 2004.

Meio ambiente do trabalho. São Paulo: LTr, 2003.

Processo do trabalho — estudos em homenagem ao professor José Augusto Rodrigues Pinto. São Paulo: LTr, 1997.